한반도 평화와 동북아 협력

한반도 평화와 동북아 협력

초판 1쇄 발행 2020년 2월 10일

지은이 │ 이수훈
펴낸이 │ 윤관백
펴낸곳 │ 도서출판 선인

등 록 │ 제5-77호(1998.11.4)
주 소 │ 서울시 마포구 마포대로 4다길 4(마포동 324-1) 곳마루 B/D 1층
전 화 │ 02)718-6252 / 6257
팩 스 │ 02)718-6253
E-mail │ sunin72@chol.com

정가 19,000원
ISBN 979-11-6068-346-2 03340

· 잘못된 책은 바꿔 드립니다.
· www.suninbook.com

한반도 평화와 동북아 협력

이수훈 지음

도서출판 선인

요즘 대학교수로서 정년퇴임을 하는 것은 개인적으로 의미 있는 일
일지는 몰라도 사회적으로는 특별한 일이 아니다. 따라서 정년퇴임을 기
념하는 일도 단출해져서 동료 교수들과 저녁 한끼 같이하는 정도가 대세
다. 고별 강연 같은 것을 하는 경우는 더러 보았지만 나는 그마저 하지
않았다.

그런 세태에도 불구하고 내가 책까지 엮어 내게 된 데는 어떤 방식
으로든 삶의 한 매듭에서 정리 혹은 마무리가 필요하다는 생각 때문이었
다. 학자였으니 학문적 성과를 정리해 내놓는 것이 지당한 일이겠으나,
2013년 출간한 『동북아 공동의 미래를 생각한다』 이후 공부가 게을러져
서 그마저 여의치가 못했다.

궁리 끝에 언론에 발표한 칼럼들을 엮어 한 권의 책으로 출간하면
어떨까 하는 생각에 이르게 되었다. 칼럼은 학술논문에는 미치지 못한다
하더라도, 독자들을 염두에 두어야 하고 하나의 생각 혹은 목소리를 담
아야 하며 글의 형식에 대해서도 꽤 정성을 들여야 한다는 점에서 의미

가 사소하지 않은 학자의 글쓰기다. 또한 내 칼럼들은 정책적 지향이 강하고 비판적 논조를 띠고 있어 그 나름의 색깔이 드러난다고 감히 말할 수 있다.

이 책에는 내가 2000년대 초부터 현재까지 남북문제와 동북아 정세에 대해 쓴 칼럼들이 포함되어 있다. 그 이전에는 사회학자로서 다양한 관심사를 칼럼으로 발표하기도 했는데 이 책에서는 모두 제외시켰다. 결국 주제는 '한반도 평화'와 '동북아 협력'으로 귀결되어 있다. 이 주제는 내 정체성이기도 해서 정년퇴임 이후에도 한결같이 연마해야 할 화두이기도 하거니와 실천적 목표로 삼아야 마땅한 과제이기도 하다. 정책 수립과 실제 집행에 뛰어든 남다른 이력을 가진 나로서는 피할 수 없는 숙명 같은 일이라 여긴다.

돌아보니 나는 33년간 대학교수로 지내면서 평균적인 대학교수의 경로와는 매우 다른 삶을 살았다. 나는 시작부터 통상적 교수 생활, 즉 광활한 캠퍼스에서 봄과 가을을 맞고 학생들과 어울리고 하는 그런 경우가 아니라 지방 대학의 서울 분소격인 대학 부설 연구소(경남대학교 극동문제연구소)에서 연구하고 행정을 하는 그런 생활을 했다. 출근 개념이 엄격했고 여름과 겨울방학도 없었다. 강의도 최소한으로 했고 학생들과 어울리는 시간은 거의 없었다. 대신 국내·국외의 연구자들과 교류하고 연구프로젝트를 진행하고 학술지를 만들어 내고 하는 일들에 매달렸다.

특히 경남대학교 극동문제연구소는 북한연구를 주로 했기에 분단과 통일 문제에 대해 눈을 뜨게 되었다. 분단이 우리 내부의 여러 과제들과 직결되어 있다는 인식도 하게 되었고, 더 상위의 단위인 동북아 지역과의 연관성에 대해서도 관심을 갖게 되었다. 자연스럽게 정책에 대한 관심도 높아졌다. 논문뿐만 아니라 자신의 정책적 목소리를 냈다. 여기 실린 칼럼들이 바로 그 목소리를 담고 있다.

이런 배경이 작용했던 탓으로 두 정부에 걸쳐 외교안보정책 수립과 집행에 참여하는 기회라면 기회, 행운이라면 행운도 있었다. '평화와 번영의 동북아 시대'를 국정 목표로 내세웠던 노무현 정부에서는 바로 그 목표를 실현하기 위해 만들어진 대통령 자문 동북아시대위원회 위원장을 맡게 되었다. 2005년 7월부터 참여정부 임기 말까지 2년 7개월 동안 동북아 협력 구상을 수립하고 대통령께 자문하는 중요한 역할을 했다. 위원장은 비상근 자리였지만 나는 대학의 배려에 따라 강의도 야간 강의를 최소로 하면서 매일 정부 종합청사 집무실로 출근하였다.

외교부, 통일부, 국방부, 국정원 등 외교안보 부처뿐만 아니라 경제 부처들의 공무원들과 같이 일을 하는 기회를 가졌다. 청와대 안보실과 정책실과도 일로 인해 긴밀하게 관계를 맺어야 했다. 학자들과 전문가들도 대거 국정에 참여시키는 징검다리 역할도 했다. 대통령이 참여하는 '국정과제회의'를 수시로 개최하였다. 여기에는 관련 부처 장관들은 물론이고 국책 연구 기관장들과 전문가들이 대거 참여하여 보고와 토론을 통해 정부 정책을 만들고 다듬는 역할을 했다.

정부 기관을 만드는 데도 역할을 하였다. 특히 제주에 있는 '제주평화연구원'을 주도적으로 만들었고 초기 기틀을 잡는 데 적잖은 노력을 기울였다. '동북아역사재단'을 설립하고 초기 운영을 정착시키는 데도 깊이 관여하였다.

2008년 이명박 정부가 들어오자 위원장 사표를 내고 삼청동 연구실로 복귀하였다. 그리고 보수 정부 10여 년이 지났다. 촛불혁명을 배경으로 문재인 정부가 탄생하였다. 인수위원회 없이 출범해야 했던 특수한 상황으로 인해 문재인 정부는 초기에 인수위원회 구실을 할 국정기획자문위원회를 꾸렸는데 거기에 참여하게 되었다. 나는 외교안보분과위원장으로서 '평화와 번영의 한반도'라는 국정 목표를 세우고 총괄적인 외교안보 정책을 다듬는 역할을 맡았다.

이후 2017년 10월 문재인 정부의 초대 주일 대사로 임명되어 도쿄로 가게 되었다. 동북아 외교의 현장을 누비는 색다른 경험도 하게 되었던 것이다. 이 책의 칼럼들에서 때로 제안하고 때로 비판했던 현장을 내가 직접 온몸으로 실천해야 하는 처지가 되었다. 행운이라고 하기에는 매일매일 부닥쳐야 하는 사안들과 상황이 너무나 엄중하였다. 한일 관계에는 수많은 요인들이 개입되어 있는지라 단 하루도 긴장을 풀 수 없었다. 특히 내가 부임해 갈 때 이미 위안부 합의 문제가 있었다. 아베 총리와 주변 핵심 인사들이 위안부 합의에 대해 매우 애착이 강했다.

게다가 2018년 10월 우리 대법원의 징용 배상 판결이 나와 양국 간에 역사 갈등이 한층 격화되었다. 아베 정부라는 특수성과 촛불 정부라는 특수성이 부딪쳐 파찰음을 낼 때 중간에서 메신저 역할이 쉬울 리가 없었다. 어려움이 컸지만 남다른 소명이라 여기고 대사직을 수행하였다.

내가 2019년 5월 도쿄를 떠나 본부로 돌아오고 7월에 외교부를 떠나 다시 대학에 복귀한 뒤에 아베 정부가 경제 보복 조치를 취한 나머지 한일 간에 유례없는 "경제 전쟁"이 벌어지게 되었다. 나중에는 군사정보보호협정(GSOMIA) 종료 결정까지 겹쳐 안보 갈등이 첨가되었다. 역사 갈등, 경제 전쟁, 안보 갈등이 중첩되어 복합 갈등 상황을 바깥에서 지켜보는 처지가 원망스러울 지경이었다. 문재인 대통령은 2019년 12월 25일 중국 청두에서 아베 총리와 정상회담을 가진 자리에서 한일 관계를 "잠시 불편함이 있어도 결코 멀어질 수 없는 사이"라고 하였다. 두 정상은 대화를 강조하고 자주 대화의 기회를 갖기로 하였다. 이런 방향으로 진전이 되기를 바랄 뿐이다.

이렇듯 나는 학자로서 예외적으로 두 차례나 국가에 봉사할 기회를 가졌다. 한 번은 국가 핵심 정책 수립의 선봉에서, 한 번은 4강외교의 현장에서 역할을 하였다. 동북아시대위원장으로 2년 7개월, 주일 대사로서 1년 6개월, 본부 대사 2개월, 합해서 4년 5개월에 해당된다. 결코 짧은 시간이 아니었다. 특히 그 기간 동안 교수로서 도저히 경험할 수 없는 세계, 볼 수 없는 세계를 보았으니 행운이라 여겨야 마땅한 일이라 생각된다.

이 같은 내 이력의 텃밭은 경남대 극동문제연구소다. 그리고 자매 교육기관인 북한대학원대학교다. 이 사실은 아무리 강조해도 지나침이 없을 지경이다. 여기서 한반도 문제와 동북아 지역 질서에 대한 연구를 하였다. 국내외의 수많은 학자들과 네트워킹도 연구소 활동을 통해 가능하였다. 작은 조직이지만 행정 경험도 연구소에서 쌓았다. 리더십에 대해서도 꽤 고민을 하지 않으면 안 되었다.

삼청동 극동문제연구소와 북대에는 내로라하는 북한연구자들이 모여 있다. 그리고 연구에만 그치지 않고 정책적 목소리를 내고 정부에 자문하는 강한 문화가 있다. 나는 그 속에서 자신을 연마하였다. 동료들에게 감사하지 않을 수 없다. 특히 박재규 총장님의 아낌없는 지지와 성원에 다시 한 번 감사드리고, 한반도 평화에 대한 일념에 경의를 표한다.

어려웠던 미국 유학 시절에 더해 지난 33년간 뒷바라지를 묵묵히 해 준 아내 이영희 집사에게 고마움을 전하고 싶다. 그리고 표지 디자인을 공동으로 해 준 두 딸 이유진과 이유성에게도 감사를 표한다.

마지막으로, 이 책을 준비하면서 경남대 극동문제연구소 김동엽 박사의 노고가 컸다. 책을 구상하는 단계부터 마무리까지 사소한 디테일을 같이 논의하였다. 『동북아 공동의 미래를 생각한다』에 이어 이번 책도 흔쾌히 출간을 맡아 주신 도서출판 선인의 윤관백 사장님께도 심심한 사의를 표한다.

2020년 새해 벽두에
삼청동 연구실에서
이 수 훈

차례

제2부   동 북 아   외 교

제3부   한 반 도 평 화

제4부 국 가 역 량

한일 '투 트랙 외교' 올해는 회복해야

2019년 한 해 한일 관계는 갈등의 연속이었다. 위안부 문제와 강제 동원 문제를 위시한 역사 갈등에 더해 일본 정부의 경제 보복 조치로 인해 한일 간에 유례없는 경제 전쟁까지 벌어졌던 탓이다. 엎친 데 덮친 격으로, '지소미아(GSOMIA)' 즉 한일 군사정보보호협정의 유예 결정으로 안보 갈등마저 더해졌다. 한일 관계가 이렇게 역사 갈등, 경제 전쟁, 안보 갈등 등 다차원적인 갈등 관계를 보인 것은 전에 없던 일이었다.

불행 중 다행스러운 일은 지난해 연말에 접어들어 경제 전쟁이 한 풀 꺾이는 분위기로 변하였고, 두 정부 간 대화 무드가 조성됐다는 점이다. 지난해 10월 우리 총리의 일본 방문이 있었고 국회의장의 방일도 이어졌다. 한편, 우리 정부는 끈질기게 경제 보복 조치를 철회할 것을 일본 정부에 요구했다. 그렇지 않을 경우 지소미아를 연장하지 않을 것이라는 입장을 단호하게 밝혔다. 지소미아 카드는 미국을 움직이게 만들었다.

결국, 일본 정부는 수출규제에 대한 국장급 정책대화를 열기로 했고, 우리 정부는 병행적으로 지소미아 종료 결정을 조건부로 유예하기로 했다. 갈등의 지속이 양국 간에 도움이 되지 않는다는 판단 아래 대화·외교만이 유일한 출구라는 인식이 두 정부를 대화 테이블에 앉게 만들었다. 이 같은 양측의 노력 결과 지난달 25일 중국 청두에서 열린 한·중·일 3국 정상회의를 계기로 문재인 대통령과 아베 총리가 만나 한일 정상회담을 열게 되었던 것이다. 2018년 9월 이후 15개월 만의 한일 정상회담이었다.

문재인 대통령은 모두 발언을 통해 양국 간 현안을 해결하려면 직접 만나서 솔직한 대화를 나누는 것이 가장 중요하다면서 대화의 중요성을 강조했다. 아베 총리도 이에 화답했다.

회담에서 문 대통령은 한일 관계를 "잠시 불편함이 있어도 결코 멀어질 수 있는 사이가 아니다"고 규정했다. 한·중·일 3국 정상회의 연설에서 이 삼국 관계를 '운명 공동체'라고 말한 문 대통령의 또 다른 발언과 연관 지어 생각해 보면 매우 의미심장한 말이라 하겠다.

2020년 새해 벽두에 생각해 보는 한일 관계 역시 바로 이 문제로 귀착된다. 한일 관계에서 '불편함'이란 어디서 오고 '멀어질 수 없는 사이'란 어떻게 유지·발전시켜 나갈 수 있는가? 한일 관계를 걱정하는 양국의 정부와 국민은 이 질문을 지속하지 않으면 안 된다.

불편함이란 과거 한반도에 대한 일제의 식민 지배로부터 이어지는 여러 가지 과거사 문제로 인해 끊임없이 생겨나고 재생산된다. 불편함은 과거사에서 파생되는데, 그것은 시기에 따라 이슈가 달라지는 특징이 있다. 어떤 시기에는 교과서 문제이다가 야스쿠니 신사이다가 하는 식으로 발현되는 모양이 달랐다. 지금 시기는 위안부 문제와 징용 문제가 불편함의 근원이 되고 있다.

과거는 지울 수도 망각해 버릴 수도 없다. 이제 시간이 충분히 흘렀으니 그만할 때가 되지 않았나, 후손에게 이런 골치 아픈 문제를 물려주고 싶지 않다고 말하는 입장이 존재한다. 그럴싸하게 들리지만, 이는 역사 인식의 결핍에서 비롯되는 입장이다. 박근혜 정부에서 일어난 2015년 12월 '한일 위안부 합의'에서 "최종적·불가역적으로" 해결되었다고 한 규정은 이런 인식을 잘 드러내준다. 그리고 이 인식은 일본 정부에만 있는 게 아니라 한국의 엘리트층에도 위력을 떨치고 있다.

20년도 전인 1998년 10월 김대중 대통령은 일본 의회 연설에서 미래지향적인 한일 관계 구축을 제안하면서 "일본은 과거를 직시하고 역사를 두렵게 여기는 진정한 용기가 필요하다"고 강조한 바 있다. 과거는 대충 정리하고 미래를 향해 나아가자는 말이 아니라, 과거를 직시하는 가운데 경제·문화 및 인적 교류 등 분야에서 실질적 협력을 넓혀 가자는 방향을 제시했던 것이다.

이후 역사 직시와 미래지향적 협력이라는 두 과제를 담은 우리 정부의 대일(對日) 외교 기조가 수립됐다. 이른바 '투 트랙(Two Track) 외교' 기조다. 문재인 정부의 대일 외교도 '투 트랙' 기조에 서 있으며, 이에 대해 문 대통령은 기회 있을 때마다 일본 정부에 대해서도 우리 국민에게도 이 기조를 밝혀 왔다. 첫 번째 트랙이 과거를 직시하면서 지혜를 모아 극복의 노력을 기울이는 과제라면, 두 번째 트랙이 경제·문화 및 인적 교류 분야의 실질적 협력인데 바로 '멀어질 수 없는 사이'와 직결되는 과제다.

투 트랙 외교는 실제로 구사하기 매우 어렵다. 두 개 트랙을 가능한 한 분리해 관리해야 하는데, 쉽지 않다. 과거사 문제로 갈등이 발생하면 좌절감도 생기고 인내심도 고갈되기 마련이어서 실질적 분야의 협력을 깨 버리고 싶은 욕구가 생겨나기 십상이다. 상대에 대한 인식도 오해할 수 있는 소지가 많아진다. 신뢰의 위기가 야기되기 좋은 토양이 된다. 지난해 일본 정부가 취한 경제 보복 조치는 투 트랙 외교 기조를 훼손한 사례다.

청두에서 정상회담 후 지난해 연말 아베 총리가 일본 한 텔레비전에 나와 문 대통령을 두고 "매우 언행이 부드러운 신사"라 덕담을 하고 "더 자주 만날 수 있는 관계를 만들면 좋겠다"고 했다고 일본 언론이 전했다. 대화와 만남을 강조한 메시지로 해석해도 좋을 것이다.

　　올해 이 같은 대화와 만남을 중시하는 흐름이 이어져 투 트랙 외교 기조가 회복되기를 기원한다. 한일 두 정상은 이미 셔틀외교에 대해 합의한 바 있다. 한일 관계를 복원하기 위한 왕도는 대화밖에 없고, 대화 가운데 정상 대화가 가장 최상위에 있음은 두말할 나위가 없다.

　　이번 여름 도쿄에서 올림픽이 열린다. 일본으로서는 국가적 대사라 할 이벤트다. 이웃 국가인 우리는 당연히 성공적 개최를 위해 지원을 다 해야 한다. 2018년 평창동계올림픽에 아베 총리가 참석했듯이 문 대통령이 도쿄올림픽에 참석하는 것은 당연지사일 것이다. 게다가 여자스피드스케이팅 결승전에서 이상화 선수와 고다이라 선수가 보여준 것과 같은 아름다운 풍경이 재연되어 한일 관계가 멀어질 수 없는 사이, 난관이 있어도 미래로 나아가는 사이임을 입증했으면 좋겠다.

『국제신문』 2020년 1월 3일

제1부

대
외
전
략

2005년 7월 22일 외교안보전문가 초청 대통령 오찬 간담회에서 노무현 대통령과 악수하는 장면

1

북(北) 다자협력과 주변 4강

지난달 북한과 주변 4강 관계에 주목할 만한 일들이 발생했다. 북한 김정일 위원장이 극동러시아를 방문하고 블라디미르 푸틴 대통령과 북러 정상회담을 가졌다. 한중 수교 10주년을 맞아 국내 언론과 가진 대담에서 리빈(李濱) 주한 중국대사는 북한의 개혁 실험을 최대한 도울 것이라고 밝혀 북중 관계의 돈독함을 과시했다. 그리고 일본의 고이즈미 준이치로(小泉純一郎) 총리가 오는 17일 북한을 방문, 북일 정상회담을 갖는다는 메가톤급 발표가 있었다.

이런 우호적 흐름과는 정반대로, 방한 중이던 미국 국무부 존 볼튼 차관은 북한이 '악의 축'임을 재확인하는 발언을 해 북미 관계의 난항을 예고했다.

이렇듯 한반도를 둘러싼 국제 정세가 급류를 타고 있다. 소련이 붕괴한 이후 지난 10여 년 동안 한반도, 특히 북한 문제는 미국에 의해 좌지우지되다시피 했다. 냉전의 한 축을 형성했던 소련은 망했고, 러시아는 자신을 수습하느라 한반도에 신경 쓸 겨를이 없었다. 중국은 개혁·개방이라는 일대 실험을 수행하느라 북한을 적극 챙길 수 없었다. 일본은 거품 붕괴 이후 미국과 보조를 맞추었을 뿐 독자적 행보를 취하지 못했다. 그러니 서울과 평양은 오직 워싱턴에 매달려 주변 강대국 외교를 펼쳤다고 해도 틀리지 않다. '4강'이 아니라 '1패권 3강'이었던 셈이다.

지금 한반도 주변의 역동적인 국제 정세의 본질은 이 같은 '1패권 3강' 구도의 붕괴라고 할 수 있다. 많은 사람이 미국을 헤게모니(Hegemony) 국가, 유일 초강대국이라고 말한다. 그리고 오늘날 국제질서도 미국이 일방주의적으로 좌지우지하는 것으로 이해하고 있다. 그러나 그것은 잘못된 인식이다. 미국 헤게모니는 일종의 환상이며, 미국이 국제무대에서 갖는 위상이 예전 같지 않다. 세계 권력은 유럽과 동아시아, 북미에 비교적 고르게 분산되어 있다는 진단이 올바르다.

부시 행정부 들어 워싱턴의 '매파(강경파)'는 쇠퇴하는 미국의 위상을 억지로 되돌리기 위해 여러 가지 무리수를 두고 있다. 아마 그 극단이 '악의 축'으로 규정한 정권들을 하나씩 궤멸시키고 친미적 정권으로 대체한다는 워싱턴 매파의 구상일 것이다. 탈레반의 궤멸에 이은 이라크 확전이 그 일환이다. 그런데 전 세계 거의 모든 국가가 공개적으로 확전에 반대하고 나선다. 심지어 91년 걸프전 당시 군사기지가 되어준 사우디아라비아마저 제2의 걸프전을 반대하고 있다. 즉, 미국은 10년 전의 미국이 아닌 것이다.

당연히 러시아와 중국의 위상도 크게 변했다. 이들은 10년 전과는 비교할 수도 없을 정도로 자신을 수습하고 국력을 재정비하는 데 성공했다. '일본은 끝났다'는 근시안적인 관점과 달리 일본은 국력이 여전하며, 엄청난 재력을 갖고 있다. 미국의 객관적 힘이 쇠퇴한 한편 동북아시아 지역의 위상이 높아진 것이 엄연한 현실인 것이다.

그 결과 동북아시아 역내 협력의 공간이 늘어났다. 다자주의의 실현 가능성도 그만큼 강해졌다. 최근 김정일 정권의 행보를 유심히 볼 때

평양은 이런 변화를 최대한 활용하겠다는 쪽으로 대외 관계를 재정립하는 것이 아닌가 하는 추측이 간다.

물론 '1패권 3강' 구도가 붕괴한다고 해서 미·일·중·러 주변 강대국들의 힘이 평준화된다는 의미는 아니다. 국가에 따라 강한 분야가 있고 약한 분야가 있다. 미국이 군사력에 있어 압도적 우위에 있는 한편 도덕적·경제적 열세를 보인다면, 일본은 재력이 엄청나지만 군사력은 여전히 미국에 의존하고 있다. 러시아는 경제력이 약하지만, 북한이 필요로 하는 원유나 천연가스 등 자원을 제공할 능력은 있다. 중국은 변함없는 정치적 지원자이자 개혁·개방의 조언자가 될 수 있다.

북한은 도저히 자력으로 총체적 위기를 돌파할 수 없다. 그래서 체제 유지란 대전제 아래 대외 관계를 통해 외부로부터 자원을 유입시킨다는 전략을 펼쳐 왔다. 지난 10여 년간 그 외부란 주로 남한과 미국이었다. 그러나 남한과 미국으로부터 기대했던 지원이 오지 않았다. 이제 그 타깃을 러시아와 일본, 유럽으로 다변화하겠다는 것이 최근 북한의 행보다. 그 프로그램을 나름대로 사정이 다급한 김대중 정부 임기 내에 진전시켜 놓겠다는 계산 아래 잰걸음을 떼어놓고 있다.

『문화일보』 2002년 9월 3일

2.

미국이 아니라 중국이다

    최근 21세기 한반도 책략을 두고 지식인 사회에 중요한 논쟁이 일고 있다. 21세기 한반도 구상은 국가적 현안들인 한미동맹, 주한 미군 재배치, 이라크 파병, 북핵 문제, 경제성장 전략, 문화 교류 등에 직접적인 함축을 갖는 중차대한 과제로서 결코 지식인의 탁상공론에 그치는 사안이 아니다.

중(中), 동북아 시대의 요체

    이것은 지식인의 연구 과제를 넘어 국가 경영자의 고민이어야 하며 한국 사회 전체가 고민해야 할 지극히 실천적인 국가전략과 관련되어 있다.

    새로운 국회 구성을 앞두고 여야를 가리지 않고 경제 회생, 국익 제고, 국민 통합에 대한 기대와 각오가 대단하다. 상생(相生)의 정치를 펼쳐야 하고, 마땅한 정책들이 뒷받침되어야 한다. 뿐만 아니라 17대 국회가 구성되면 초당적인 기구를 만들어 적어도 50년 정도 국가경영의 지침이 될 장기적 국가전략을 마련하는 일이 반드시 요구된다. 최근 학계의 논쟁은 그런 국가전략 개발의 출발점을 제공한다는 의미가 있어 차제에 공론화하는 것이 적절하다.

논쟁은 학술적으로 들어가면 상당히 복잡하지만 거칠게 정리하자면 대체로 두 입장으로 나누어진다. 하나는 미국이 21세기에도 세계 질서를 좌지우지하는 제국이기 때문에 한반도 책략은 미국에 초점을 맞추고 미국을 잘 활용해야 한다는 미국 활용론이다. 동맹파나 국제주의파로 분류되기도 한다. 조선일보 4월 16일자에 하영선 교수가 쓴 시론 '미(美)제국을 활용하라'가 이 입장을 잘 보여 준다.

다른 하나는 한반도에 미치는 미국의 현실적 영향력을 인정하되 한반도가 자리 잡고 있는 동북아, 특히 중국에 초점을 두고 중국과 어떤 관계를 수립해야 할지 고민하는 것이 21세기 한반도 구상이 되어야 한다는 입장이다. 이는 남북 관계 진전을 중시하기 때문에 자주파나 민족주의파로 규정하기도 한다. 필자는 중국을 중시해야 하고 동북아에 새롭게 만들어진 공간을 활용하는 데 더 큰 무게를 두어야 한다는 입장이기 때문에 후자에 속하며 스스로는 '동북아파'라고 생각한다.

미국 활용론의 전제는 미국이 세계적 헤게모니를 장악하고 세계를 좌지우지한다는 것이다. 이것은 분석적으로 입증이 되어야 할 학술적인 쟁점이긴 하지만, 거칠게 말하자면 오류다. 미국은 세계 질서를 자력(自力)으로 주무를 수 있는 역량이 없다. 이런 사실은 이라크 공격 이후 일련의 사태 전개, 특히 한국에 자비(自費)로 파병을 요구한 데서 일부 입증되고 있다.

21세기는 미국의 세기가 아니며, 세계 질서는 3대 축에 의해 꾸려지고 있다. 그 한 축은 미국이며, 나머지 두 축은 유럽과 동북아다. 동북아의 요체는 중국이며, 지난해에 이미 중국은 한국의 최대 교역상대국이 되었다. 6자회담을 성사시키고 적극적 중재자로서 북한에 가장 강한 영향력을 미치는 세력도 중국이다.

미(美) 중심 한반도 전략 수정을

탈냉전에 따른 한반도 주변의 지정학적 · 지경학적 변화를 감지하고 미국 중심으로 꾸려온 한반도 전략을 수정해야 할 때가 온 것이다. 21세기 한반도 구상은 지난 반세기에 걸친 해양축 중심의 궤도를 완전히 이탈하지는 않되 무게 중심을 중국을 위시한 대륙축으로 옮기는 것을 핵심으로 삼아야 한다.

현 정부의 발전 기조는 '평화와 번영의 동북아 시대'라는 국정 목표로 볼 때 동북아로 잡혀 있다. 만약 미국 활용론이 적실하다면 현 정부의 기조가 잘못된 것이다. 따라서 이 논쟁은 공론화되어 검증이 필요한 중대한 문제다. 차제에 정치권과 학계, 언론 등에서 이에 관한 논쟁이 더욱 활발해지기를 기대한다.

『조선일보』 2004년 4월 22일

6자회담

북핵 문제 해결 방안을 논의하기 위하여 한국 · 북한 · 미국 · 중국 · 러시아 · 일본 등 한반도 주변 6개국이 참여하는 다자(多者) 회담이다. 2003년 8월 첫 회담을 시작으로 2007년 9월까지 모두 6차례 모두 중국 베이징(北京)에서 개최되었다.

3.

미국을 너무나 모른다

요즘 한미 관계가 공론에 부쳐져 우리 사회의 여러 영역에서 논의가 활발하다. 이 논의를 지켜보면 갑갑하기도 하고 한편 생산적인 측면도 있다. 갑갑한 이유는 한미 관계가 변해야 한다는 대내외적 환경이 너무나 선명한데 변화를 거부하는 입장을 가진 사람이 많고 그 위력이 크다는 데 있다. 생산적인 측면은 한미 관계를 재정립하되 대승적 국익을 염두에 두자는 사람들도 적지 않다는 점이다.

한미 관계를 두고 우리 사회 공론이 갈리는 데는 역사적·지정학적·문화적 이유가 있다. 또한, 한미동맹의 미래에 대한 실무회의가 열리고 있는 오늘의 현실에서 한미 관계 미래의 처방에 대한 기본을 다시 한 번 가다듬을 정책적 필요도 있다. 이들을 차분히 따져 보는 일이 의미가 크다.

한미 관계의 가장 근본적인 문제는 자국의 안보와 관련하여 양국 간 국가적 목표가 다르다는 사실에 있다. 한국의 국가적 목표는 한반도 냉전체제 해체에 따른 평화체제 구축이다. 반면, 미국은 대량살상무기가 북한과 같은 국가로 확산되는 것을 방지하는 것이 국가적 목표다. 한국은 북한을 평화·번영의 대상으로 설정하고 있는 데 비해 미국은 '악의 축'으로 규정하고 있다. 기본 목표에서 큰 불일치가 있다. 동북아 지역과 관련해서도 마찬가지다. 한국의 목표는 역내 국가들과의 협력과 소통을 통한 동북아의 평화와 공동 번영을 꾀하자는 것이다. 그런데 미국은 중국 견제를 요체로 하는 동북아 통제라는 목표를 갖고 있다. 이 점 역시 조율하기 힘든 불일치다.

한미 관계의 또 다른 근본 문제는, 상호 이해 부족과 불신이다. 정책결정자를 비롯해 공론에 참여하는 전문가들이 이 점을 부인하는 경우가 많다. DJ 정부 때도 그랬고 참여정부에 대해서도 워싱턴은 근본적 회의와 불신을 갖고 있다. 우리 국민의 다수도 미국에 대한 회의와 불신이 없지 않다. 전략적으로 이런 점을 부각시키지 않는 것이 현명하다는 생각을 하는 사람들도 있다. 하지만 국가 간 관계를 따지고 올바른 방향으로의 재정립을 위한 과정에는 반드시 상대방에 대한 정확한 이해가 바탕이 돼야 하고, 인정할 것은 인정해야 장기적 오해와 불신이 없어진다. 오해와 불신이 깔린 관계가 제대로 설정될 리 없기 때문이다.

한미 간 이해 부족과 관련하여 일부 전문가들은 우리가 미국을 잘 모르고 참여정부 외교안보팀이 특히 이런 각도에서 약하다고 주장한다. 이 주장은 특정한 근거에 따른 주관적 평가일 뿐만 아니라, 미국만 잘 알면 외교가 잘 된다는 식의 일방주의적이고 의존적인 태도를 깔고 있다. 우리는 미국도 알아야 하지만, 중국도 알아야 하며 나머지 주변 강대국들의 국가 목표 · 방향 · 진로 · 무게를 더불어 알아야 한다.

동시에 우리만 상대방을 알기 위해 노력해야 한다는 점을 강조할 것이 아니라, 미국은 한국을 얼마나 알고 있으며 알기 위해 어떤 노력을 하고 있는지도 따져야 한다고 본다. 미국의 한국 이해도는 매우 낮으며 노무현 정부에 대해서는 그 일천함의 정도가 심한 것 같다. 왜곡도 일정

정도 있는 것 같은데, 그 책임이 모두 미국에 있다고 할 수도 없다. 일부 언론과 보수세력의 은근한 공세가 구실을 제공했다고 본다.

물론 현 정부가 미국에 대해 자신을 알리는 노력을 충실히 해야 한다는 점은 언급할 필요가 없는 대전제다. 그에 못지않게 강조해야 할 점은 미국 정부도 서울을 이해하려는 진지한 태도가 있어야 하고 그에 부합하는 노력을 해야 한다는 것이다. 한국 정부는 어떤 방향성을 갖고 있으며 어떤 국가적 목표가 있는지를 알려고 해야 한다. 그리고 한국 국민은 어떤 생각을 하고 있으며 한국 사회는 어떤 방향으로 변하고 있는지 등에 대해서도 이해하려고 해야 한다. 상호 이해의 노력 없이 관계가 잘 되기를 기대할 수는 없으며, 그 노력은 양자가 함께해야 한다.

『문화일보』 2004년 6월 10일

대량살상무기(WMD: Weapons of Mass Destruction)

핵, 화학, 생물 무기 및 이의 운반 수단인 미사일 등 짧은 시간에 대량의 인명을 살상할 수 있는 파괴력을 가진 무기

4.
두 개의 세계 질서와 한국

북핵 문제의 장기화 조짐과 함께 한반도 주변 정세가 불안하다. 6자 회담은 다시 열리겠지만 그 진전 여부도 아직은 매우 불투명하다. 한일 간에는 다시 독도 영유권 문제를 두고 긴장 국면에 접어들었다. 지난해 중국의 고구려사 편입 문제로 한중 갈등이 표출된 이후 한중 관계도 돈독하지 않다. 주한 미군의 역할 변경 문제를 두고 향후 동북아 지역에서 일어날 수도 있는 분쟁에 우리가 어떻게 대응할 것인가에 대해서도 논란이 분분하다.

경합하는 '패권'과 '공존'

한반도 주변 정세가 이렇게 불안한 것은 북핵 문제가 가까운 요인임을 부인할 수 없다. 그러나 시야를 좀 넓혀 보면, 한반도 주변 정세불안이 세계 질서 불안정을 상당 부분 반영하고 있다는 점을 간파할 수있다. 한반도를 둘러싼 강대국들과의 관계를 재설정하는 것이 현재 우리정부가 당면한 가장 중요한 대외전략 과제라고 보았을 때 그 과제를 수행함에 있어 세계 질서가 어떤 성격을 지니고 있는가를 점검하는 일은대단히 중요하다.

지금 세계는 두 개의 질서 혹은 세계관이 서로 경합을 벌이면서 전개되고 있다. 하나는 미국이 주도하는 패권적 질서이고, 다른 하나는 유럽이 지향하는 공존적 질서다. 공존적 질서가 도덕적 가치에서 우위를 차지함은 두 말할 나위가 없다. 그러나 현실세계는 역설적이게도 패권적 질서를 추구하는 세력이 좌지우지하고 있는 것 같다.

유럽은 대화와 타협, 외교와 다자주의, 상생과 공존의 가치를 앞세워 부시 행정부가 밀어붙이고 있는 패권적 세계관에 대립해 왔다. 그래서 미국과 유럽 사이에는 심각한 거리감이 생겨났으며, 2기 부시 행정부는 유럽과의 전통적 관계회복을 외교의 최대 목표로 삼고 있는 형편이다.

한국의 많은 지식인들은 미국이 주도하는 패권적 질서를 인정하고 그에 대해 우리가 어떻게 대응해야 하는가에 논의의 무게를 두고 있다. 약소국인 한국은 패권국인 미국의 코드에 맞추어야 하며 그것이 국익을 실현하는 데 가장 효율적이자 현실주의적 방책이라고 주장한다. 그들은 일본을 예로 들면서 일본 같은 강대국도 미국과 철저히 보조를 같이하는데 한국 같은 어정쩡한 국가가 무슨 배짱으로 미국에 맞서는 듯한 태도를 보이느냐고 한탄한다.

따져 보면 이렇다. 한국은 미국에 맞서겠다는 것도 아니고 미국에 맞설 하등의 이유가 없다. 다만 미국과 진정으로 우호적인 동반관계를 발전시키겠다는 것이 진정한 의도다. 한국은 미국과도 포괄적인 동맹관계를 발전시켜야 하지만 중국이나 러시아도 대외전략에서 핵심 변수로 배제할 수 없는 형편에 있다.

또한 한반도만큼 평화가 절실하고 공존이 요구되는 지역도 없다. 세계 질서를 패권적이라고 단정하는 것도 문제고, 그런 질서에 우리가 보조를 맞춰 가야 한다고 생각하는 태도도 문제다. 세계에는 공존의 질서를 주장하고 이를 실현하고자 하는 국가들과 집단들이 엄연히 존재하며 그 위력도 만만치 않다.

도덕·현실적 선택 요구

지금 한국 정부도 동북아에서 어떻게 공존의 역내 질서를 만들 수 있을까에 대해 고민하고 있는 줄 안다. 역내 공존의 질서 건설이 한반도 평화를 항구적으로 확보해 주며, 그것이 또한 공존적 세계 질서 구축에도 이바지하는 길이라는 생각에서 채택한 대외전략 목표라고 본다. 단기적으로는 북핵 위기를 해소해야 하고, 중장기적으로는 동북아의 공존적 질서 건설을 통해 한반도에 영구적 평화를 정착해야 하는 우리로서는 지극히 정당하고 현실적인 정책노선이라고 하겠다.

우리가 한반도 문제 해결에 주도적 역할을 하고 동북아 역내 질서, 그리고 더 나아가 세계 질서 건설에 있어 독립 변수가 되기 위해서는 냉정한 세계정세 분석에 입각한 도덕적이고도 현실주의적인 선택이 요구된다. 패권적 질서와 공존적 질서가 경쟁하는 세계에서 한국의 선택은 후자일 수밖에 없다.

『경향신문』 2005년 3월 22일

5

한미동맹, 무조건 옛날처럼?

요즘 참여정부 출범 4주년을 앞두고 평가가 무성하다. 마침 대선의 해와 맞물려 대권 후보나 전문가 집단에 의한 정책 구상도 풍성하게 제시되고 있다. 외교안보 분야와 관련하여 가장 중대한 이슈가 바로 한미동맹 문제다.

다수의 전문가들과 여론 주도층 인사들이 참여정부 들어 한미동맹이 돌이킬 수 없을 정도로 약화되었다고 평가한다. '동맹 피로' '동맹 위기' '동맹 와해'와 같은 용어를 사용하면서 한미 관계가 파탄이 난 것처럼 말하고 있다. 이들은 당연히 그 처방으로 한미동맹 강화와 복원을 역설한다.

현실 변화 따라 양국 관계 진화

한편 정부와 외교안보팀은 한미 양국의 국익과 전략적 이해관계에 부합되는 방향으로 한미동맹이 비교적 순탄하게 조정되고 있으며, 그 결과 한미동맹이 냉전형이 아니라 21세기형 동반자 관계로 변화 발전해 가고 있음을 설명해 왔다. 미국 정부도 부시 대통령을 비롯해 라이스 장관, 버시바우 대사 같은 고위 정책 책임자들이 이 같은 우리 정부의 평가에 대해 긍정적 입장을 밝혀왔다.

동맹은 하나의 제도다. 만고불변의 제도란 없으며, 제도는 현실 변화에 맞게 진화해야 하고, 또 진화해야 비로소 지속적인 생명력을 얻는다. 한미동맹도 그런 제도 가운데 하나다.

한미동맹의 약화 혹은 악화란 무엇을 의미하는지 명확하지 않다. 바른 보수를 지향하는 '바른사회시민회의'의 토론회(2월 8일자) 발제문을 보면 친중, 전시작전통제권(전작권), 미군 재배치, 기지 이전, 비용 부담 증가 등등의 요인을 들고 있다. 정부는 균형 외교를 지향하고 있으되 어느 한쪽에 치우치는 외교노선을 편 적이 없다. 미군 재배치와 기지 이전은 미국의 세계 군사변환 전략에 따라 이루어진 일이라 한국이 매달린다고 추진하지 않을 과제가 아니었다. 그에 따라 한국의 부담이 늘어나는 것은 당연한 일이며, 한미동맹이 그렇게 중요하다면 한국의 경제력에 걸맞게 부담도 좀 높여야 마땅한 일이 아닌가 싶다.

이 가운데 전시작전통제권 환수 문제가 첨예한 논쟁의 대상이 된 바가 있는데, 이 문제야말로 보수 가운데 보수가 내세워야 할 사안이다. 즉 어느 하나도 동맹 약화의 근거로 내세울 수 없는 것이다.

선진화를 지향한다는 '한반도선진화재단'은 햇볕정책 추진 결과가 한미동맹 약화로 이어졌다고 진단하고 있다. 북한만 챙기다 보니 미국과 심각한 엇박자가 났다는 뜻이 아닌가 싶다.

선진적 보수가 되기 위해서는 국가의 주권성, 자율성 제고 같은 주제에 대해 깊은 고민을 해봐야 하지 않을까 주문하고 싶다.

동맹을 복원하라는 주장은 중요한 무엇을 잃어버렸다는 평가를 전제로 하고 있는데, 무엇을 잃어버렸는지 제시하는 사람이 없다. 옛날처럼 하자는 의미로밖에 들리지 않는다.

후진적 논의 지양 미래 고민을

한미동맹은 분명 과제도 안고 있고 도전도 있다. 탈냉전 시대, 21세기 세계화 시대, 평화와 번영의 동북아 시대에 부합하는 동맹, 즉 양국이 공유할 수 있는 가치, 전략적 이해관계, 운용 기조 등에 대해 새로운 비전과 청사진을 마련해야 한다. 그래서 정부는 미래한미동맹정책구상(FOTA) 같은 대화체를 통해 이 주제에 대해 미국 측과 머리를 맞대고 고민과 논의를 지속해 왔던 것이다. 공론을 주도하겠다는 전문가 집단이 정부 영역을 앞서지는 못할망정 뒤처져서 후진적 논의를 하고 있으니 매우 아쉽다.

정부는 현실적이고 실용주의적인 기조와 원칙에 따라 한미동맹을 발전시켜왔다. 이 방향이 적절하다는 데는 미국도 아무 이견이 없고, 한국을 소중한 동맹으로 여기고 관계를 유지하겠다는 입장이다. 이런 동향과 한미동맹의 객관적 현주소를 이해하고 미래 논의를 전개했으면 하고 바란다.

『경향신문』 2007년 2월 20일

참여정부

2003년 출범한 노무현 정부의 명칭으로 우리 민주주의를 국민의 참여가 일상화되는 참여 민주주의의 단계로 발전시키겠다는 점과 진정한 국민주권, 시민주권의 시대를 열겠다는 의미이다.

6

MB 정부, 남북 협력 싫으면 동북아 협력이라도 해라

북한 김정일 국방위원장이 9년 만에 극동러시아 방문길에 올랐다. 드미트리 메드베데프 러시아 대통령과의 정상회담도 예정되어 있다고 한다. 수행원 명단으로 미루어 볼 때 양국 간 경제협력 사업에 관한 논의 뿐만 아니라 핵문제와 6자회담의 앞날에 대해서도 긴밀한 조율이 있을 것으로 짐작된다.

2009년부터 급증하기 시작한 북중 경제협력에 의해 북중관계가 재정립됨에 따라 자극을 받은 러시아가 자신의 존재감을 확인하겠다는 의미도 있을 것이다. 전통적으로 동북아 지역에 전략적 이해관계를 가진 러시아로서는 현재 만들어지고 있는 지역 질서를 수수방관할 수만은 없고, 북한을 일종의 근거지로 삼겠다는 전략적 의도를 갖고 움직인다고 할 수 있다.

러시아는 2012년을 앞두고 극동러시아 지역과 북한을 포함한 동북아 지역에 대한 전략적 관심이 매우 높다. 우선 내년에 블라디보스토크에서 열리는 아시아태평양경제협력체(APEC) 정상회의를 성공적으로 개최함으로써 자신의 존재감을 확인시키고자 한다. 사할린 천연자원 개발의 지속성 유지도 중요한 국가적 전략과제라고 할 수 있다. 이에 필요한 투자와 안정적 시장 확보가 필요한 것이다.

극동러시아 지역의 잉여 전력에 대한 관심도 중요하다. 러시아는 극동지역에서 생산되는 비수기 잉여 전력에 대한 돌파구의 하나로 동북아 전력연계망 프로젝트를 주장해 왔으며, 이에는 다국적 전력기업들이 이해관계를 공유하고 있다. 이번에 김정일 위원장이 아무르주(州)의 부레이 수력발전소를 시찰한 점이 시사하는 바가 크다고 할 수 있다.

또한 러시아는 극동지역 항만들의 재정비에 대한 전략적 관심을 갖고 있다. 여기에는 당연히 북한 나진항에 대한 이해관계도 포함된다. 중국견제론은 이 같은 맥락에서 구체적 의미를 찾을 수 있다. 이런 배경을 뒤로 하고 김정일 위원장의 러시아 방문과 북러 정상회담 개최의 의미를 짚어 보아야 한다.

남·북·러 3각 협력의 구체적인 이익은?

언론에 회자되고 있는 남·북·러 3국 가스관 건설 사업은 오래전부터 논의되어 온 동북아에너지 협력의 간판격 프로젝트다. 가스관 건설 사업은 1991년 한·소 수교 이후 줄곧 논의되어 왔으며 이후 김영삼·김대중 정부에서도 추진 계획이 있었던 프로젝트다. 특히 노무현 정부에서는 '동북아 시대 구상'에 따라 적극적으로 추진하고자 했던 사업이었는데, 출범 초기 적대적 정치 환경("오일게이트")과 북핵 문제로 인해 큰 진전을 이루지 못하고 말았다.

그러다가 금년 8월 초 모스크바에서 열린 한러 외무장관회담에서 이 과제가 본격적으로 다루어졌다. 그 결과 세르게이 라브로프 러시아 외무장관은 극동러시아산 천연가스의 한국 공급을 위한 북한 경유 가스관 부설 논의가 3국 가스 당국 간에 진행 중이며 전문가들이 합의에 이르면 3국 정부 차원의 지원을 통한 본격적 프로젝트 실현이 가능할 것이라고 밝힌 바 있다.

라브로프 장관은 "가스관 건설 프로젝트 외에 역시 북한을 경유해 한국으로 송전선을 건설해 러시아의 잉여 전력을 한국으로 공급하는 프로젝트와 시베리아횡단철도(TSR)와 한반도종단철도(TKR) 연결 사업 등에 대해서도 논의가 진행 중"이라며 "이 프로젝트들에 대해서는 전문가들의 추가적 검토가 필요하다"고 설명했다.

동북아 협력 사업은 천연가스관, 송유관, 철도 연결, 전력망 연계라고 하는 4대 프로젝트가 연동되어 있는 패키지의 성격이 짙다. 그래서 어느 한 사업이 속도를 내면 다른 사업이 병행적으로 추진되어야 한다. 가스관 건설과 철도연결은 별개로 추진되기보다는 경제적 관점에서 볼 때 같이 추진되는 것이 이익이다. 이것은 러시아의 입장이기도 한다.

현재 동북아 국가들은 북핵 문제라는 현안을 해결하지 못해 애로를 겪고 있다. 6자회담을 열지 못한 채 시간을 허비하고 있는 가운데, 북한은 핵능력을 점차 높여가고 있다. 지난해 공개한 우라늄 농축시설만 하더라도 북한의 논리는 핵의 평화적 이용이다. 즉, 전력난을 해소하기 위해 핵발전소를 짓는다는 주장인 것이다.

이미 두 차례에 걸쳐 핵실험을 한 북한으로서 이 논리는 설득력이 약하지만, 전력 문제가 핵문제와 연동되어 있음을 부정할 수는 없다. 이는 9·19공동성명에서 잘 드러나 있다. 북한이 핵 프로그램을 포기하는 대가로 경제 지원과 에너지 지원을 한다는 점과, 단기적 에너지 지원에 더해 결국 경수로의 제공이 명기되어 있는 데에서 분명해진다.

남·북·러 가스관 건설 사업은 당사국 모두에 이득이 되는 프로젝트다. 남한은 에너지 공급원을 다변화할 수 있고, LNG(액화천연가스)보다 가격 경쟁력이 있는 천연가스를 장기적으로 조달할 수 있다. 러시아는 사할린의 천연가스를 한국과 같은 거대 에너지 시장에 장기적이고 안정적으로 판매할 수 있어 좋다.

북한은 가스관 통과료를 받아 경제 회생에 사용할 수 있다. 만약 6자회담에서의 검토와 합의에 의해 북한을 통과하는 천연가스를 북한도 나누어 받을 수 있다면 화력발전소를 지어서 전력 문제에 대처할 수도 있다. 경수로 건설은 한반도에너지개발기구(KEDO)의 실패 사례도 있고, 여전히 핵개발 이슈로부터 자유로울 수 없다. 그리고 설사 경수로가 건설된다고 해도 현재 북한 송배전망(送配電網)으로서는 감당할 수 없다. 이에 대한 대안으로서 중규모의 화력발전소 건설을 생각해 볼 수 있다. 즉 화전을 짓고, 그 가동을 위해 가스관의 천연가스를 적정한 양으로 공급하자는 것이다. 이를 다음에 열릴 6자회담에서 검토해 볼 수 있을 것이다.

동북아적 상상력이라면 좋다

우리가 평화적이고 점진적인 방법의 통일을 지향한다면 지금과 같은 북한과 한국이 통합되기도 어렵고, 또 통합되어서도 안 된다. 북한 경제가 일정 정도 회생되어야 하고, 그런 기초 위에 개혁 · 개방의 길로 나아가야 한다. 그러기 위해서는 북한이 만성적으로 겪고 있는 에너지난을 해소해야 한다. 북한의 에너지난을 해소하기 위한 하나의 돌파구가 바로 동북아 에너지 협력이며, 가스관 부설은 그 시발점이 될 수 있다. 이 프로젝트가 실질적으로 추진된다면 남북 실무대화가 있어야 할 것이며, 이는 현재 차단된 남북 관계를 복구하는 데도 하나의 수단이 될 것이다.

이명박 정부는 대북(對北) 강경 정책을 수정하기가 어려울 것 같다. 그렇다면 동북아 협력 정책을 추진해 보는 것이 어떨까? 우리는 분명 '동북아 시대'를 살고 있으며, 그런 시대에 부응하기 위해서는 단순한 대북 정책을 넘어 한반도와 동북아를 아우르는 복합적 상상력이 요구된다.

북한을 포함한 한반도 문제를 동북아라는 상위의 틀 속으로 포괄해 동북아 시대에 대응하고, 동북아 역내 평화와 공동 번영에 부합하는 협력 사업들을 추진하면서 한반도 문제를 해소하고자 하는 그런 상상력이 요구된다.

현재 동북아 구도는 과거 냉전기와 비슷한 방향으로 흘러가고 있다. 한·미·일 대(對) 북·중·러가 대립하고 갈등하는 형국으로 전개되고 있다. 한·미·일은 하나의 동맹 수준으로 되어 있고, 이제 러시아가 움직임에 따라 북방에도 북·중·러라는 하나의 축이 형성되어 가고 있다.

이 구도는 한국의 미래에 절대적으로 불리하다. 그 구도에서 남북통일은 요원해진다. 밀접한 경제관계를 맺고 있는 한중 관계를 순탄하게 발전시켜 나가기도 점차 어려워질 것이다.

따라서 우리는 가급적 이 구도를 협력적이고 통합적인 질서로 바꾸는 노력을 해야 한다. 그것이 바로 탈냉전 사업이며 동북아 공동체 구축 사업이다. 남·북·러 3각 협력은 가스관이건 송유관 혹은 철도 연결이건 우리의 단기적 이해득실에서도 유리할 뿐만 아니라 중장기적 안목에서 통일된 한반도와 통합된 동북아로 나아가는 지렛대가 될 것이다.

『프레시안』 2011년 8월 22일

7

한미동맹 '격상', 외교마저 사적 이익만 좇으려나

모처럼 중국 베이징을 방문했다. 12일 베이징에 도착했는데, 마침 러시아 블라디미르 푸틴 총리와 대규모 사절단이 베이징에 체류하는 중이라 공항부터 도로마다 경비와 경호가 실로 삼엄하다는 느낌을 받았다. 푸틴 총리는 이번 방중을 통해 원자바오 중국 총리를 만나고 후진타오 국가주석과도 회담했다. 중·러 경제 및 에너지 협력을 한층 심화시킬 여러 합의를 했다. 게다가 중·러 간 포괄적 협력동반자 관계를 발전시킬 수 있는 전략적 의제들에 대해서도 중국 지도부와 깊은 대화를 나눈 것으로 알려졌다. 그 결과 기자들을 만난 푸틴은 양국 관계가 "역사상 최고"라면서 밀월 관계를 과시했다.

필자의 눈길을 끈 대목은 중국 『신화통신』이 보도한 '중·러 공동코뮈니케'의 일부 내용이었다. 코뮈니케에는 "양국은 유엔과 안보리가 국제 관계에서 핵심적인 역할을 해야 한다는 것을 강조했다"는 점이 명기되어 있을 뿐만 아니라, 세계의 다극화를 진전시키고 국제관계를 더 민주적으로 만들 것, 국제법을 최우선으로 해 공정하고 이성적인 국제 정치·경제 질서를 확립할 것 등이 포함됐다고 『신화통신』은 소개했다. 이 내용은 일단 미국에 대한 함축이 엄청나고, 현재 미국이 주도하는 국제

거버넌스에는 협조해 나갈 수 없다는 뉘앙스가 담겨있다. 북핵 문제의 해결 과정이나 6자회담에서 양국이 긴밀한 공조를 보이겠다는 해석도 가능해진다.

베이징에서 이런 북방 협력 외교가 한창일 때, 이명박 대통령은 미국을 국빈 방문해 한미 정상회담을 위시해 버락 오바마 미 대통령으로부터 극진한 대접을 받았다. 한식당 우래옥에서 만찬을 하는 와중에 한미자유무역협정(FTA) 비준안이 상원을 통과했다는 통화를 접하고는 양 정상이 감격 수준의 축하 인사말들을 주고받았다. 한국의 언론 대부분은 "경제 영토 확장", "군사·정치동맹에서 경제동맹까지 더해진 동맹 격상" 따위의 찬사 일변도 보도로 우리 국민들의 혼을 빼놓는 데 앞을 다투었다.

한미 FTA가 국익 차원에서 어떻게 되는가라는 국내의 격렬한 논란은 잠시 제쳐두더라도, 미국 의회의 선(先) 비준과 한국 정부의 호들갑은 이 일이 오바마 대통령과 MB 대통령이 당면한 국내 정치적 도전에 십분 활용되리라는 점은 명약관화하다. 오바마 대통령은 자신의 재선을 위해, MB 대통령은 레임덕의 지연을 위한 홍보 등등 한미 FTA 미 의회 비준 후속 조치들이 만발할 것임을 예견하는 데에는 큰 분석력을 요하지 않는다.

MB 정부로서야 '한미동맹의 강화'가 자신이 내세웠던 외교안보 노선의 핵심 중의 핵심이었기에 이번 방미 결과는 자신이 진력해 왔던 한미 관계 강화의 최종 결정점이라고 자평할 수 있을 것이다. 샴페인을 터뜨려도 모자랄 일일지도 모르겠다. 하지만 필자는 "격상" 혹은 "확대"된 한미동맹 관계를 지켜보면서 우려되는 바가 하나 둘이 아니다.

첫째, 이미 많은 분석가들이 지적한 바 있지만 한반도 주변 동북아 지정학의 거대한 변화 속에서 한국이 오직 한미동맹이라는 끈에 매달려 대미 일변도 노선으로 가는 것이 적절하냐의 문제다. 이 문제 제기의 바탕에는 동맹(미국)과 전략적 파트너(중국) 사이에 위치한 한국이 두 개의 양자관계를 좀 더 사려 깊고 섬세하게 다루어 나가야 하지 않는가라는 우리 대외전략의 핵심 과제가 자리 잡고 있다. 담벼락 위에서 위험한 줄타기를 하염없이 할 수는 없는 노릇이지만 미중 관계가 좀 더 확연한 성격으로 정립될 때까지 동북아 지정학에 대한 객관적 분석과 냉정한 자기평가를 더해 진중하게 방향성을 정해야 마땅한 일 아니겠는가라는 문제제기는 여전히 유효하다.

특히 MB 대통령이 방미 전에 『워싱턴포스트』 인터뷰에서 한 여러 언급들(중국 민주주의, 중국 견제론, 대중국 공포증, 미국의 재관여 필요성 등등)이 국내 언론 보도처럼 사실이라면, 그것은 중국과 각을 세우더라도 미국과의 관계를 강화하는 것으로 한국의 미래를 준비하겠다는 의지를 담고 있기 때문에 중국에 매우 자극적인 언설이 되기에 충분하다. 필자가 아는 한 한국의 어떤 전문가도 미국 대 중국과의 관계를 이렇게 일방적으로 끌고 가도 된다고 말하는 사람을 보지 못했다.

둘째, 한미동맹에서 '연루의 딜레마'가 제기될 소지가 여러 곳에서 나타나고 있다. 13일 한미 정상회담에서는 "한미동맹은 태평양 지역 안보를 위한 초석"이며 "태평양 파트너십을 더욱 공고히 해 나가기로 했다"고 밝혔다. 태평양 파트너십을 공고히 하기 위해서 한국이나 한국군이 할 수 있는 일이 무엇일까? 태평양의 여러 곳에서 해양 영유권 분쟁들이 등장하고 있는데, 한국은 이런 분쟁이 발생하면 미국의 입장을 지지하고 혹여 군사적 문제로 비화하면 한미동맹이 개입되어야 한다는 말이 되는가? 미중 간의 뜨거운 감자인 양안 관계에 분쟁이 야기되면 주한 미군이 전개될 수 있나? 지금 제주에서 큰 논란이 되고 있는 강정 해군기지 건설은 이런 맥락에서 보면 어떤 함축을 갖는가?

연루의 딜레마 우려는 태평양 지역에 그치지 않는다. 두 정상은 "한미동맹을 테러리즘, 대량살상무기 확산, 경제위기 등 국제사회가 당면한 도전에 적극 대처하고 협력하는 다원적 전략동맹으로 발전시켜 나가기로 했다"고 덧붙였다. 오바마 대통령은 "이 대통령의 이번 미국 방문은 미국의 세계 파트너로서 한국의 부상을 의미한다"고 말했다. 테러리즘에 대한 대응, 비확산에 대한 대응, 경제위기에 대한 대응 등 미국이 역점을 두고 있는 주요한 국가전략적 이슈들에 한국이 협력을 하는 방향으로 한미동맹을 발전시켜 나가겠다는 의미다. 이런 이슈들이야말로 한국이 실질적으로 감당할 역량도 턱없이 미흡하거니와 미국과 공동보조를 취했다가 큰 낭패를 보기 십상인 이슈들 아닌가?

셋째, 대한민국의 국방을 하염없이 미국에 의존하며 한미동맹으로 접근하겠다는 생각이 적절하냐는 문제다. 한미 정상회담 결과, 두 정상은 "한미동맹이 한국에는 '안보의 제1의 축'"이라고 밝혔다. 지난해 전시 작전통제권 환수 논란 당시 상황 논리를 이용해 한미 간의 기왕의 합의를 뒤집고 아무 절차도 거치지 않고 안보와 아무 연관도 없는 G20 정상회의 도중에 한미 정상이 전작권 환수 일정을 연기시키는 결정을 내린 바 있다. 그 결과 2012년 4월로 예정된 이양 시기를 2015년 12월 말로 연기했다. 박정희 대통령의 자주국방론 이후 반세기가 흘렀고, "한국 방위의 한국화"를 주장한 지도 상당한 시간이 지났다. 그 요란했던 첨단무기 도입과 전력강화 사업들은 어떤 결과를 낳았기에, 도대체 우리 군대는 지난 시기에 무엇을 했기에, 막강한 경제력이 보태진 엄연한 객관적 현실 속에서 자신의 안보를 동맹에 맡기겠다는 소리가 나오게 되었는가.

마지막으로, 남북 관계에 관해서다. MB 대통령은 『워싱턴포스트』 인터뷰에서 자신의 대북정책이 근본적으로 문제 해결을 하고자 하며 그래서 시간이 걸리고 인내가 필요하다면서 그 효과가 나타나고 있다는 취지의 말을 했다. "근본적인 문제의 해결"은 무엇이며, "효과"는 어떻게 나타났는지 필자로서는 도저히 이해할 수가 없고 납득할 수도 없다.

지금 많은 언론과 전문가들의 논의가 남북 관계 차단 이후 북한의 중국 종속화를 말하고 있다. 보수와 진보를 가리지 않고 동일한 목소리를 내고 있다. 북방 경제협력의 심화에 대해 걱정하고 있다. 압박과 제재는 중국이 소극적인 한 이렇다 할 효과가 없다고 서방 관측통들도 전하고 있다. 북한 광물 자원이 모두 중국에 넘어 가고 있다고 경고하고 있다. 북한의 항만들에 대한 장기 사용권 혹은 개발권이 중국이나 러시아에게 넘어 가고 있다고 한다.

FTA는 전가의 보도가 아니다. FTA를 한다고 해서 경제가 살고 일자리가 늘지는 않는다. 그것은 국익을 추구하기 위한 하나의 수단이다. 한미동맹은 하나의 제도다. 그것은 역사적 산물이며, 지정학적 이해관계의 변동에 따라 적절하게 변화하는 것이 정상이다. FTA를 통해 "경제영토"를 넓혀 글로벌 선진국이 되겠다는 야망, 그것 좋다. 개방을 잘 하면 그렇게 되지 말란 법도 없을 것이다. 하지만 그전에 우리 헌법에 우리 영토라고 표시되어 있는 북녘의 광물자원이라도 지키고, 항만이 남에게 넘어가지 못하도록 두 눈을 부릅뜨는 노력을 먼저 해야 할 것이다.

『프레시안』 2011년 10월 17일

8.

한나라당, 한반도에 대한 사유와 인식이 없다

"잃어버린 10년"이라는 요란한 정치 구호와 '퍼 주기'라는 선동적 정치담론으로 전임 정부의 대북정책을 '실패'로 규정하고 단절 의지로 충만해 대단히 새로운 정책을 펼칠 것처럼 위세를 떨던 이명박 정부가 임기 4년째를 마감하고 있다.

지난 4년간 대북정책이 잘못되었으니 바꾸라는 많은 전문가들의 고언과 비판을 외면하고 오직 북한 붕괴가 임박했으니 기다린다는 전략으로 일관한 결과가 참담하기 이를 데 없다. 남북 관계가 끊기고, 군사적 긴장은 한껏 고조되어 있으며, 핵문제는 이전보다 더 악화되어 있고, 보수진영이 그토록 강조했던 북한의 '변화'는 더더욱 찾을 수 없다.

아직 임기가 1년 이상 남았는데 집권 여당인 한나라당이 정강정책을 변경해 대북정책을 수정하겠다는 역설적 조치가 취해지고 있다. '비핵·개방·3000'이라는 허황된 간판을 내릴 때가 되긴 된 모양이다.

양대 선거를 앞둔 한나라당 비상대책위원회는 정치적 대세와 사회적 분위기에 편승해야 한다는 강박관념으로 보수의 정체성을 부정하는 온갖 언설과 정책 노선을 쏟아 내고 있다. 이른바 '좌클릭'으로 연일 국민들을 혼란스럽게 만들고 있는데 남북 관계 분야도 예외가 아니다.

1월 30일에 언론에 소개된 정강정책 변경 내용에는 대북정책과 관련해 유연성, 실용, 신뢰, 인도적 지원 등의 정신과 내용을 반영하는 표현이나 의지가 담겨 있다. 박근혜 비대위원장 주변 인사들은 이 변화에는 박 위원장의 시각과 입장이 담겨 있다고 말하고 있다. 특히 이명박 정부가 내심 매달려 온 '북한 체제 전환' 정책을 폐기한다는 부분은 진보 언론들로부터도 의미 있는 변화처럼 받아들여지고 있다.

　　그런데 이명박 정부가 초래한 남북 관계의 일대 재앙은 이 정도의 교정으로 치유될 수 있는 성격을 넘어서고 있다. 기실 '유연성'이야 현 정부가 내걸고 있는 입장이어서 새로울 것이 전혀 없다. 그것은 자칫 미혹적 수사에 그치거나 속셈을 은폐하기 위해 동원된 근사한 표현일 가능성이 높다. 실용과 신뢰, 인도적 지원 같은 내용도 현 정부가 항용 강조해 온 표현들이어서 진부하다. 북한 체제를 전환해 보겠다는 의욕은 일찍이 미국의 부시 행정부가 8년간 노골적으로 천명하고 정책적으로 추진한 바가 있는데, 아무런 실현가능성이 없는 허장성세였음으로 판명 났다. 그런데 그런 정책을 한국 정부가 해 보겠다고 나선 그 자체가 턱없는 인식과 정세 판단에 기초를 두고 있음이야 북한에 대해 초보적 이해가 있는 사람이라면 간단히 정리할 수 있는 문제다.

　　한나라당 비대위 측은 북한을 자극하지 않기 위해 그런 내용을 삭제했노라고 덧붙이고 있는 데, 북한을 자극하지 않고 신뢰를 구축하면서 남북 관계를 점차 개선해 나가겠다는 의지가 진정으로 있다면 그보다 훨씬 세련되고 현실성 있는 입장 표시를 해야 했다. 예컨대, 상호주의 문제는 어떻게 정리했나를 물을 수 있겠다.

　　이명박 정부의 대북정책 실패는 단순히 이명박 대통령 개인이나 그 정부 차원의 문제가 아니라는 점을 분명히 할 필요가 있다. 아무리 대통령과 청와대가 주도했다고 하더라도 국정의 동반자인 한나라당이 정책 실패의 책임으로부터 자유로울 수 없다는 상식적인 지적과 더불어, 대북 정책을 강경 대립으로 몰아가는 데 한나라당과 보수 진영 전체가 정치적 환경을 조성하고 사회적 분위기를 몰아가는 데 적극 가담했다는 뼈아픈 지적을 피할 수 없다. 환골탈태해 파탄 난 남북 관계를 새로운 정책을 통해 발전시켜 보겠다는 의지가 있다면 이 부분에 대한 반성과 성찰이 우선되어야 할 것이다.

그런데 지금의 한나라당이 아무리 '쇄신'을 한다고 해도 화해와 협력을 통해 평화를 증진하고 공동 번영을 도모하면서 통일에 다가가겠다는 철학과 마인드, 그것을 실행에 옮길 전략과 정책, 그리고 실천 능력을 기대할 수 없다는 것이 필자의 판단이다.

대한민국 보수와 이를 대변해야 할 한나라당은 이명박 정부가 생생하게 보여 주었듯이 남북 관계 발전이라는 험난한 여정이 요구하는 관용, 역지사지, 인내, 대화, 평화 같은 덕목들과는 본질적으로 거리가 멀다. 특히나 지금처럼 나락에 빠진 남북 관계를 구하는 데 필요한 마음 자세, 이론적 기반, 실행 전략과 역량은 상호 인정, 상호 존중, 상호 이해를 바탕으로 할 때 비로소 발휘될 수 있다고 보겠는데 한국의 보수와 한나라당이 이런 폭의 사유와 인식을 갖고 있느냐에 대해 심히 의문인 것이다.

사정이 이렇다고 해서 진보나 야당이 이런 역량을 갖추고 있다고 말할 수는 없다. '포용정책이 실패했다'라는 비판이 완전히 가신 것도 아니거니와, 이른바 '2013년 체제'는 이전의 민주정부 10년 시기보다 한층 더 발전적으로 진화된 남북 관계 정책시스템을 요구하고 있는 것이 한반도와 동북아의 엄연한 현실이기 때문이다.

남북 관계를 위한 소통의 복원, 대화를 위한 최소한의 신뢰 구축, 남북경협의 재개 및 확대, 대북정책에 있어 국민 불안 최소화, 비핵화 문제, 주변국들과 정책적 공조 등등 남북 관계를 획기적으로 진전시키기 위한 정책시스템을 준비하기 위한 노력은 무한지경이다. 따라서 이런 시대적·국가적 요구가 가하는 압박은 2013년을 준비해야 하는 진보민주 진영에 한층 위중하다.

　　그나마 천만다행인 점은 이명박 정부가 워낙 유별나고도 삽시간에 남북 관계를 파국으로 몰아넣는 바람에 진보 개혁 진영의 자각과 문제의식이 조기에 발동했다는 사실이다. 물론 이는 포용정책 추진 10년으로 말미암아 남북 화해·협력의 사회적 토대가 상당히 넓고 굳건했기에 가능하였다. 진보 개혁진영의 화해·협력 노선은 이미 점화되었다. 이제 발본적 정신으로 남북 관계 개선을 통한 한반도 평화 증진에 필요한 정책시스템 개발을 가동해야 할 때다.

『프레시안』 2012년 2월 2일

9

남북 관계 리셋을 위한 제1원칙은 '남탓하지 않는다'

　　이명박 정부의 실정 가운데 가장 두드러진 분야가 남북 관계라고 할 수 있을 것이다. 남북 관계가 파탄 났을 뿐더러 마치 냉전 시기처럼 후퇴했다는 평가는 이미 많은 분석가들에 의해 내려진 바이기 때문에 중언부언이 필요 없을 것이다. 이제 우리의 당면한 과제는 실종된 남북 관계를 복원하고 파괴된 평화를 회복하여 점진적 통일을 향해 갈 수 있는 발본적 정책패키지를 개발하는 데 있다. 이 작업은 이런 저런 정책적 교정을 통해서가 아니라 남북 관계에 대한 총체적 '리셋(Reset)'을 요구하는 일이라서 발본적으로 개시해야 한다는 표현을 쓸 지경인 것이다.

　　이명박 정부 실패의 단초는 남북 관계라는 끈을 놓아 버린 데서 찾을 수 있다. 한미동맹 강화책을 구사한 나머지 한반도의 특수성을 무시하고 한미 관계만 잘 되면 남북 관계를 비롯한 나머지 외교안보 분야 과제들이 부수적으로 순탄하게 풀린다는 거대한 착오를 범한 탓이다. 따라서 새 대북정책 시스템의 개발은 남북 관계의 끈을 다시 잡는 데서 출발해야 하며, 정책기조를 적대에서 화해 협력으로 바꾸어야 할 것이며, 그에 부합되는 정책은 이전 민주정부의 포용정책(Engagement Policy)을 계승·

발전시킨 '신(新)포용정책'일 수밖에 없다.

신(新)포용정책은 남북 관계의 3대 장전이랄 수 있는 '남북기본합의서'(1992년 발효), '6·15공동선언'(2000년), '10·4정상선언'(2007년)을 이론적·인식론적·방법론적 기반으로 삼아야 할 것이고, 동북아 평화헌장이라고 부름직할 만큼 한반도 평화를 위한 포괄적 설계도인 '9·19공동성명'을 참고할 뿐만 아니라 2005년 국회를 통과한 '남북관계발전 특별법'을 충실하게 따르는 것만으로 필요충분 요건을 두루 갖추게 될 것이다. 이들은 화해 협력 기조, 평화 번영의 증진, 점진적 통일이라는 방법과 목표를 위한 종합적이고 포괄적인 설계도를 대표하고 있으며, 그에 따른 이행 로드맵을 그릴 수 있는 구체적 방안과 정책 과제들을 제시하고 있다.

'신(新)포용정책'은 북한의 붕괴나 급변사태 같은 재앙적 사변을 정책적 대상으로 삼지 않는 대신 북한의 점진적 변화를 통한 남과 북의 통합을 지향하고 있다는 점을 분명히 해 둘 필요가 있다. 이 점을 새삼 재론하는 것은 과거 포용정책에 대한 비판이 주로 북한 변화 불능과 관련되어 있었다는 사실 때문이다. 물론 과거 포용정책이 개혁·개방을 무척 강조하였음에도 불구하고 북한 변화 유도에 실패했다는 비판은 오늘날에도 위세를 떨치고 있기 때문에 '신(新)포용정책'은 북한의 변화를 중시한다는 점을 분명히 해 둘 필요가 더하다.

게다가 김정일 위원장 사망 이후 북한에 김정은 시스템이 안정화되고 있는 현실은 북한 개혁·개방 가능성을 한층 높여준다고 보아야 할 것이다. 김정은 시스템이 단절적 변화를 하기는 당분간 어렵겠지만 어떤 종류나 수준이 되었건 개혁·개방을 통한 북한의 변화 없이 장기간 북한 인민들로부터 지지를 받으면서 지탱해 나갈 수 없을 것이라는 인식이 가능하다. 그 변화의 주 내용은 경제 회생과 대외적 위협 극복이 될 것이라는 점도 명확하다. 이런 북한 지도부의 절박성에 비추어 볼 때 '신(新)포용정책'이 북한에 수용될 개연성은 더더욱 높아진다.

'신(新)포용정책'은 한반도 평화체제 구축, 남북 경제공동체 형성, 그리고 비핵화라는 3대 핵심 과제를 제기한다. 물론 이들은 전혀 새로운 과제가 아니며, 우리의 해묵은 숙제에 해당된다. 우리 국민의 태만과 여러 정부들의 직무유기로 인해 숙제가 미루고 미루어진 나머지 반복적으로 기출 문제가 다시 제기되는 것이 한반도의 부끄러운 현주소인 셈이다.

물론 여기에는 북한 당국의 책임도 적잖이 있고, 동북아의 먼 과거로부터 오늘날 주변국들의 전략적 이해관계가 부단히 작용하고 있는 탓도 없지 않다. 그러나 뭐니 뭐니 해도 한반도 문제는 우리가 주도하고 자주적으로 풀어야 한다는 여러 지엄한 명령에 비추어 볼 때 책임을 남에게 미루는 것이야 말로 미숙하고도 염치없는 자세일 것이다. 이제 우리 문제를 반드시 우리의 역량 발휘를 통해 성취해야 한다는 비장한 각오를 다질 필요가 더하다. 북한 탓, 중국 탓, 미국 탓을 하지 말아야 한다. 우리가 능동적으로 나가고 북한의 호응을 이끌어내어 미국과 중국의 지지를 받아야 할 일이다.

우선 한반도 평화체제 구축 과제는 비핵화 프로세스의 진전과 더불어 이행되어야 하는 데, 북미 간 수교 협정과 관계정상화가 필요할 터이고 남북 간 군사적 신뢰 구축의 이행에 따라 평화 증진이 상당 정도 진척된 나머지 평화협정이 체결되어 미국과 중국이 지지하는 수순을 밟아야 할 것이다. 하지만 분명하게 짚어야 할 점은 이 과제가 무슨 도식처럼 전개될 리가 없고 남북 관계에서 전반적으로 일대 진전이 일어나고 6자회담을 통한 비핵화가 진전이 일어나야 할 뿐만 아니라 미국과 중국으로부터 긴밀한 정책 공조를 이루어내야 한다. 게다가 일본이나 러시아마저도 여기에 동승해야 하는 등등의 우호적 환경 조성이 뒷받침되어야 할 것이다. 정세의 전개에 따라 유연한 대응이 필요할 것이며, 정황에 따라서는 우리가 공세적으로 완력을 발휘해야 할 수도 있을 것이다.

다음으로 남북 경제공동체 형성 과제인데, 무엇보다도 평화 증진이나 비핵화 프로세스가 부재한 환경에서 남북경협이 이루어질 수 없다는 점이 이명박 정부를 통해 생생하게 입증된 터라 어느 하나의 과제가 다른 과제(들)와 불가분의 관계를 맺고 있다는 인식을 한순간도 놓쳐서는 안 될 것이다. 남북경협의 심화와 확대를 통한 남북 경제공동체 형성 과정은 개성공단 사례가 웅변하듯이 일정한 정도의 진전이 이루어져 남북 양측 어느 쪽에서건 경제적 실리가 이념적 군사적 대결에 따른 추상적 이해관계를 훌쩍 뛰어넘을 지경이 되면 그 자체의 동력으로 굴러갈 수 있다는 특징을 갖는다.

이 과제와 관련해서는 '10·4정상선언'에서 합의된 수많은 구체적 프로젝트들 가운데 현실적합도가 높고 쌍방에 이득을 주는 그런 사업들을 위주로 성과를 낼 수 있을 것이다. 그러나 새로운 일을 마구잡이로 벌이기보다는 기왕에 양측이 합의하고 일정 정도 추진된 경협 사업들을 심화시켜 나가는 것이 전략적 접근법이 될 것이다. 대략 일별하자면, 개성공단 확대와 금강산 관광 재개는 눈에 들어오는 과제이고, 철도와 도로의 개·보수 같은 소소한 프로젝트들이 수반될 것이며, 개성과 백두산 관광 등등도 재개하거나 개시할 수 있을 것이다.

평화체제 구축이든 경제공동체이든 남북 관계가 전반적으로 개선되어야 한다는 점이 다시 한 번 강조될 필요가 있다. 평화 증진이나 경협 확대 그 자체가 남북 관계 개선의 지표이기도 하지만, 이와 더불어 민간 차원의 교류 협력이 활발하게 일어나 한반도 전반의 분위기가 화해 협력 적으로 변화해야 보다 큰 과제들이 탄력을 받으면서 추진될 수 있는 것 이다. 그런 각도에서도 학계나 시민사회에서 제기되어온 "시민참여형" 통일 같은 주문을 이제는 더 이상 외면할 수 없게 되었다.

마지막으로 비핵화 과제가 있다. 앞서 강조한 바와 같이 비핵화 과 제도 다른 과제들과 긴밀하게 맞물려 있다. 비핵화를 전면에 내세워 그 것이 안 되면 아무 것도 할 수 없다는 우를 두 번 다시는 범하지 말아야 하지만, 비핵화를 가벼이 다룰 수도 없는 것이 남한과 주변국들의 사회 적 혹은 정책적 요구이기도 하다. 비핵화 프로세스는 어쨌건 6자회담이 라는 틀을 재가동하는 외교적 노력을 일차적으로 요구한다.

이명박 정부 남은 임기 동안 6자회담이 재개될 가능성이 없지 않기 때문에 6자회담에 대해 너무 비관적이거나 무용론적 입장을 경계해야 한다. 6자회담은 비핵화라는 일차 목표를 위해서만 그 존재감이 있는 것 이 아니라 한반도 문제의 포괄적 해결을 위한 외교적 틀이기도 하기 때 문에 그 중요성과 필요성을 아무리 강조해도 지나침이 없다. 만약 재개 하지 못하더라도 붕괴시키지는 말아야 할 것이다.

이런 맥락에서 6자회담과 관련해서도 새삼 강조되어야 할 것이 남 북 관계의 복원 및 진전이다. 미국은 대체로 현상 관리 전략으로 기울었 고, 중국은 안정과 평화에 치중해 있다. 미국은 비확산에 정책의 방점이 가 있고, 지역적으로는 중동에 치우쳐 있다. 중국에게 북한은 자신의 주 변 여러 소국들 가운데 하나에 불과하다. 가령 베트남, 미얀마, 혹은 티 베트와 특별히 다른 취급을 북한이 받을 대단한 이유가 없는 것이다. 이런 냉정한 논리를 쫓아보자면 결국 비핵화의 동력도 남쪽에서 나올 수밖에 없다. '신(新)포용정책'이 핵국가인 북한과 더불어 평화체제를 논하고 경제공동체 구축을 말할 만큼 '포용적'일 수는 없다.

『프레시안』 2012년 2월 15일

평화체제

정전협정을 평화협정으로 대체하고 상호 신뢰가 구축되어 법적 제도적 실제적으로 공고하게 평화가 보장된 상태

10

한미동맹, '역동성 강화'가 답이다

한미동맹은 한국의 외교안보 전반에 걸쳐서 차지하는 비중이 높고 사회적 파급도 심대하기 때문에 합리적이고도 객관적인 진단과 평가에 기초해 그 복원 혹은 강화를 논해야 옳다. 그렇지 않고 이 문제를 감정적이거나 정치적인 관점에서 접근한다면 한국의 외교안보정책 전반에 혼선을 야기할 뿐만 아니라 국익에 심대한 위해를 초래할 수 있다.

이명박 정부는 전임 정부하 한미동맹이 심각하게 훼손되고 약화되었다는 인식을 갖고 출범했다. 이런 인식에 따라 이명박 정부는 한미동맹 강화를 외교안보 분야의 제1순위 과제로 삼았다. 한미동맹만 강화하면 남북 관계를 포함한 여러 이슈들이 부수적으로 해결되거나 개선될 수 있다는 식으로 임했다.

하지만 이 같은 인식은 2002년 대선국면과 노무현 정부 출범 초기의 한미 관계에 대한 인식에 기초를 두고 있다. 따라서 이명박 정부가 내세웠던 한미동맹 강화론은 기본적으로 일시적 현실에 대한 평가에 기반을 두고 있고, 노무현 정부 중반 이후에 한미 관계가 양호하게 변했음에도 불구하고 보수언론과 야당 정치인들이 확대 재생산한 인식을 바탕으로 삼고 있기 때문에 여러 오류를 내재하고 있었다.

한미 자유무역협정(FTA)을 체결할 정도로 순탄했던 한미 관계를 두고 한미동맹 강화를 무척 강조하면서 이명박 정부는 한미동맹 강화에 올인하는 실책을 범했다. 동맹강화책으로 이명박 정부는 한미동맹을 "전략동맹"으로 격상시켰다. 이는 기본적으로 동맹의 정체성 변화와 그에 따른 동맹의 임무 및 역할 확대를 의미한다. 2009년 6월 한미 양국이 채택한 '한미동맹을 위한 공동비전'을 통해 알 수 있듯이, 한미 전략동맹은 기존의 영토 방위 이외에 지역적·범세계적 범주의 다양한 안보협력 강화를 강조하고 있다.

전통적으로 한미동맹의 정체성은 대북 억지력의 보루이자 동북아의 평화와 안정의 증진자로서 한반도와 동북아라는 지역적 영토 방위의 안보협력체로 존재해 왔다. 그러나 한미동맹이 전략동맹으로 변화된 현 시점에서 동맹의 정체성은 기존의 영토 방위라는 지정학적 안보 이외에 지역적·세계적 평화와 안정을 위협하는 다양한 안보 도전에도 대처해야 하는 기능적 안보 행위자의 성격도 갖게 되었다.

동맹의 정체성 변화 및 그에 따른 동맹의 임무 및 역할 확대를 야기하는 한미 전략동맹은 불가피하게 다각적인 문제점들을 갖고 있다. 무엇보다도 우리 중심의 동맹전략 부재와 동맹에 대한 의존성 강화이다. 이는 우리로 하여금 치밀한 전략적 고민 부재와 타율적 처신을 초래한다. 한반도를 중심으로 전개되는 동북아 국제 정치에서 한국의 자율적 운신의 폭을 스스로 결박시키는 의도하지 않은 결과를 초래할 수 있다. 실제 우리 외교의 창의성, 주도성, 적극성이 크게 약화된 것이 사실이다.

또한 한국의 안보 이익과 동맹 이익을 동일시하는 착시현상을 강화시킨다는 점이다. 한미동맹에 있어서 한국과 미국은 각각의 고유한 국가 이익과 동맹 이익을 갖고 있다. 한국의 입장에서 한국의 안보 이익과 동맹 이익의 동일시는 적어도 한반도 및 동북아 영역에 한정되는 경우이고, 그 밖의 영역에 있어서는 한국의 안보 이익이라기보다는 동맹 이익의 범주에 속한다고 볼 수 있다. 반면, 미국의 안보 이익은 세계적 차원에 걸쳐있기 때문에 미국의 안보 이익과 동맹 이익이 동일시되는 영역은 기본적으로 넓고 포괄적일 수밖에 없다. 이런 점에서 보았을 때, 한미 전략동맹은 '동맹의 강화는 언제나 한국의 안보 이익에 도움이 된다'는 무조건적 동맹숭배론을 일반화시켜 동맹을 하나의 수단이 아니라 목적으로 착각하는 위험성을 갖고 있는 것이다.

연관된 문제로 지역적·국제적으로 우리가 미국의 안보 전략에 '연루'될 위험성이 증가한다는 지적을 할 수 있다. 한미 전략동맹은 한국의 안보 이익과 동맹 이익의 등치를 강화시켜 한국의 안보 이익이 모호하고 매우 추상적인 지역적·국제적 분쟁지역에 미국의 안보 전략에 따라 우리가 연루될 개연성이나 위험성을 높여 놓았다는 점이다. 또한 동맹 차원에서 전개될 수 있는 중동이나 중앙아시아 지역에 대한 한국의 파병은 객관적이고 구체적이며 가시적인 한국의 안보 이익이 거의 부재할 뿐만 아니라 국제사회에서 한국의 안보 정체성에 대한 부정적 여론을 확산시켜 궁극적으로 한국의 이미지를 손상시키는 결과를 야기할 수 있다.

한미동맹 강화는 동북아 외교구도에서 균형 상실로 이어졌다. 특정 국가로의 과도한 쏠림은 다른 주변국들로부터 차가운 반응을 야기시켰다. 대표적으로 한중 관계의 악화를 꼽을 수 있다. 2008년 첫 양국 정상회담에서부터 불협화음이 시작되더니 2010년 '천안함 외교'를 계기로 한중 관계는 돌이킬 수 없을 정도로 악화되었다. 여러 중국 전문가들이 지적하듯이 한중수교 이래 지금과 같이 한중 간에 신뢰에 금이 가고 정책 공조에 틈이 벌어진 적이 없었다.

전략동맹으로 인해 우리의 국방비 증가 및 동맹 갈등이 발생할 가능성이 역설적으로 더욱 커졌다. 한미 전략동맹의 군사적 임무와 역할은 논리적으로 전 세계를 대상으로 하고 있기 때문에 이는 당연히 안보활동 영역의 확대와 맞물리면서 이에 필요한 국방비의 증가를 수반할 수밖에 없다. 이에 따라 한국은 국가 생존이라는 전통적 안보 위협에 대처할 수 있는 국방비뿐만 아니라 동맹 차원에서 전개되는 지역적 · 국제적 분쟁에 대처할 수 있는 기능적 안보 위협에 대한 비용도 고려해야 하기 때문이다.

이러한 동맹의 이중적 목적에서 파생될 수 있는 한미 양국 간의 상호 부조화는 역설적으로 의도하지 않은 동맹 갈등을 주기적으로 표출시키는 주요 요인으로 작용할 개연성을 갖는다. 이는 한미 양국에 있어서 포기와 연루, 그리고 이용이라는 기회주의적 행태에 따른 동맹의 안보 딜레마를 부각시킬 수 있고, 또한 대북 억지 정책의 수위와 그 정책적 · 전략적 수단을 중심으로 펼쳐지는 문제를 정도의 차원이 아닌 새로운 종류의 문제 영역으로 변화시킬 개연성도 갖고 있는 것이다.

한미 전략동맹에 내포되어 있는 이러한 문제점들을 치유하고 동맹 관계에서 한국의 안보 자율성을 제고하기 위해서는 무엇보다도 동맹 강화가 아니라 동맹의 역동성 강화가 이루어져야 할 것이다. 한미동맹의 강화는 한국의 안보 전략을 군사력 위주의 균형정책에 초점을 두고 동맹 이익을 강조하기 때문에 동맹 갈등 잠재력, 방위비 증가와 비용분담 증대, 그리고 미국의 안보 전략으로의 편입 가능성이 높아져 궁극적으로 한국의 안보 자율성 제약을 가져 온다. 또한 동맹 강화는 한국의 실질적 역량과 의지, 그리고 대외적 안보 역할간의 간격을 넓혀 한국의 안보 정체성을 모호하게 만들 뿐만 아니라 국가의 대외적 이미지나 위상에 부정적 영향을 끼칠 가능성이 높다.

반면, 동맹의 역동성 강화란 유동적이고 불안정한 안보 환경에 대처하기 위한 동맹의 유연성과 탄력성을 의미하는 동시에 기본적으로 경직된 동맹의 군사적 성격보다는 동맹의 정치적·정책적 차원을 강조하는 것이다. 즉, 한미동맹의 역동성 강화는 한국과 미국 각자가 고유한 국가안보 이익을 존중하는 가운데 상황에 따른 동맹 이익의 영역과 종류에 대한 활발한 협의와 긴밀한 정책 공조를 통해 보다 대등하고 건강한 동맹관계를 지향하는 것이다.

한미동맹의 역동성 강화를 위해서는 무엇보다도 다음과 같은 영역에서 인식적·정책적 변화가 이루어져야 할 것이다. 첫째, 한미동맹에 대한 과도한 의존성에서 벗어나 우리 중심의 사고를 지향해 나가야 한다. 한국전쟁 이후 오늘에 이르기까지 지난 60여 년 동안 한미동맹은 한국 외교안보의 근간으로 작용해 왔다. 그리고 한미동맹은 한국의 생존, 민주화 및 경제발전에 지대한 영향을 미쳤다. 그럼에도 불구하고 한미동맹은 한국의 여론주도층과 일반 국민들에게 '동맹 의존심리'를 심어 주었으며, 안보정책의 수단인 동맹을 목적화하는 주객전도 현상을 야기하기도 했다. 결과적으로 동맹에 대한 과도한 의존성을 벗어나 우리 중심의 사고를 갖고 외교안보 능력을 높여 나가야 한다.

둘째, '중견국가'에 부합하는 동맹전략을 수립해야 한다. 한미동맹에 대한 인식의 전환을 전제로 우리는 체계적인 동맹전략을 수립해 나가야 한다. 특히, '중견국가'의 역할을 성공적으로 수행해 한반도의 평화 번영을 증진시켜 나가기 위해서는 신중한 외교와 균형안보 개념에 입각한 동맹전략의 수립이 대단히 중요하다. 동맹전략 수립에 있어서 우선적으로 주목해야 할 점은 어떻게 한미동맹을 한반도의 평화 증진에 활용할 것이며, 상황에 따라 미국의 대중 견제 내지 봉쇄의 일환으로 활용될 수 있는 한미동맹의 균형 정책에서 우리가 어떻게 대응할 것인지에 놓여 있다고 할 것이다. 이와 관련해 향후 우리는 위험분산 차원에서 한미동맹 전략을 수립해 나가는 것을 진지하게 고민·검토해야 할 것이다.

셋째, 한국의 안보 이익과 동맹 이익을 구별하고 이를 관리할 수 있는 전략적 계획을 마련해야 한다. 한미동맹에 대해 한국의 대다수 국민들은 한미동맹의 강화가 곧장 한국의 안보 이익의 증진이자 미국과의 신뢰 강화로 직결된다고 생각하는 경향을 보인다. 그러나 이는 한국의 역량 부족과 자의식의 부재에 따른 동맹에 대한 과도한 의존심리에서 비롯된 것으로, 동맹 강화가 필연적으로 한국의 안보 이익 증진으로 연결되는 것은 아니다.

이제 중견국가로 성장한 한국이 성공적인 중추 역할을 수행하기 위해서는 한국의 안보 이익과 한미동맹의 동맹 이익 간의 공통분모와 이들 간의 차별성을 구별해 낼 수 있는 혜안을 가져야 한다. 특히, 한미 전략 동맹에서 한국은 한국만의 고유한 안보 이익과 미국과의 협력 차원에서 이루어지는 동맹 이익 간의 차별성을 분류해 한국의 안보 이익을 침해받지 않으면서 동맹 이익을 담보해 낼 수 있는 동맹 관리 전략을 마련해 나가야 한다.

마지막으로, 동맹 임무의 일환이 아니라 한국의 독자적인 평화 활동 방안을 정립해 평화 애호국으로서의 중견국가 위상을 확보해 나가야 한다. 중견국가의 국제적 위상 강화에 있어서 국제적·지역적 평화 활동은 매우 중요한 규범적 대외 활동 중의 하나이다. 이런 점을 감안해 한국은 현재 구축되어 있는 평화유지 상비군을 적극적으로 활용할 수 있는 '평화 활동 계획'을 수립해 이를 적극적으로 추진해 나가는 것도 고려해 볼 수 있을 것이다.

　다만, 지역과 국제 평화를 증진하기 위한 차원에서 이루어지는 한국의 독자적인 평화 활동은 유엔 안보리의 승인하에 이루어져야 할 것이며, 또한 한미동맹 차원에서의 평화 활동과는 구분되어야 할 것이다. 즉, 한국이 적극적인 평화 활동을 추구하는 것은 동맹국의 세계 전략을 지원·협력하기 위한 차원이 아니라, 한국이라는 중견국가의 국제적 위상 확보 차원이자 향후 한반도 통일 관련 한국의 주도적 역할을 국제사회로부터 받아 내기 위한 전략적 차원에서 고려되어야 한다는 것이다.

『프레시안』 2012년 2월 29일

11

중국의 질문, '한중 사이에서 한미동맹은 무엇인가?'

　　금년으로 한중 수교 20주년을 맞는다. 오랜 냉전 기간 동안에 쌓인 적대와 불신의 관계를 극복해 나가면서 지난 20년 동안 한중 관계는 눈부시고도 비약적으로 발전해 왔다. 경제 분야는 말할 것 없고 사회·문화 분야의 교류와 협력도 눈에 띄게 진전되어 왔다. 공식적으로도 선린 우호 관계 → 협력동반자 관계 → 전면적 협력동반자 관계를 거쳐 '전략적 협력동반자 관계'를 구축했다.

　　한국과 중국은 서로의 가치를 인정하는 관계이며, 상호 주목할 여지가 많은 관계이기도 하다. 일단 중국은 다음과 같은 이유로 한국을 주목한다. 무엇보다 중국은 대외전략의 중추인 주변지역 정책, 동아시아 지역협력이라는 장기적인 구상 속에서 한국의 전략적 가치를 찾고 있다. 둘째, 한중 관계를 강화해 강화되는 미국의 대중국 견제를 약화시키고자 한다. 셋째, 전략적으로 중요한 의미를 지니는 북한 체제를 안정시키기 위해 한국과의 파트너 관계를 강화할 필요가 있다. 넷째, 양국 간 무역규모가 2,000억 달러에 달하고 있는 상태에서 상호보완성이 높은 경제협력의 고도화가 필요하다. 다섯째, 황사, 환경, 마약 등 비전통적 안보 문제 등 현안을 해결하기 위해서도 협력의 필요성이 있다.

반면, 한국도 부상한 중국을 새롭게 주목하고 있다. 첫째, 한반도의 통일과 평화, 안정에 중국의 협력은 필수적이다. 둘째, 한반도 비핵화를 달성하기 위한 중국의 역할이 필요하다. 중국은 한반도 비핵화에 대한 일관된 입장을 가지고 있다는 점에서 협력의 범위가 넓다. 셋째, 비전통적 안보 문제를 처리하는 데 있어 양자 협력이 중요하다. 넷째, 한국의 대중국 무역의존도가 25%에 달했고 세계 최대시장인 중국과의 경제협력 관계를 세심하게 관리해 나갈 필요가 있다. 과거 마늘 파동 같은 분쟁이 일어날 소지가 상존하고 있기 때문이다.

한중 관계의 눈부신 발전과 외교적 형식의 격상에도 불구하고 한중 간에는 상호 인식 차와 기대 차가 동시에 작용하고 있다. 이명박 정부 들어서 이 점이 상당히 선명하게 드러났다. 특히 한미동맹 강화 노선을 시발점으로 해서 한중 관계가 순탄하지 못하도록 방향이 잡혀갔다. 그 첫 시그널은 2008년 5월 말에 열렸던 이명박 정부 첫 한중 정상회담에서 이미 감지할 수 있었다. 즉, 한중 정상회담 기간 중 중국 외교부 대변인이 공식적으로 "한미 군사동맹은 지나간 역사의 산물"이라며 "냉전시대의 군사동맹으로 역내에 닥친 안보 문제를 처리할 수 없다"고 비판한 데서 여실히 드러났다.

아이러니는 바로 2008년 5월 말 문제의 첫 한중 정상회담에서 한중 관계를 "전략적 협력동반자 관계"로 격상시켰다는 사실이다. 한국 정부는 한미동맹 강화를 외교안보의 최고선으로 여기면서 중국에 대한 이해와 존중의 마음 자세가 부재한데 중국과의 공식 관계를 격상시켰다는 점은 분명 아이러니에 속한다. 실제 이후 양국 정부의 언설이나 행동에 비추어 볼 때 "전략적 협력동반자"라고 평가할 수 있는 관계를 찾아보기 어렵기 때문이다. 2010년 천안함 외교를 펼칠 때 한중 관계가 전략적 협력 관계가 아니라는 성격이 확연하게 드러나는데, 우리가 중국에 대해 이런 저런 요구를 하면 중국은 "우리는 우리 입장에 따라 나름대로 역할을 하고 있다", 그러니 "주권 침해라고 볼 수 있는 그런 과도한 요구를 하지 말라"는 비협력적 태도를 분명히 하였던 것이다.

천안함 외교의 과욕은 중국을 아주 당혹스럽게 만들어 어떤 후과(後果)가 있을 지 알 수 없는 형국을 초래하였다. 중국에 대해 외교적 관례를 무시한 요구를 해서 중국 외교부가 대변인 성명을 통해 노골적으로 기계적 맞대응을 하는 사태가 벌어졌다. 여기에는 통일부 장관(현인택)까지 동원되는 미숙함이 드러났다. 한중 간 경제적 밀도와 차후 북핵 문제나 6자회담 등에서 한국이 받아야 할 협조를 감안한다면 도저히 이해할 수 없는 행태다. 한국이 미국 정도가 된다면 중국에 정중하게 어떤 문제 해결에 대해 "책임 있는 역할을 해 달라"라는 주문을 할 수 있을지 모르겠다. 그런데 한국 정부와 언론이 나서서 중국을 압박해대니 중국 정부가 한국을 어떻게 인식하겠는가. 어떤 후과가 있을 지를 검토하면서 외교를 벌여야 하지 않았을까 아쉬움이 남는 대목이다. 이런 사소한 일들이 쌓여 정치적 신뢰가 유실되고 이를 회복하기 위해 다시 엄청난 노력을 들여야 하는 결과가 빚어졌다.

한미동맹 강화 노선이 초래한 관계 악화가 한 측면이라면 북한 정책을 두고 양국이 충돌하는 양상을 보인 점 역시 양국 관계를 대립과 갈등으로 몰아가는 데 핵심적 요인이었다. 중국은 북한의 안정과 평화를 무척 강조하면서 비핵화를 도모하고자 하는 정책기조를 확고하게 유지해 왔다. 그런데 이명박 정부 들어 우리의 대북정책은 사실상 북한 급변사태를 염두에 두고 강경 대결로 일관했다. 이 같은 두 국가의 대북정책은 메울 수 없는 격차를 내포했다. 한국 정부는 대북 쟁점이 등장할 때마다 국내 민족주의적 정서를 동원해 "중국 때리기"를 했다. 중국에 할 말을 하고, 요구할 것은 요구하는 행동도 대단한 의미가 있다. 그러나 그런 행동과 언술에는 반드시 상대방에 대한 이해가 전제되어야 하며, 고도의 전략적 사고가 필요하다. 무분별한 "중국 때리기"로 통해 중장기적으로 어떤 득실표가 있는지 점검해야 한다. 근래 양국 간 외교적 갈등을 빚고 있는 탈북자 북송 문제는 교훈적 사례라 할 수 있다.

한국이 처한 동북아 지정학은 한미 관계와 한중 관계를 동시에 발전시킬 것을 요구한다. 한중 관계의 내실화에 있어 가장 중요한 외부변수는 한미동맹이다. 과거 중국 외교에서 한미동맹은 외교정책의 우선순위가 아니었다. 그러나 중국의 부상에 따라 미중 관계와 동북아 질서가 변화하면서 '한미동맹'의 성격을 묻기 시작했다. 이것은 한국의 대중외교에 있어 새로운 도전이자 매우 불편한 현실이기도 하다. 한미동맹을 유지하면서도 중국의 우려를 불식시키고 대미편승전략을 통해 중국이 한국을 전략적으로 주목하게 한다는 것은 하나의 이상형에 불과하다. 오히려 한미동맹과 한중협력 사이에는 '전략적 차등화'가 있다는 사실을 뚜렷하게 부각했다. 문제는 중국의 부상에 따라 이러한 안보구조를 현실적으로 지속하기는 어렵다는 데 있다.

물론, 현재로서는 한중 관계는 한미동맹의 대체재가 아니며, 중립 노선이나 한미동맹의 조정에 따른 미국의 반발로 인해 안보 위협이 급증할 수 있다. 그럼에도 불구하고 동맹만으로는 현재의 미중 관계의 복잡성에서 오는 안보의 불확실성을 해소하는 것은 불가능해졌고 대미 편승외교는 한국의 균형 전략을 어렵게 한다. 이를 위해서는 우선 한미동맹을 절대시하는 오류를 극복할 필요가 있다. 특히, 한미 간 하위 정치에서 발생하는 이익의 충돌에 대해서는 한국이 보다 능동적으로 접근, 한국 외교가 미국의 프레임에 갇혀 있다는 우려를 불식시키면서 한국 외교의 중심성을 확보해야 한다.

이제 한국은 글로벌 중견국가로서 스스로의 지정학적 전략을 추구해야 한다. 이를 위해서 한국은 사려 깊고 분별력 있는 외교를 전개할 필요가 있다. 한중 관계에도 장기적으로 적용되는 흔들리지 않는 준칙과 유연하고 민첩한 외교를 필요로 한다. 무엇보다 중장기적으로는 한국이 국가이익을 넘어 보편적 국제사회의 이익에 기여하고 있다는 이미지와 평판을 축적할 필요가 있다. 한국은 시장경제와 민주주의 그리고 인권이라는 양도할 수 없는 가치를 강조할 수 있는 근거를 갖고 있다. 이를 위해서는 외교적 일관성을 유지하고 이를 보편적으로 적용해야 한다. 기억의 축적과 장기적 호흡으로 세계를 접근하는 중국적 사고방식을 잘 인지한 나머지 신뢰에 기반을 둔 점진적인 관계 맺기 전략을 유지할 필요가 있는 것이다.

특히, 한중 관계에는 규범이 충돌할 가능성이 내재되어 있다. 이것은 대체로 이념과 가치, 역사인식, 경제관계로 나타난다. 장기적으로는 규범에 대한 상호 이해와 공유를 위한 인식을 정립하는 문제이다. 여기에는 수많은 시행착오, 갈등과 협력을 반복하면서 규범의 수용과 배제의 경계를 확립하는 시간이 필요하다. 그러나 구체적인 양자관계의 일상적인 문제에 대해서는 사안별로 정교하게 대응할 필요가 있다. 뿐만 아니라 상대가 '핵심이익'으로 간주하는 문제에 대해서는 세심한 배려와 존중의 자세가 필요하다.

한중 관계 내실화를 위해서는 적어도 다음과 같은 정책적 과제들에 대해 구체적 답을 준비할 필요가 있다. 첫째, 대중국정책의 중장기적 전략을 수립하는 것이다. 중국의 부상과 한중 관계가 중요해지면서 조직과 인력은 확충되었으나, 대중국 외교의 컨트롤 타워가 부재하다. 중장기적 대전략의 틀에서 중국 외교를 설계할 필요가 있다. 이를 위해서는 변방 의식이나 소국 의식에서 벗어나 한반도 지정학을 강대국 정치에 활용하는 의제설정이 필요하다.

둘째, 다양한 소통 구조를 내실화하는 것이다. 한중 관계에서 지속 가능한 '대화'가 부족하다. 이를 위해서는 공식적으로 진행되는 차관급 전략대화를 내실화하고 다양한 비공식 전략대화를 가동할 필요가 있다. 또한 한국 외교는 정권의 변화와 무관하게 이러한 메커니즘을 지속할 수 있는 학계와 시민사회의 협력이 필요하다.

셋째, 한국 정부가 중국 국민을 상대로 하는 대중국 공공외교(Public Diplomacy)를 확대하는 일이다. 특히 한국의 대중국 공공외교는 정치적 특수성을 감안하여 일반대중과 여론 주도층을 분리하여 맞춤형 외교를 강화할 필요가 있다. 중국과 아시아 대표문화를 경쟁하는 것이 아니라 아시아 공통의 자산을 전파할 필요가 있다.

넷째, 한중 FTA 협상 개시가 합의된 만큼 그것을 지역통합형 네트워크를 촉진할 수 있도록 설계할 필요가 있다. 한중 간의 구체적인 협상이 어떻게 전개될 것인가도 중요한 문제이지만, 일단 한국의 산업 보호, 기술경쟁력의 지속적 확보, 다양한 산업정책과 정책지원체계를 개발할 필요가 있다. 그렇지 않을 경우 한중 FTA를 두고 한국 사회 내부에 사회 갈등을 피할 수 없고, 이는 한중 관계 진전에 부정적 요인으로 작용할 것이다.

다섯째, 역사와 영토 해결 방식의 합의이다. 학문의 영역에 정치가 개입될 경우 한중 관계를 매우 복잡하게 만든다. 더구나 민족적 자부심의 충돌이나 민족주의 열기가 고조될 경우 여론 정치의 특성상 합리적 해결을 기대하기 어렵다. '쟁점은 남겨두고 공동으로 협력하는 틀'을 구축하는 한편, 사전에 이를 예방하는 모니터링 시스템을 갖추는 것이 필요하다.

『프레시안』 2012년 3월 19일

12

피해 · 속박의 지정학에서 평화 · 번영의 지정학으로

동(북)아시아 지역에는 과거 식민주의와 냉전체제로부터의 여러 유산이 산적해 있다. 제국주의 시기 과거사로 인한 역사 문제, 영토 분쟁, 해양 영유권 문제, 역사 기술 문제 등이 잔존하면서 빈번하게 갈등과 대립을 빚어내고 있다. 한일 간 독도 분쟁은 해묵은 사안이고, 이에 더해 근래에는 한중 간 이어도 분쟁, 그리고 중일 간 센카쿠/댜오위다오 열도 분쟁이 노골화되고 있다.

탈냉전기임에도 불구하고 동(북)아 지역에는 북미 관계와 북일 관계의 경우처럼 노골적 적대 관계가 온존하고 있다. 민족주의적 정서가 강해 주권의 양보나 협력 정신이 미흡하다. 게다가 근년에는 중국의 급부상과 맞물려 미중 및 중일 관계가 순탄하지 않다. 중국은 자신의 자의식과 정체성을 재정립하기 위해 열심이고, 미국은 이 지역에 대한 자신의 전략적 이해관계를 유지하기 위한 전략을 펼치고 있으며, 일본 역시 강력한 경제력을 바탕으로 '보통국가'의 길을 가고자 한다. 이 같은 동(북)아 강대국 정치는 형식상 협력의 성격을 지향하고 있지만 실질적으로 대립과 갈등의 요인이 되고 있는 것이 엄연한 현실이다.

동(북)아 지역은 이런 배경적 요인으로 인해 세계 어느 지역과 비교할 수 없을 정도의 군비 경쟁이 첨예하게 전개되고 있기도 하다. 미국의 군비는 위력이 이미 엄청난 수준이고 중국마저 자신의 급상승하는 국제적 위상에 부합되게 군사력을 증강하고 있다. 일본도 첨단기술과 막강한 경제력을 토대로 군사력 증강에 열심이다. 국내적으로는 '평화헌법'을 무력화시키려는 보수 정치인들의 움직임이 역력하다. 여기에 북한 핵문제가 첨가되어 있다. 안보적 불안정성이 매우 높은 지역임에 틀림없는 것이다. 이것이 한국의 안보에 중대한 위협이 되고 있음은 주지의 사실이며, 동시에 우리가 모색하고 있는 역내 다자안보협력을 매우 어렵게 만들고 있다.

　　아울러 세계 다른 지역과 마찬가지로 동(북)아에도 21세기형 비전통적 안보 위협이 다종다기하게 나타나고 있다. 중국이 주도하는 고도의 경제성장으로 인해 자원 확보 경쟁이 치열하다. 에너지 조달을 위해 원자력발전에 대한 공급 의존도가 날로 높아가는 점도 중장기적으로 큰 이슈가 될 것이다. 초국경적 환경 문제가 우려의 수준을 넘어서 역내 주민들의 일상생활을 위협하는 수준에 이르렀다. 근년에는 글로벌 차원에서 발발하는 자연재해가 빈발하고 있다. 2011년 3월 발발한 후쿠시마 사태는 동(북)아의 새로운 도전을 생생하게 입증하고 있다. 테러와 대량살상무기(WMD) 비확산 문제도 마찬가지로 역내의 위협이 되고 있다. 초국경 난민의 문제도 이제 중대한 외교 분쟁의 소재로 등장하고 있다. 사스(SARS)나 조류독감, 말라리아 등등의 초국경 전염성 질병들도 공동의 대응을 요구하는 문제에 속한다.

　　이 같은 역내 안보 지형은 동(북)아 역내 다자안보협력의 필요성과 절박성을 강력하게 제기한다. 과거에는 양자 동맹이 작동한 탓에 다자협력에 대한 의지나 실행 역량이 제대로 발휘될 수 없었다. 그러나 근년에 들어와 미국마저도 동(북)아 지역 안보협력 메커니즘의 구축에 대해 적극 공감하고 있다. 미국은 '9 · 19공동성명'과 '2 · 13이행합의'에 따라 설치된 '동(북)아평화체제' 실무그룹에 대해 긍정적 입장을 보여왔다. 역내 주변국들 가운데 북한을 제외한다면 지역 다자안보협력에 대체로 적극적인 입장을 보여 주고 있다. 한국의 경우는 역대 여러 정부에서 활발한 지역 안보협력 외교를 벌여왔다. 특히 참여정부는 동(북)아에서도 유럽과 같은 동(북)아판 '헬싱키 프로세스'의 추진을 강조했다.

현실주의자들은 동(북)아시아에는 어떤 분야건 공동체나 지역주의(Regionalism) 논의 그 자체가 시기상조이며 현실성이 떨어진다고 분석하고 있다. 특히 안보 분야에서 동(북)아시아에서 공동체나 안보협력이 담론 수준이라면 모를까 현실적으로 제도화시켜간다는 것은 "신화"에 불과하다고 보는 학자들도 있다. 그런가 하면 동(북)아시아 지역에서도 유럽식의 다자안보협력을 위한 분위기가 무르익었다고 주장하는 논자들도 많다. 실제 담론 영역에서 이 같은 논의는 매우 활발한 형편이다. 역내 국가들도 이제는 다자간 안보협력에 대부분 적극적인 입장을 보이고 있음은 이미 언급했다. 이들은 제도화의 구체적 방법론에 대한 모색에 더 무게를 두어야 한다는 입장을 보이고 있는 형편이다.

필자와 같이 '글로벌 중견국가론'을 펼치는 입장에서는 동(북)아 안보협력을 구성적 견지에서 접근해 나갈 필요가 있다는 점을 강조한다. 한국의 자의식과 정체성이 평화와 협력임을 새삼 강조하면서 관련국들로부터 우호적인 협조를 받아 내는 노력도 강조되어야 한다. 시기상조라는 현실주의를 극복해야 하는 한편, 섣부른 낙관론이나 순진한 의지에 대해서도 경계심을 갖는 가운데 안보협력 담론을 공세적으로 펼치는 한편, 현실적으로 이행 가능한 협력 메커니즘 방안을 모색하는 이중적 노력이 필요하다. 한반도가 자리한 지정학을 피해와 속박의 지정학이 아니라 평화와 공동 번영의 지정학으로 바꾸어 나가자는 공세적 문제의식을 견지하는 중견국가론으로서는 그 같은 이중적 노력의 필요성이 당연한 귀결이며, 그 노력마저 매우 '진중'해야 한다는 것이다.

따라서 협력과 공동체 담론을 적극적으로 펼치는 방향성이 하나의 갈래를 이루고, 우리가 당면하고 있는 동(북)아 안보협력 지형에서 이행가능성이 높은 부분을 정책적 대상으로 삼아 구체적 노력을 기울이는 방향이 다른 하나의 갈래가 될 것이다. 담론은 참여정부에서 이미 풍부한 경험이 있기 때문에 그런 경험을 발전적으로 되살리면 될 것이고, 구체적 정책 구상은 외교, 대화, 상호 존중, 배려의 정신이 강조되는 방향성에다 고난도 군사 영역을 후순위로 삼는 가운데 하위 정치 영역, 즉 비전통 안보 위협들을 중심으로 기능적 협력의 방향으로 접근되어야 할 것이다.

현재 동(북)아 지역이 세계체제에서 차지하는 경제적 비중은 말할 나위 없이 대단하다. 정치적으로 강대국들이 대개 망라되어 있는 지역이 또한 동(북)아 지역이다. 따라서 동(북)아의 평화와 번영은 곧 세계 전체의 평화 번영과 직결되어 있다. 불안정성과 유동성으로 가득 찬 동(북)아 지역에서 공동 안보의 틀을 구축하는 과제는 곧 세계 전체의 평화 번영에 기여하는 거대 과제이기도 한 것이다.

동(북)아 다자안보협력체 구축을 위해 구체적으로 어떤 외교적 노력을 기울일 것인가를 살펴보자. 첫째, 동(북)아시아 역내 정부(장관급) 차원의 공식적 안보대화 채널인 ARF(ASEAN Regional Forum, 아세안지역안보포럼)을 소중하게 여기고 적극 활용하는 일이다. ARF는 제도화의 미비, 구속력의 한계, 효율성 미흡 등의 문제를 갖고 있는 것으로 평가되어 온 것이 사실이다.

그럼에도 불구하고 ARF는 정례화되어 있을 뿐만 아니라 장관급 대화라는 점에서 이미 제도화의 수준이 매우 높다고 보아야 할 것이다. 그 틀 속에서 무한한 조합의 양자대화와 다자대화가 가능하다는 점도 지적해야 할 것이다. 기회의 창임과 동시에 대화와 상호 이해의 장이라는 점에서 대화의 관행과 습관을 형성하는 데 적잖은 기여를 한다고 보아야 한다. 우리로서는 북한의 외상이 매년 참석한다는 점에서 각별한 의의가 있다. 실제 비핵화 프로세스가 교착 국면에 빠져 있을 때 돌파구를 찾는데 ARF가 여러 차례 북미대화나 남북대화의 창구로 활용된 바가 있다.

다음으로, 6자회담 틀을 발전시켜 나가야 한다. 2005년 체결된 '9·19 공동성명' 4항에 따라 역내 항구적인 평화와 안정을 이룩하기 위한 동(북)아 다자안보협력메커니즘 구축을 위한 노력 필요성은 그 기반을 확보한 셈이다. 그리고 2007년 '2·13이행합의'에 따라 '동(북)아 평화체제' W/G(실무그룹)이 설치되고 이미 세 차례에 걸친 회담을 열어 구체적 진전이 있었던 만큼 역내에서 군사적 신뢰 구축과 군사적 긴장완화, 예방 및 평화적 관리, 그리고 비전통적 안보 이슈들을 공동대응하기 위한 다자안보협력 및 협력의 제도화를 추진할 상당한 근거가 있다는 것이다. 다만 이 문제는 북핵 문제 해결에 진전이 병행되어야 하는데, 그런 점에서도 6자회담의 재개 및 비핵화 프로세스의 재발동이 더 한층 절실해진다. 남북 관계의 개선과 북미 간 대화에 의해 추동력을 받은 6자회담이 재개된다면 불능화를 이룰 수 있을 것이고, 그렇게 될 경우 '6자 외무장관회의'가 출범할 수 있을 것이다.

마지막으로, 2008년 미국발 금융위기가 계기가 되어 출범한 '한중일 3국 정상회의'를 주목할 가치가 있다. 2008년 12월 13일 후쿠오카에서 처음 열린 한중일 정상회담은 2004년 참여정부가 '동(북)아 시대 구상' 실현을 위해 제안했던 것으로서 당시에는 3국 간 여러 문제들이 불거져 이루어지지 못했다. 한중일 3국은 일종의 운명공동체의 관계를 갖고 있으면서도 정상들이 한 자리에 같이 앉기를 꺼려할 정도로 마음의 앙금이 깊은 관계를 유지해 왔던 것이다. 심지어 '아세안+3'체제를 EAS(East Asia Summit, 동아시아정상회의)로 발전시키면 한중일 3국 정상들이 한 자리에 같이 앉을 수 있다는 절박감 아래 2005년 급발진시킨 첫 EAS 회담에서 정작 3국 정상회담을 여는 데 실패할 지경이었다. 그런 관계를 뛰어넘어 정상회담이 성사된 데는 글로벌 금융위기를 계기로 위기감이 공유되어 협력의 필요성이 부각된 측면도 있고, 미국이 가타부타할 처지가 못 되는 국면이 작용한 탓도 있을 것으로 추측된다.

　제1차 정상회담 결과 3국 간 협력의 강화가 동아시아는 물론 전 세계의 안정과 번영에도 기여할 것이라는 데 인식을 같이하는 한편, 향후 3국 간 협력의 기본 원칙과 방향을 제시하는 '한중일 3국 동반자 관계를 위한 공동성명'을 발표했다. 그 회의는 금융위기 타개를 위한 3국간 금융통화협력 강화가 주된 테마였지만, 각론적으로 2008년 5월 중국 쓰촨성 대지진에서와 같은 지진, 태풍, 홍수 등 재난 관리 분야에서의 체계적 협력 추진을 위한 '재난관리 협력에 관한 한중일 3국 공동발표문'을 채택하기도 했다. 이 같은 의제는 동(북)아안보협력체 구축 논의에서 흔히 등장하는 것인데 중국의 주도로 3국 합의로 귀결되었다는 점이 특기할 만하다.

　'한중일 3국정상회의'는 2008년 이후 매년 각 국을 돌아가며 개최되면서 급속하게 발전했다. 2011년 회의가 일본 도쿄에서 열렸을 때 3국 정상들은 후쿠시마 참사 현장을 직접 방문하기도 했다. 회의가 정례화되고 그 규모와 다루는 영역이 확대됨에 따라 회의를 뒷받침해줄 사무국이 서울에 설치되었다. 한국이 역내 가교국가 역할을 할 수 있다는 점을 입증한 경우라고 할 것이다. 동(북)아의 핵심 3국이 정상회의체를 발족시키고 제도화시켜가고 있다는 사실은 동(북)아시아 안보영역을 포함해 역내 광범위한 이슈들에 대해 대화하고 공동 대응할 수 있는 최고 수준의 협력체를 구축해 나가고 있다는 데서 큰 의미를 찾을 수 있다.

『프레시안』 2012년 4월 2일

헬싱키프로세스

핀란드의 우르호 케코넨 전 대통령(1958~1982년 재임)이 1969년 유럽안보협력회의 개최를 제안해 1975년 8월 헬싱키에서 미국과 소련, 동서독을 포함한 유럽 35개국 정상이 모여 유럽안보협력회의(CSCE)에 관한 최종 협정에 서명했다. 이후 1990년 전후 동구권 붕괴, 소련 해체, 냉전 종식에 이르기까지 15년간 진행된 긴장 완화 과정을 말한다.

13.

글로벌 중견국가로 나아가자

    중견국가란 관계적 개념이라 할 수 있는 중간(Middle)과 국제 정치에서 힘의 배분 상태에 따른 국가의 물적 기반인 권력(Power)의 합성어다. 따라서 중견국가는 현실주의 전통인 국가의 물리적 힘(경제력과 군사력), 영토 규모, 인구, 지정학적 위치 등 다른 국가에 영향을 미칠 수 있는 국가의 능력이 기본이 된다. 게다가 중견국가는 자유주의 전통인 국제 체제에서 국가의 기능과 행태, 그리고 국가 정체성과 밀접한 관련이 있는 규범적 요소에 의해서 정의되기도 한다. 이에 따라 중견국가는 무정부적 국제 체제에서 중간 정도의 상대적 국가 지위를 차지하고 있는 국가가 국제 문제에 기능적 이해관계를 갖고 있으면서 자신의 국력에 상응하는 역할을 수행할 의지를 갖춘 국가이다.

    국제 체제 내에서 중견국가의 개념과 그 행태는 오랜 논쟁의 대상이었다. 예컨대, 전쟁론으로 유명한 클라우제비츠(Karl Von Clausewitz)는 강대국의 안보와 유럽의 안정을 위한 중견국가의 유용성을 논했다. 특히 그는 전략적이고 지리적 특징을 강조하면서 중견국가는 전략적으로 자신을 보호할 능력을 갖고 있으며, 지리적으로 강대국의 틈바구니에 있는 특징을 띤다고 설파했다. 중견국가는 일종의 완충국가로서 강대국 간의 경쟁과 긴장을 완화시킬 능력을 보유하고 있다는 것이다. 오늘날의 한국에 시사하는 바가 크다.

그밖에도 중견국가에 대한 논의가 이어져 오다가, 오늘날에는 중견국가 정의와 관련해 국가의 능력보다는 행태와 규범적 측면이 보다 강조되는 경향이 두드러진다. 이 경향에 의하면, 중견국가가 되기 위해서는 영토 규모, 인구, 지정학적 위치 이외에 중간 정도의 경제력과 군사능력을 갖추는 데 그치지 않고, 다자외교와 국제기구에의 참여가 강조된다. 나아가 중견국가는 평화선호에 더해 실제 평화유지와 평화집행에 있어 매우 적극적이다. 선량한 국제시민이 되고 보편적 이익과 국제적 공공재 창출에 기여하는 것도 중견국가의 주요 행태적 유형이다.

따라서 중견국가는 현실주의 전통에 입각한 '능력'을 기반으로 삼아 자유주의 전통에 따른 국가의 기능과 행태, 규범을 중시하는 국가다. 규범적 측면에서 중견국가들은 다른 국가들보다 신뢰할 만한 행태, 국제적 협력 강조, 국제적 갈등의 평화적 해결, 다자적 제도화 선호 경향을 보인다. 즉, 중견국가들은 국제적 시민의식, 다자적 행동주의, 연합, 제도 구축과 중재를 선호하는 경향이 있다.

이상의 간략한 이론적 검토에 입각해 중견국가를 다음과 같이 정의할 수 있을 것이다. 중견국가는 지역적·국제적 분쟁 해결을 위해 협력적 노선과 평화적 방법을 선호하며, 이를 위해 관련 쟁점 영역에서의 제도화 구축을 추구하는 경향을 보인다. 특히, 중견국가는 비상위정치 영역에서 다른 중견국가들과의 유대 강화를 통해 자신의 입장과 국제적 위상을 제고하기 위한 외교적 행태를 보인다.

어느 국가가 중견국가에 속하는가에 대해서도 논란이 분분하다. 이론적 관점이 무엇인가에 따라 범주화가 달라질 수밖에 없기 때문이다.

우리는 역사적이고 구조적이며 동태적인 방법론에 입각해 중견국가를 분류해내야 한다는 인식 아래, 일단 중견국가들은 세계체제 분석에서 원용되어온 '반주변부(Semi-Periphery)'에 속한다고 본다. 그런 포괄적 관점 아래 구체적인 범주화는 특정한 시기에 따라 능력과 행태를 체계적으로 분석하여 이루어져야 할 것이다. 전통적 중견국가로는 캐나다와 호주가 대표격이고 유럽에서는 스웨덴, 네델란드, 벨기에가 대표적인 중견국가에 속한다.

한국은 이미 상당 정도 중견국가로서 특징과 면모를 보이고 있다. 거의 세계 10위 안팎에 이르는 경제력을 보유하고 있을 뿐만 아니라, '한류' 바람에서 확인되듯이 연성국력에 있어서도 우위를 확대해 가고 있다. 월드컵 개최국으로서 '붉은 악마'와 같은 역동적이면서 질서정연한 면모를 통해 각인된 이미지가 있다. 국제사회에서 '공공재'의 창출을 위해 다각적으로 활발한 활동을 펼치고 있다. 개도국의 경제 사회 발전을 지원하기 위해 ODA(공적개발원조) 규모를 대폭 확충해 가고 있으며, 분쟁 지역의 재건 및 평화유지 활동에도 적극적으로 참여하고 있다. 유엔 사무총장을 배출하였고, G20 정상회의를 개최하는 등 국제기구에의 참여나 국제협력에 능동적으로 임해 왔다. 동(북)아시아에서 평화와 공동 번영을 지향하는 공동체 구축을 제안하기도 했다. 2008년 금융위기 국면에서 '한중일 3국정상회의' 개최에 적극적이었고, 그 회의의 제도화에 이바지한 나머지 사무국을 유치하기도 했다.

한국의 이런 면모 때문에 '글로벌'이라는 용어 사용이 가능하고 필요하다. 한국은 기본적으로 개방국가이며, 통상국가다. 세계화의 흐름에 역동적으로 대응해 왔고, '지구성(Globality)'에 부합하고자 노력해 온 국가다. 편협한 경제적 국익 추구로 일관하지 않았으며, 국제적 보편 기준에 힘을 보태기 위해 노력해 온 국가다. 국제기구는 말할 것 없고, 동아시아 역내 다종다기한 지역 기구들에 적극적으로 임해 왔다. 분단국가로서 평화촉진자 역할을 강조해 왔으며, 소통과 가교 역할을 담당하고자 했다.

글로벌 중견국가로서 한국은 세계화로 인해 야기된 국제사회의 다양한 문제들을 유념해 그 해결에 적극적 역할을 담당하고자 한다. 국제적 협력을 통해 공생적 국제질서 정립에 관심을 가질 뿐만 아니라 그런 과정에서 자신의 지정학적 위치를 국가전략 차원에서 적극적으로 해석하고 이를 대외정책에 긍정적으로 반영하고자 한다.

한국이 지향해 나가야 할 글로벌 중견국가의 새로운 외교안보 전략 구상은 ① '중용의 안보 정체성', ② '신중 외교', ③ '균형 안보'라는 3가지 핵심 구성 요소로 이루어져 있다. 그리고 '글로벌 중견국가' 대한민국은 협력을 매개로 한 평화와 공동 번영을 지향점으로 삼는다.

먼저, 중용의 안보 정체성은 정체성의 객관적 조건에 대한 올바른 인식은 물론 적중의 선택과 사려 깊은 판단을 바탕으로 국제무대에서 어느 한쪽으로 치우치지 않고 중견국가의 역할을 담당하겠다는 한국의 대외적 표방인 것이다. 여기에서 한쪽으로 치우치지 않는다는 것은 단지 외교 관계에 있어서 특정 국가로 경도되지 않겠다는 의미뿐만 아니라, 다양한 외교안보 쟁점에 내재되어 있는 한반도와 동북아의 특수성과 지구적 보편성 간의 편차를 조화롭게 줄여 나가고자 하는 한국의 자의식을 담아내고 있다. 더불어 지정학적 위치를 활용해 협력의 증진, 평화의 촉진, 소통의 가교, 대화와 외교를 통한 중재 역할을 자임하고자 한다. 중용의 안보 정체성을 통해 그간 특정 국가에 경도되어 왔던 한국의 부정적 안보 정체성을 극복할 수 있을 것이다.

신중 외교는 유동적이고 불안정한 대외환경의 특성을 감안해 남북 관계와 동북아 주변 국가들과의 외교 관계, 그리고 지구적 국제관계에서 한국의 사려 깊고 분별 있는 외교적 행태를 규정하는 개념이다. 신중 외교는 무엇보다도 강자에게 비굴하지 않을 정도의 자존(자긍심)과 약자에게 오만하지 않을 정도의 선린(포용)에 기초해 있다. 따라서 신중 외교는 수동적이고 정책결정 과정의 시간 지연을 의미하는 것이 아니다. 신중 외교는 국익 증진의 경합장인 외교 무대에서 강자에게는 관용과 유연성을 주문할 수 있어야 하고 약자에게는 지원과 배려를 발휘할 수 있는 외교적 역량을 구사할 수 있어야 한다. 이러한 외교적 역량은 중견국가의 역할을 담당할 한국 외교의 핵심적 구비 요건이다.

균형 안보는 유동적이고 불안정한 지역적·국제적 안보 환경에서 한국의 국가 생존을 담보하고 한국의 평화와 번영을 이끌어 나갈 수 있는 실질적인 경성권력과 불가분의 관계에 있는 개념이다. 즉, 균형 안보는 전통적 안보와 비전통적 안보 간의 균형, 한반도와 동북아의 특수성에서 기인하는 지정학적 안보와 지구적 보편성에서 연유하는 기능적 안보 간의 균형, 평화와 안보 간의 적절한 조화를 유지하면서 공동 안보(Common Security)론에 입각하여 동맹과 다자안보협력 간의 균형 모색, 지역적·국제적 정세를 감안한 전통적 안보와 비전통적 안보 간의 균형 등을 포함하는 매우 포괄적인 쓰임새를 갖는 개념이다.

새로운 외교안보 전략 구상은 이러한 3가지 핵심 구성 요소를 근간으로 한반도와 동북아를 평화와 번영의 지정학으로 전환시키기 위한 포괄적이고 입체적인 구상이다. 이 구상은 한국이 글로벌 중견국가로서의 역할을 적극적으로 담당해 나가는 데 필요한 틀이 되어야 할 것이다. 한국은 새 외교안보 전략 구상의 핵심 구성 요소인 중용의 안보 정체성, 신중 외교, 그리고 균형 안보를 바탕으로 지역의 갈등을 평화적으로 해결하기 위한 다양한 외교적 노력(다자주의, 연합, 제도 구축, 중재 등)을 발휘하여 궁극적으로 외교안보정책의 자율적 공간 확보 및 이를 확대해 나가야 한다.

이를 통해 한반도 평화 정착 과정을 거쳐 통일의 비전을 앞당기고 우리에게 전통적이었던 대륙지향성을 회복해 나가면서 동(북)아 협력 범위와 가능성을 한층 높여나가야 한다. 게다가 그런 노력이 국제사회의 여러 쟁점들을 협력을 통해 해소해 나가고, 그런 과정에서 제도 구축에 이바지하며, 인류 전체의 평화와 공생에 기여할 수 있어야 한다.

『프레시안』 2012년 4월 17일

ODA(공적개발원조, Official Development Assistance)

선진국의 정부 또는 공공기관이 개발도상국의 경제 발전 · 사회 발전 · 복지 증진 등을 주목적으로 개도국에 공여하는 증여(무상 원조) 및 양허성 차관(유상 원조)을 말한다.

14

국제협력 외교를 활성화하자

　　세계화와 정보혁명의 영향으로 오늘날 인류는 글로벌 공동체를 만들어 가고 있다. 글로벌 공동체는 개인과 사회, 국가와 국가, 그리고 지역과 지역이 하나로 묶여 있는 네트워크 공동체로 빠르게 변화해 가고 있다. 네트워크의 글로벌 공동체에서 특정 국가의 문제는 국가 공간을 뛰어넘어 글로벌 차원의 문제가 될 뿐만 아니라, 글로벌 차원의 문제는 곧장 국가들의 문제로 되돌아오고 있다. 글로벌 공동체가 보여 주는 이러한 상호 의존의 확대와 심화는 그 어느 때보다도 국가들 간의 협력뿐만 아니라 국가와 비국가 행위자들 간 협력의 필요성을 부각시키고 있다.

　　글로벌 중견국가로 성장한 한국 역시 국제협력이라는 시대적 흐름에 적극 참여해 '미들 파워'(Middle Power)에 걸맞은 역할을 담당해야 한다. 그 역할은 한반도와 동북아 차원에서의 당면한 쟁점들을 해결하는 데 일차적으로 발휘되어야 할 뿐만 아니라 국제사회가 직면하고 있는 인류 보편적 문제의 해결에도 발휘되어야 한다. 예컨대 우리는 북핵 문제의 평화적 해결이라는 핵심 쟁점현안을 안고 있다. 이는 한반도의 평화와도 직결되지만 동북아 지역의 최대 안보 현안이기도 하고 국제사회 전체가 안고 있는 골칫거리이기도 한다. 이런 문제를 해결하기 위해 6자회담을 재충전시키고 진전시킬 수 있는 외교적 구상과 실력 발휘는 너무나 중차대한 역할이 아닐 수 없다. 그리고 분쟁, 빈곤, 기아, 난민, 기후변화, 자연재난 등등 국제사회가 당면한 이슈들을 해결하는 데 국력에 부합되는 역할을 적극적으로 담당함으로써 미들 파워로서의 정체성을 다져나가야 한다.

나아가 국제협력 외교를 통해 평화와 공생의 국제질서 정립에 기여하고, 그 과정에서 한국의 지정학적 위치를 국가전략 차원에서 적극적으로 해석하고 이를 국제협력과 연계시켜 나가는 지혜를 발휘해야 한다. 이를 위해 글로벌 중견국가로서 한국의 국제협력 외교는 평화협력 외교와 경제협력 외교로 대별하여 수행되어야 할 것이다. 그리고 이 같은 두 갈래의 국제협력 외교는 보편적 지구성 창출을 위한 연성권력(Soft Power)과 공공외교(Public Diplomacy) 강화를 통해 보완되어야 할 것이다.

먼저, 평화협력 외교이다. 평화협력 외교는 미들 파워로서 한국의 국가 정체성과 위상에 연관되는 가장 중요한 국제협력 외교의 일환이다. 적극적인 '평화협력 외교'를 전개해 국제사회로부터 '평화 선도국'이라는 한국의 국가 정체성과 국제적 위상을 확보하는 일이 무엇보다 중요하다. 한국이 국제사회에 '평화 선도국'이라는 국가 정체성을 각인시켜 나가는 것은 한반도와 동북아라는 국가적·지역적 특수성의 문제 차원에 국한되는 것이 아니라 오늘날 국제사회가 시급히 해결해야 할 평화와 인권 증진이라는 보편성의 문제이기도 하다.

한반도와 동북아라는 특수성 차원에서 바라보았을 때, 한국이 평화 선도국이 되어야만 하는 현실적 이유가 존재한다. 우선, 한국은 국제환경의 변화에도 불구하고 과거와 마찬가지로 여전히 세계 유일의 분단국가로 남아 있다. 한반도의 분단은 남북한 간 주기적인 갈등과 대립, 상호 오해를 불러 일으켜 한반도에 구조적 긴장과 위험을 배태하고 있을 뿐만 아니라 남북한의 공존·공생을 가로막고 있는 가장 큰 장애물이다. 한반도의 분단은 남북한 간의 공존과 평화에 위협이 되는 데 그치지 않고 동북아 지역 질서에도 막대한 파장을 가질 수 있는 요인이기도 하다. 한국에게 있어서 '평화'의 가치는 단순한 규범적·도덕적 차원에 그치는 것이 아니라 한민족 모두의 운명을 담보하고 있는 일상의 현실 문제이다.

또한 동북아 국제 정치는 한국에게 '평화 선도'의 책무를 부여하고 있다. 예나 지금이나 한반도는 주변 강대국의 국가이익이 교차하는 전략적 요충지이다. 현재 및 미래에도 한반도의 지정학은 힘의 대전환에 따른 동북아의 갈등 구조로부터 자유로울 수 없을 뿐만 아니라 한반도 분단이라는 암운의 그림자를 더욱 키워나갈 개연성을 갖고 있는 것이다. 따라서 한국이 남북한의 대결 구도를 청산하고 평화통일의 발판을 마련하는 한반도 평화체제 당사국으로서, 나아가 지역의 안정과 공동 번영을 위한 평화 촉진국으로서 한국의 책무와 역할은 아무리 강조해도 지나치지 않을 것이다.

'평화 선도국'으로서 한국의 책무와 역할은 우리의 당면 문제 해결 차원에만 머물러서는 안 될 것이다. 한반도와 동북아의 평화는 국제평화와 연결되어 있다는 문제의식을 갖고 국제평화 증진을 위해 적극적으로 책임 있는 역할을 하여 실질적인 국제평화 기여국가로서의 위상을 확보, 국제사회로부터 '평화 선도 대한민국'이라는 국가적 면모를 확립시켜 나가야 한다. 국제평화 증진에 대한 한국의 실효적 기여는 한반도와 동북아 평화 구축에 대한 국제사회의 이해와 지지를 유도해낼 수 있고, 궁극적으로 국제사회로부터 한반도 평화통일의 공인을 받아 내는 데 우군이 될 것이다.

평화협력 외교를 위해서는 역내 국가와 양자 간 호혜 정신에 입각한 '포괄적 대화'를 활성화해 현안 중심의 협의를 넘어 중장기적이고 지역적·국제적 주요 쟁점과 비전에 대한 공감대를 형성해 나가는 것이 중요하다. 특히, 지역평화협력 외교 차원에서 전략적 거점국가를 선정, 이들 국가들과의 평화협력을 제도화해 나갈 필요가 그 어느 때 보다도 시급하고 중요하다.

특히, 국제적 평화기여국으로서 한국의 위상을 확보하기 위해서는 국제평화 외교의 실제적 수단으로서 한국의 평화유지활동군의 국제화를 모색할 필요가 있다. 한국 정부는 2010년 7월 1,000여 명의 국제평화지원단인 '온누리 부대'를 창설해 지구촌 곳곳에서 국제평화 정착 및 증진에 적극 참여하고 있다. 이러한 점을 감안해 한국이 명실 공히 국제사회로부터 세계적인 평화 선도국으로 공인받기 위한 방안으로서 국민적 이해와 합의하에 '온누리 부대'를 유엔 평화재건위원회에 일정 병력을 할당해 유엔 평화유지군으로의 국제 공인을 받아 내는 것을 제안할 수 있다.

이 경우, 한국은 유엔 안보리의 만장일치에 따른 국제평화 증진활동에서 주도적 위상을 확보해 나갈 수 있고, 이를 통해 한반도와 동북아 평화 증진에도 국제사회로부터 우호적이고 협력적인 지지를 이끌어낼 수 있을 것이다. 다만, '온누리 부대'의 국제화와 그에 따른 국제평화 활동은 한미동맹 차원에서 이루어지고 있는 파병과는 엄격히 구분되어야 할 것이다. 나아가 '온누리 부대'의 국제화를 통해 동맹 차원에서 주기적으로 나타나는 '파병 문제'를 둘러싼 국내의 이견과 갈등을 해소할 수 있는 정책 대안을 개발해 내는 것도 가능할 것이다.

다음으로, 경제협력 외교이다. 에너지·자원을 거의 수입에 의존하고 수출을 통해 국부를 창출하는 한국에게 있어서 양자적·다자적, 그리고 지역적·국제적 경제협력은 중차대한 협력 외교 분야이다. 한국은 경제협력을 통해 적극적으로 신흥시장을 개척하고 지역 경제 통합에 능동적으로 대응해 나가야 한다. 네트워크의 글로벌 공동체에서 국가들 간의 경제협력이 무엇보다 중요한 것은 경제 경쟁으로 인해 지역적·국제적 불안정이 증폭될 수 있기 때문이다.

보다 확대·심화되고 있는 경제적 세계화는 역설적으로 신흥경제 성장국들의 지속적 경제성장을 지탱하는 데 필요한 천연자원 경쟁을 격화시키고 있다. 천연자원 경쟁은 지정학적 안보 경쟁을 야기할 수 있는 가능성을 증대시키고 있다. 따라서 자원, 에너지 조달, 해양 운송로, 식량 등을 둘러싼 신흥 경제성장 국가들의 지정학적 경쟁은 지정학에 대한 새로운 인식 전환을 강요하는 가운데 영토 및 영유권 분쟁 유발 및 초국가적 환경 문제를 더욱 악화시킬 것이다.

경제 경쟁에 따른 지정학적 안보 경쟁의 가능성은 세계 정치의 중심무대로 등장한 동아시아 지역을 기점으로 해양, 항공, 우주, 그리고 사이버 공간이라는 '글로벌 공공재'(Global Commons)에 대한 경쟁을 격화시킬 가능성도 배제할 수 없다. 따라서 한국은 공생 발전의 정신으로 지속가능한 성장 동력을 확보해 나가는 동시에 지역적·국제적 협력을 통해 경제 경쟁이 지정학적 경쟁으로 전환되는 것을 방지하는 예방외교를 펼쳐야 할 것이다. 이에 한국은 양자적·다자적, 그리고 지역적·국제적 경제협력 강화를 통해 경제적 상호 의존과 안보를 융합시켜 나갈 수 있는 경제협력의 제도화를 적극 모색해 나가야 한다.

마지막으로, 보편적 지구성 창출을 위한 연성권력과 공공외교의 강화이다. 이는 국제협력 외교를 강화하기 위한 우리의 외교역량 강화의 일환으로서 적잖은 의미를 갖는다. 글로벌 중견국가로서 '평화 선도국

대한민국'의 국제적 위상을 정립하고 또한 국제사회로부터 이를 공인받기 위해서는 정부 차원의 공식적 국제협력 외교 못지않게 민관 합동 차원의 공공외교가 중요하다. 이를 위해서는 평화, 평등, 인권과 같은 보편적 가치를 갖고 있는 의제들을 적극적으로 수용하고 이를 뒷받침해줄 수 있는 이론적·철학적 담론을 개발해 나가는 동시에 보편적 가치를 갖고 있는 한국적 담론을 체계적으로 만들어낼 수 있는 지적 인프라를 강화시켜 나가야 한다.

특히, 분단 현실을 극복하고자 하는 한국민의 평화 지향성, 세계의 빈곤국에서 글로벌 중견국으로 성장한 근대화의 성공 사례, 민주화 과정에서 체득한 인간 존엄성의 보편적 가치, 한류를 중심으로 지역과 세계로 퍼져나가는 문화 강국의 이미지 등 한국의 역사와 경험에 입각한 '한국적 담론'을 이론화하고, 이를 지역적·국제적으로 확산시켜 나가는 것이다. 이러한 보편적 가치의 한국적 담론 확산을 위해서는 국가 차원의 국제 홍보 못지않게 민관 합동 차원의 공공외교 강화를 통해 국가간의 협력과 더불어 비국가 행위자들과의 협력을 강화해 나가는 것이 중요하다.

『프레시안』 2012년 5월 1일

15

전시작전통제권 전환 '합의' 지켜져야

또 한미 간의 전시작전통제권 전환 문제가 평지풍파를 일으키고 있다. 우리 국방장관이 미국 국방장관에게 2015년 12월로 한미 간에 합의된 전환 일자를 재연기하자고 공식 제안하면서부터다. 미국 정부 관계자들도 공식 제안이 있었음을 확인하였다.

국방부는 보다 구체적으로 금년 가을에 열릴 '한미 안보협의회'에서 결론을 낸다는 입장을 천명한 상태다. 지난 5월 한미 정상회담에서 오바마 대통령과 박근혜 대통령이 전작권 전환이 잘 준비되고 있고, 이행에 협력할 것임을 재확인한 것이 불과 두 달 전이었다.

2007년 10월 한미 양국은 2012년 4월 17일자로 전작권을 전환한다는 데 합의했다. 합의 당시에 한미 간에 심도 있는 연구와 긴밀한 협의가 있었다. 한반도 안보 상황과 정세에 대한 면밀한 검토를 바탕으로 두 동맹국이 합의를 했다. 그런데 이명박 정부가 들어와 그런 중대한 한미 간 합의를 안보 상황 변화를 빌미로 무력화하면서 전환 일자를 2015년 12월로 한 차례 연기했다. 당시 한국 사회가 한바탕 홍역을 치른 바 있다. 미 국방 관계자들도 한국 정부의 연기 요청에 매우 당혹해 했다는 후문이 있었다.

우리 군은 새 전환 일정에 따라 그동안 전환에 대비한 준비를 충실하게 해 왔다. 참여정부 때는 국방비도 엄청나게 올렸다. 동맹국 미국도 협조가 적극적이었다. 매년 '을지 프리덤가디언' 연합훈련을 통해 실질적 준비 역량을 높여 왔다. 전환 이후 한미연합사를 대체할 '신(新)연합체제' 지휘 체계도 한미 간 조율 아래 가닥이 잡혔다. 재연기는 이런 모든 노력과 성과를 허무는 조치다. 벌써부터 정치권을 비롯해 한국 사회가 이 문제로 인해 분열과 갈등을 빚고 있다.

　　전작권 전환은 국가의 기본과 관련되는 사안이다. '국격'과도 직결된다. 그런 중대한 사안을 광범위한 공론화 과정 없이 바꾸는 것은 민주국가에서 용인될 수 없다. 박근혜 대통령은 후보 시절에도, 인수위에서도, 이 문제에 대해 "계획대로 차질 없이" 이행한다는 입장으로 일관했다. 지금 재연기의 핵심 근거로 거론되는 두 개의 안보 위협 요인은 북한의 장거리 로켓 발사 성공과 제3차 핵실험이다.

　　그런데 장거리 로켓 발사는 대선 기간인 지난해 12월에 있었고, 3차 핵실험은 인수위 기간인 2월에 있었다. 재연기 결정이 공신력을 갖기 위해서는 인수위에서 충분히 검토하고 새 정부의 정책으로 추진될 것이라는 점을 밝혀야 했다. 정부가 출범하고 겨우 두 달 만인 5월 초 국방부가 미국 측에 재연기 의사를 전했다고 한다. 이런 의사결정은 누구도 수용할 수 없을 것이다.

　　다음으로 이 사안은 국가와 국가 간의 공식 약속이기도 하다. 국가 간 약속을 이렇게 손쉽게 뒤집는 행동을 상대국 미국이 어떻게 받아들일까를 생각해 보아야 한다. 한국은 도대체 국가의 기본이 되어있는 나라인가를 미국이 의아해할 수도 있는 행동이다. 더 나아가 대한민국이라는 국가의 신뢰를 근간에서 허물 수 있다. 한국의 대외적 공신력을 전락시킬 소지도 없지 않다. 개인 간의 약속도 천금같이 여겨야 할진대 국가 간의 약속 이행이야 더 말할 나위가 있겠는가. 박근혜 정부의 신뢰에도 금이 갈 수 있다.

따라서 전작권 전환은 재연기해서는 안 되고, 미국과의 합의는 일정대로 지켜져야 한다. 재연기해야 할 이유는 설득력이 없다. 이런 식의 이유로 연기하기로 하자면, 끌어들일 이유야 수없이 많다. 우리 군은 강력하고 안보를 맡을 태세도 갖추어져 있다. 전작권 전환 이후에도 주한 미군은 그대로 주둔하고, 한미연합방위는 유지된다. 군을 믿고, 동맹국 미국의 방위공약을 믿고, 국민이 합심해 예정대로 전작권 전환을 이행해야 마땅하다.

『경향신문』 2013년 7월 22일

전시작전통제권

전시에 군사 작전을 지휘하고 통제할 수 있는 권한으로 한국군의 작전통제권은 6·25전쟁 당시 1950년 7월 14일 이승만 대통령이 작전 지휘의 일원화와 효율적인 전쟁 지도를 위해 유엔군사령관에게 이양했다. 이후 한국군의 작전통제권은 1978년 11월 한미연합사령부가 창설되면서 한미연합사령관에게 위임되었고 1994년 12월 1일 평시작전통제권은 한국군에 공식 반환되어 한국군 합참의장이 갖고 있으며, 전시작전통제권은 한미연합사령관에게 있다.

16

전시작전통제권 전환은 우리에게 밀린 숙제

전시작전통제권 전환 연기 위한 새 안보 상황 실체는?

한미 간에 전시작전통제권 전환은 밀린 숙제와도 같다. 밀린 숙제는 미루면 미룰수록 손대기가 싫어지는 법이다. 숙제를 미결로 해놓고 좋은 성적을 달라고 할 수 없다. 미결의 숙제는 결국 낙제로 이어질 수밖에 없는 것이 세상사 이치다. 숙제는 때가 있는 법이고, 제때에 해 버리는 편이 낫다.

전작권 전환이 처음 추진된 것이 노태우 정부 시기다. 족히 사반세기나 지난 해묵은 과제다. 그 사이 세계도 변하고, 동북아 지정학도 변하고, 미국과 한국도 각기 크게 변해 버렸다. 시대와 세상 변화에 따라 한미동맹도 진화해야 했다. 노무현 정부가 추진한 전작권 전환 정책은 그 진화의 일부에 불과하다. 그 정책은 반미/친미, 자주/동맹이라는 이념적 렌즈 탓에 추진되었던 것이 아니다. 한미동맹 내부의 진화 요구에 부응한 차원이 훨씬 강했다.

이명박 정부는 대단히 이념적인 정부였다. 남북 관계, 한미 관계, 한중 관계 분야에서 이념적 접근이 두드러졌다. 이념적 접근의 출발은 ABR(Anything But Roh, 노무현이 한 것은 다 안 된다)이었다. 이명박 대통령과 집권 한나라당은 노무현 정부에서 추진한 모든 정책을 뒤집고자 했다. 특히 대북정책과 한미동맹 정책에서 유별난 바가 있었다. 그 일환이 바로 한미 간의 전작권 전환 합의 변경이었다. 한반도 안보 상황 변화를 빌미로 삼아 전작권 전환을 연기하였다. 원래 2012년 4월 17일 자로 한미 간에 합의한 전환 일정을 2015년 12월로 연기시킨 것이다. 앞 정부가 공을 들여 해낸 숙제를 다시 원위치시켰다. 2010년 6월의 일이다. 이명박 정부의 최대 실책 가운데 하나로 기록될 일이기도 하다.

이름만 바꾸었을 뿐 동일한 집권당을 통해 정권 재창출에 성공한 박근혜 정부가 출범하였다. 정부 출범 불과 석 달 만에 앞 정부의 연기 합의를 무산시키고 또 한 차례 전작권 전환을 연기하자고 나섰다. 즉, 2015년 12월 1일부로 대한민국으로 전작권을 전환한다는 한미 간 합의를 깨고 재연기 요청을 미국 측에 하게 된 것이다. 언론보도가 전하는 재연기 이유는 우리 군의 준비 부족과 새로운 안보 위협 상황이라고 한다. 이 두 가지 이유는 전작권 전환 정책이 펼쳐졌던 기간 내내 등장해 왔던 고정 레퍼토리다. 과거에도 전환을 반대한 사람들은 예외 없이 같은 이유를 내걸었다. 설득력이 없는 어불성설이다.

먼저 '준비 부족'론이다. 한미 양측 군 지휘부는 그간 변화된 일정에 따라 전환 준비를 꾸준히 해 왔다. 매년 '키리졸브' 훈련과 '을지프리덤가디언' 훈련을 통해 한국 합참과 한미연합사가 번갈아가며 '주도'와 '지원' 역할교체 연습을 해 왔다. 2010년 연기 당시 시점으로 보아서도 5년간의 준비시간이 있었다. 물론 그 이전부터 전환에 대비한 한미 양측 간의 연합 훈련을 더해서 계산한다면 준비 기간은 한층 길어진다.

준비 부족론의 최대 함정은 그 속에 내재된 악순환적 요소다. 즉, 전작권을 미국이 갖고 알아서 해 주니까 준비가 잘 안 된다 → 준비가 부족하기 때문에 한국이 전작권을 행사할 역량이 안 된다 → 전작권 전환할 수 없다는 식으로 악순환을 그리게 된다. 준비 부족론의 종점은 결국 현상유지다.

다음으로 '새 안보상황'론이다. 그 요체는 지난해 12월 북한의 장거리 로켓 발사와 올해 2월 제3차 핵실험이다. '새 안보상황'론 역시 설득력이 없기는 마찬가지다. 미사일이나 로켓 개발 및 발사 시험으로 인한 북한 위협은 어제 오늘의 일이 아니다. 게다가 장거리 로켓이나 미사일은 한반도 안보와 직접적 연관성이 없다. 북핵 문제 역시 오래전부터 안보 위협으로 다루어져 왔던 문제. 북한은 2006년과 2009년 두 차례 핵실험을 통해 핵폭탄을 보유했다. 따라서 2013년 상반기에 조성된 한반도 안보 상황은 전작권을 다시 연기할 만큼 새로운 상황이 되지 못한다.

'준비 부족론'과 '새 안보상황론'에 더해 단골 메뉴로 제기되어온 것이 한미연합사 문제다. 한미연합사가 두 군대를 하나로 묶는 강력하고 효율적인 군사제도임에는 틀림없다. 그러나 한미연합사도 어떤 특정한 시기에 특정한 의도와 목적을 갖고 만들어진 제도다. 따라서 그 제도는 영구불변의 대상이 아니며, 시대와 전략 환경의 변화에 따라 얼마든지 변화할 수 있는 것이다. 더욱 중요한 사실은 비록 전작권 전환이 이행되더라도 주한 미군은 한반도에 계속 남을 것이고, 주한 미군과 한국군이 유기적인 연합체계를 갖추어 나갈 것이라는 점이다. 전작권 전환으로 인한 한미연합사 해체 문제 역시 연합사를 대체할 새 연합지휘체계가 마련되어 있기 때문에 지나치게 우려할 이유가 없다. 실제 국방부 홈페이지에 들어가면 전작권 전환 후 '신(新)연합방위체계'가 한미연합사를 대체할 것이고, 현 체제에 버금가는 강력한 방위 능력을 갖출 것이라고 되어 있다.

그럼 도대체 무엇이 달라지는가? 무엇이 달라지기에 이렇게 논란이 분분한가? 우리의 방위를 우리 군이 주도적으로 책임지게 되는 일이다. 그에 따라 대한민국이 군사주권을 완비하게 되는 일이기도 하다. 군사적으로 말하자면, 주한 미군과 한국군의 역할이 달라진다. 현재 주한 미군 사령관이 주도적 역할, 한국 합참의장이 지원 역할로 되어 있는데, 그것이 한국 합참의장 주도, 주한미군사령관 지원 역할로 역할 분담의 성격이 바뀌는 것이다.

관련하여 일부 전문가들이 전작권이 전환되면 한미연합사가 해체되고, 연합사가 해체되면 주한 미군이 주둔할 이유가 없어진다, 주한 미군이 철수하고 한미동맹이 파기된다, 이런 식의 주장을 펼치는 경우가 없지 않다. 이 주장은 아무런 근거가 없다. 동시에 전작권 전환을 추진한 노무현 대통령을 '반미주의자'로 치부하는가 하면 전작권 전환을 합의대로 이행해야 한다는 주장에 대해 친북좌파 논리라고 터무니없는 색깔 공세를 펼친다. 주한 미군은 한미 간의 상호방위조약과 한미군사동맹에 의거해 존속하고 있다. 현재 28,500명 규모로 동결되어 추가 감축 일정이 없다는 것이 한미 정상 간의 합의다. 앞서 설명한 바대로 한미연합사는 '신(新)연합방위체계'에 의해 대체될 뿐이다.

전작권 전환을 또다시 연기해서는 안 된다. 한 번 맺은 국가 간 합의를 존중하고 지키는 것이 옳다. 중대한 합의를 시도 때도 없이 바꾸는 것이야말로 '국격'에도 '신뢰'에도 저해된다. 성숙한 동반자 관계를 위해서도, 미래지향적인 한미 관계를 위해서도 전작권 합의가 예정대로 준수되어야 한다. 한국 사회는 더 이상 이 문제로 인해 내부 분열과 갈등을 겪을 필요가 없다. 논란을 종식시키고 전작권 전환 이슈를 종결지어야 할 때가 되었다.

『프레시안』 2013년 7월 28일

17

만신창이가 된 전시작전통제권 전환

　미국 워싱턴에서 열린 제46차 한미 연례안보협의회에서 한미 간의 합의였던 전시작전통제권 전환 시기를 재연기하였다. 우려해 온 일이 현실이 되었고, 이로써 한국 정부의 전작권 전환 정책은 만신창이가 되어 버렸다. 전작권은 2007년 한미 간의 엄중한 합의를 통해 2012년 4월 17일자로 우리 합참으로 전환될 예정이었다. 이런 중대한 동맹국과의 합의를 이명박 정부가 변화된 안보 상황과 우리 군의 준비 부족을 빌미로 삼아 연기해 버렸다. 전작권 전환 정책이 심각하게 꼬이는 단초가 되었다. 당시 재연기 합의는 전작권을 2015년 말에 전환한다는 것이었다. 이번에 그 합의를 박근혜 정부가 다시 뒤집고 재연기 합의를 한 것이다.

　전작권 전환에 대해 미온적 생각을 갖게 되면 언제든지 제기할 근거가 안보 상황 변화와 우리 군의 준비 부족이다. 한반도와 동북아 지역의 안보 상황은 매우 유동적이어서 바람 잘 날이 없는 특징이 있다. 따라서 의지가 없으면 전작권 전환을 이루기 어렵게 되어 있다. 원칙과 신뢰를 무척 강조하는 박근혜 정부가 이런 결정을 한다면 앞으로 어떻게 국민들을 설득하고 정책을 일관되게 펼칠 수 있겠는가.

　국가 간의 중대한 합의가 이같이 시도 때도 없이 파기된다면 신뢰의 문제가 발생하지 않을 수 없다. 미국 정부가 한국을 어떻게 생각할 것인가를 되짚어 보면 신뢰는 차치하고 수치심이 앞선다. "내 방위를 나 자신이 당당하게 책임지고 하겠다. 좀 부족하니 미국이 지원해 달라." 이렇게 해야 미국이 한국을 존중해 주고 진정한 파트너십을 가져갈 수 있는 게 아닌가. 지금 우리 정부와 군수뇌부의 태도는 그런 자신감, 책임의식과는 거리가 멀다.

전작권 문제는 주권국가로서 우리의 면모를 완성한다는 의미와 더불어 한국의 대외전략이나 동북아 외교를 펼침에 있어 다각적인 파장을 갖는 이슈다. 구체적으로, 우리가 북한과 군사회담을 할 때, 중국과 전략대화를 할 때, 전작권을 우리가 갖고 있는 경우와 그렇지 않은 경우가 판이하게 달라질 수 있다.

전작권을 보유하고 있을 때 우리가 고유한 독자적 목소리를 낼 수 있고, 당당하게 우리 입장을 펼칠 수 있다. 북한 당국도 우리 군이 전작권을 갖고 있을 때 함부로 도발적 군사행동을 할 수 없게 된다. 이 문제야말로 비정상의 정상화 조치로서 한국의 보수가 보수답게 해결해야 할 이슈다.

이명박 정부는 전작권 전환 연기를 두고 마치 치적이나 되는 양 행세하지만 따지고 보면 부끄러워해야 할 일이다.

저간의 흐름을 살펴보면 이번 재연기도 우리 정부가 주도한 모양이다. 전작권 전환 정책은 여러 부수 하위 조치들과 맞물려 있다. 말할 필요도 없이 그간에 한미 간 전작권 전환 준비가 크게 영향을 받게 될 것이다. 전작권 전환을 염두에 두고 매년 해 온 한미연합군사훈련의 의미가 퇴색되었다. 게다가 방위비 분담금 문제, 한미연합사 서울 잔류 문제, 경기 북부의 미군 부대 이전 문제 등등이 연동되어 있기 때문에 이들을 다시 원점으로 되돌려 그간 해 온 준비와 노력을 무산시킬 것이다.

　그리고 동북아의 뜨거운 감자라 할 수 있는 고고도미사일방어(THAAD, 사드)의 한국 배치 이슈가 있다. 여러 분석가들이 이미 사드와 전작권 재연기가 한 패키지로 묶여 있다고 지적해 왔다. 즉, 미국은 전작권 전환을 재연기해 주고 우리는 사드 배치를 받아들이는 패키지란 말이다. 우리 국방부가 극구 부인함에도 미국 고위관리들이 사드 배치 부지 조사를 했다고 공언하고 있다. 전작권 전환은 연기하고 미국의 동북아 군사 전략의 일환인 사드 배치를 수용하는 것은 추후 한국의 입지라는 차원에서 최악의 조합이다. 북한을 어떻게 다루어 가고, 중국과 어떻게 대립각을 피해 갈지 우려가 크다.

『경향신문』 2014년 10월 24일

고고도미사일방어 체계(THAAD: Terminal High Altitude Area Defense)

미사일 탄두가 대기권 재진입 전후부터 목표 지점 최종 낙하에 이르는 종말 단계 중에서 높은 고도 지역의 방어를 담당하기 위해 개발된 미국의 미사일방어(MD) 체계

18.

동북아를 넘어 동북아플러스로

2005년 이맘때 강원도에 큰 물난리가 났다. 여름휴가를 떠났던 고 노무현 대통령은 급히 청와대로 돌아와 상황을 챙기지 않을 수 없었다. 물난리의 큰 고비를 넘긴 뒤 노 대통령은 관저에서 남은 휴가를 보내다 가 필자를 불렀다. 이런저런 대화를 나누면서 홍수 걱정, 북핵 문제 등등 내치와 외치에 관한 대통령의 고민을 들었다. 노 대통령은 고무신을 끌 고 나와 관저 입구에서 청와대 직속의 동북아시대위원회를 맡아달라고 했다. 그래서 2년 넘게 참여정부의 동북아협력전략을 수립하는 역할을 담당하게 되었다.

12년이 지나 문재인 정부의 인수위라는 국정기획자문위원회 외교 안보분과 위원장을 맡게 되었다. 지난 두 달간 새 정부 5년치 외교안보 분야 국정 과제를 디자인하면서 12년의 세월이 바꿔놓은 새로운 국제환 경을 절감하게 되었다. 미국·중국·일본·러시아와 같은 주변 강대국 들의 힘과 외교적 영향력은 여전히 막강하다. 그만큼 '동북아'는 중요하 다. 하지만 이제는 동북아 지역 질서를 넘어 '동북아플러스 책임공동체' 를 고민하지 않을 수 없다.

동북아 지역은 높은 경제적 상호 의존성에도 불구하고 정치안보 분야에서는 갈등과 대립이 좀처럼 완화되지 않고 있다. 미중 대립, 북핵 문제, 역사·영토 분쟁 등은 감내하기 힘든 도전이 되고 있다. 우리가 이 도전을 피할 길은 없다. 운명처럼 떠안고 묵묵하게 대응해 나가야 한다. 그래서 동북아의 역내 평화와 협력을 증진하기 위한 정책은 지속되어야 한다. 앞으로도 우리가 주변국들과 협력 외교를 세심하게 펼쳐야 하는 이유다.

하지만 우리를 더 이상 동북아에만 가둘 필요는 없다. 이제 동북아를 넘어서는 외연 확장이 필요한 시대다. 남방으로는 동남아국가연합(아세안)과 인도·호주까지 포괄하는 대외전략 확대가 필요하고, 북방으로도 유라시아로 외연을 넓혀가야 하는 게 시대적 숙제다. 동북아 플러스 남방과 북방인 것이다.

일단 아세안은 우리의 전략적 파트너로 삼아야 한다. 지난 5월 박원순 서울시장을 특사로 파견하면서 공을 들인 이유도 현재 아세안이 중국에 이어 우리의 제2의 교역상대이기 때문이다. 아세안과 협력해야 할 전략적 이유는 차고 넘친다. 그중 하나가 북한과의 관계에서 중재자 역할을 할 수 있는 국가가 적지 않다는 사실이다. 특히 인도네시아는 무한한 잠재력을 가진 나라로 특별한 파트너십을 구축할 필요가 있다.

남방에서 주목할 국가는 인도다. 인도는 미래 잠재력이 엄청난 나라다. 시장으로서의 가치도 높고, 인적 교류의 잠재력도 크다. 지난 8일 독일 함부르크 주요 20개국(G20) 정상회의에서 문재인 대통령은 모디 인도 총리와 정상회담을 갖고 양국 관계의 내실화를 통해 번영 공동체를 구축해 나가자고 제안했다. 문 대통령은 북핵 문제를 해결하는 데도 인도와 전략적 협력 관계를 발전시켜 나가겠다는 구상을 밝혔다.

북방으로는 유라시아 대륙 국가들과의 교통물류 및 에너지 인프라

연계를 통해 새로운 경제영역을 확보하고 공동 번영을 꾀하는 신북방정책을 펼치자는 구상이다. 일단 이전 정부에서 추진하다 중단시킨 나진·하산 물류 프로젝트를 재개해야 한다. 남·북·러 3각협력의 시험대가 될 사업이기 때문에 북핵 문제에 일정한 진전이 일어나면 반드시 재개해야 마땅하다. 푸틴 대통령의 신동방정책에 부응해 극동러시아 개발에 한국이 적극적으로 임할 필요가 있다. 특히 탈원전을 정책 방향으로 내건 새 정부로서는 극동러시아의 천연가스를 도입하는 가스관 연결사업을 추진해야 할 것이다. 지난 독일 G20 회의에서 푸틴 대통령은 한러 정상회담을 통해 문 대통령을 9월 초 블라디보스토크에서 개최되는 '동방경제포럼'에 공식 초청했고 문 대통령은 이를 수락한 바 있다. 문 대통령이 9월 초 동방경제포럼에 참석한다면 이 같은 신북방정책을 대외적으로 천명하는 기회로 활용할 수 있을 것이다.

평화와 공동 번영을 도모하는 과업에는 공동체적 책임의식이 바탕에 깔려 있어야 한다. 공동의 책임을 나누어야 한다는 인식이 전제되지 않으면 자기 이익 계산에만 몰두하게 되어 협소한 민족주의와 국가주의만 득세하기 때문이다. 책임을 공유하지 않으면 진정한 협력이 불가능하다. 책임 공유를 통한 협력이야말로 공존과 공영의 토대다. 이제 우리 앞에 놓인 '동북아플러스 책임공동체'는 새로운 목표이자 시대적 숙제다. 동북아를 중시하되 동북아를 넘어서야 동북아의 문제를 해결할 수 있기 때문이다.

『중앙일보』 2017년 7월 29일

제2부

동
북
아
외
교

사 진

2018년 5월 9일 일본 도쿄 한국대사관 문재인 대통령 방문 기념식수 후 문재인 대통령, 정의용 안보실장, 장하성 정책실장과 기념 촬영

19

한국전쟁이 세계 구했다

한국전쟁이 휴전된 지 50년이 흘렀다. 그동안 남북 간 통일을 위해 많은 대화와 합의가 있었다. 그러나 한반도에는 아직도 전쟁 얘기가 예사로 나오고 있다. 특히, 부시행 정부가 들어선 이후 미국이 북한을 '악의 축'으로 규정하고 적대적 무관심 정책과 북한 고사 전략으로 나가자 북한은 다시 핵카드를 들고 나와 제2차 핵위기가 일어났다. 그 위기가 지금 한창 진행 중이다.

한미 정상회담과 한일 정상회담을 통해 북핵 문제의 '평화적 해결' 원칙에 정상들이 합의했음에도 불구하고 지금 일본과 미국을 비롯한 국제사회는 대북 봉쇄 수순을 본격적으로 밟고 있다. 이것은 한반도에 긴장을 고조시키는 수순이지 평화적 해결의 절차가 아니다. 평화적 해결을 위해서는 어떻게 대화의 틀을 만들고, 어떻게 당사국들을 대화의 틀 속으로 끌어들일지에 대해 진지한 외교적 노력이 있어야 한다.

50년전 한국전쟁의 최대 피해자는 한반도였다. 물론 도발을 한 북한정권에 가장 중요한 책임이 있다. 우리는 한국전쟁을 생각할때 미국과 우방들의 도움을 떠올린다. 학문적 분석도 주로 국제사회가 한국전쟁에 끼친 영향에 초점을 두고 있다. 그런데 그 반대, 즉 한국전쟁이 제2차 세계대전 이후 세계 질서 구축에 끼친 영향은 어땠을까라는 질문은 하지 않는다.

단적으로 말해서, '한국전쟁이 세계를 구했다'고 할 수 있다. 한국전쟁이 나기 전인 1940년대 말 세계 질서는 한 마디로 위기였다. 제2차 대전에 의한 주요 선진국들의 인적·물적 피해는 실로 엄청났다. 패전국은 말할 것 없고 승전국들도 사정이 좋지 않았다. 자본가들은 물적 토대를 잃었고, 특히 패전국들은 정통성 위기에 시달려야 했다. 달러는 미국으로 거의 몰려 자유무역 체제에 심각한 위협 요인이었다. 미국이 생산한 엄청난 물자에 대한 구매력이 유럽에는 없었다. 대서양 삼각무역에 큰 위협이었다.

국가 간의 위계질서도 바로잡혀 있지 않았다. 이때 미국의 힘이 제일 강했지만 헤게모니를 장악하지는 못했다. 일본은 당시 미군 점령 아래서 지나친 안정화 정책을 취한 나머지 경기 침체를 겪었다. 노조와 좌파 정당의 활동으로 인해 정치 불안도 만만치 않았다. 미국도 1949년에 투자 감소, 생산 위축, 실업 증대, 수출 감소 등으로 경기후퇴를 겪고 있었다. 외교노선에서도 충돌이 일어나 국내 제도정치의 위기가 나타났다. 노조의 질풍노도와 같은 파업 물결이 사회를 뒤흔들었다. 중국에는 공산 정부가 들어섰고, 소련에서는 1949년에 원자탄 개발로 미국을 놀라게 했다. 독일에서는 베를린봉쇄 사건이 발생했으며, 동유럽에선 의회민주주의 전통이 강했던 국가들이 공산화됐다.

이런 국면에서 한국전쟁이 발발했다. 바로 '한국전쟁 붐'이 일어났다. 한국전쟁을 계기로 미국 경제가 즉각 활기를 띠기 시작했다. 원자재 가격의 폭등으로 세계 경제도 상승 국면으로 접어들기 시작했다. 미국은 전후 세계 질서 구상인 유럽과 일본의 부흥계획도 박차를 가할 수 있었다. 군수물자 조달을 통해 유럽과 일본에 막대한 달러가 흘러 들어갔다. 특히 일본은 횡재를 했다. 그 결과 일본과 유럽은 다시 세계 경제의 공장 역할을 담당하게 됐다. 냉전체제가 공고화됨에 따라 노조와 좌파 정당은 철저하게 와해되고, 자유주의 경제체제가 구축됐다. 미국 내 정치 위기도 타개됐다. 공산진영과 자유 진영의 구분도 명확해졌다. 한국전쟁을 통해 미국은 자신이 주도하는 세계 질서를 만들 수 있었고, 이후 미국이 주도하는 세계 경제는 약 25년간 역사상 유례없는 황금기를 누리게 됐던 것이다.

이렇듯 한국전쟁은 1940년대 말 당시 위기에 처한 세계를 구하는 데 중요한 역할을 담당했다. 미국은 경제·정치적 위기를 타개했고, 일본은 횡재를 해 재건에 성공했다. 미국과 우방이 나서 우리를 구했지만, 그 반대로 한국전쟁이 미국과 일본을 구했다는 논리도 성립되는 것이다.

그렇다면 오늘날 한반도가 당면한 위기를 해소하는 데 미국과 일본이 적극 나서야 하며, 그것도 지금과 같은 부정적 방식이 아니라 긍정적이고 전향적인 입장을 취해야 한다는 논리도 성립된다.

한반도가 이렇게 된 데는 물론 당사자인 우리에게 책임이 있다. 그러나 한반도 역사는 주변 외세의 탓도 크다. 지금은 주변 외세가 한반도 평화를 위해 담당할 몫을 제대로 발휘해 줘야 할 때다.

『문화일보』 2003년 6월 24일

20

한미 갈등과 초당(超黨) 외교

지난달 말 한나라당 박진 당선자가 특사 자격으로 이라크 파병과 주한 미군 재배치에 관한 부시 행정부의 진의를 파악하고 한나라당 입장을 전달하기 위해 워싱턴을 방문했다.

박 의원은 우리가 잘 아는 국무부, 국방부, 싱크탱크(Think Tank)의 주요 인사들을 만났고, 그 결과 미국이 한국 정부를 신뢰하지 않으며, 한미동맹이 심각한 어려움에 직면해 있을 뿐더러, 현 정부의 외교 방향성에 대해서도 불만을 갖고 있다고 전했다.

이 보고에 기초해 한나라당 지도부는 주한 미군과 한미동맹의 진상을 파악하고 대책을 마련하기 위해 청문회를 실시하자고 나섰다. 그리고 한나라당 내부에서는 '이라크 파병 및 안보대책 특위'를 가동해 전문가라고 자처하는 의원들을 중심으로 활동을 벌이고 있다. 특정 정당의 내부 활동에 대해 가타부타 말하고 싶지 않지만, 국회에서 국익과 안보를 걱정하면서 적극적인 활동을 벌이는 것은 일단 바람직한 일이다.

동북아 안보 환경 급변

그러나 우려되는 바도 없지 않다. 박 의원이 파악한 바가 크게 틀리지 않겠지만 그의 보고가 매우 정확하다는 보장도 없다. 특히 현 정부의 외교정책 기조나 방향성에 대해서도 언급이 있었을 것인데, 그가 노무현 정부의 정책과 국정 운영을 얼마나 잘 파악하고 있는지도 미지수다.

게다가 박 의원과 한나라당이 생각하고 있는 국익과 안보관이 우리 국민 여론이나 공론을 잘 대변한다고 보기도 어렵다. 치우친 사고를 가진 사람이나 정치세력이 국익을 대변한다는 명분하에 강대국과의 관계에 나서는 것은 위험스럽기도 하다. 당리당략이나 주관적 입장을 배제하고 워싱턴의 복잡한 분위기를 가감 없이 전달했는가도 의심스럽다.

관련하여 국정 책임정당이자 다수당인 열린우리당에서는 왜 이런 활동이 없는가 하는 점이 대단히 유감스럽고 아쉽다. 의제를 선점하고 국정 전반에 주도권을 행사해야 할 집권여 당에 대해 반성과 분발을 촉구한다. 국내 정치도 중요하지만 외교활동도 중요하다는 점을 알고 강대국 외교에 적극성을 보여 주기 바란다.

지금 미국은 한반도를 포함한 동북아 지역 안보와 관련하여 자국의 국가적 목표, 즉 대량살상무기 확산 방지와 중국 봉쇄를 요체로 하는 동북아 견제 정책을 차근차근 실행에 옮기고 있다. 우리와 지난 50년간 동맹관계를 맺어온 국가의 근본 목표가 변하고 그 변화에 따른 구체적 행동이 나오고 있는 것이다. 한국 사회에 파장이 심하게 일어나는 것은 너무나 당연한 일이다. 이럴 때 민의를 대변하는 국회가 오합지졸 모양으로 우왕좌왕하는 것은 정확하게 '변방의 역사'를 사는 사람들의 꼴이다.

국론을 모으고 국력을 결집하여 이런 우리의 운명을 바꾸어 보자는 것이 노무현 정부의 포부다. 그 포부를 현실로 바꾸자는 목표가 바로 동북아 시대 구상이다. 역내 국가들과의 경제협력과 안보협력을 통해 평화와 번영의 동북아 시대를 열자는 목표는 정부 혼자 힘으로 이룰 수 없다.

정부, 국회, 민간 부문이 각각의 몫을 해야 이룰 수 있다.

국회의 몫은 국익을 꾀하는 협력적 초당 외교다. 대내 문제에 있어 상생이 키워드라면, 대외 문제와 관련해서는 초당 외교가 17대 국회의 키워드가 되어야 한다. 각 당이 특위를 만들고 독자적인 목소리를 내는 것보다 초당적 기구를 만들어 합일된 입장과 대책을 제시하는 것이 외교 안보 분야에서는 필요하다.

외교 분야만큼 여야 협력을

한반도 주변 안보 환경의 근본 틀이 바뀌고 있다. 한미 관계가 재정립되어야 한다. 주한 미군 감축은 피할 수 없다. 미국도 중요하지만 중국도 중요하고 다른 주변 강대국들도 중요하다.

국회가 정부에 따질 것은 따져야 한다. 하지만 청문회를 한다고 미국의 목표와 정책이 바뀔 리 없다. 동북아 시대라는 우리 정부의 방향과 정책 목표도 국민이 위임한 바가 있고 지난 총선을 통해 재신임을 보였다고 볼 수 있기 때문에 함부로 바꿀 수 없다.

불가피한 현실을 수용하면서 변화된 현실에 맞는 대응책을 내는 것이 슬기로운 처신일 것이다. 열린우리당은 크게 분발해야 하며, 한나라당도 책임 있는 야당으로서의 모습을 보여 주길 기대한다. 그 기대에 부합하는 첫 단추는 초당 외교를 활발하게 펼치는 데서 찾을 수 있다.

『경향신문』 2004년 6월 14일

21.

힐대사, 언로(言路)를 열어 주세요

크리스토퍼 힐 미국 대사가 부임했다. 한미 간에 굵직한 현안이 많고 더불어 풀어 가야 할 중대한 도전을 안고 있는 시기에 중책을 맡은 힐 대사에게 거는 기대가 크다.

한국은 지난 50여 년간 안보를 비롯한 모든 방면에서 미국과의 깊은 연관 아래 발전해 왔다. 한반도를 둘러싼 지정학에 일대 변동이 초래된 21세기 초에도 미국은 한국에 중요한 국가이며, 한미 관계를 잘 발전시키는 것이 한국이 직면한 국가적 숙제다. 한미 관계의 재정립은 피할 수 없는 도전이며, 이에 대응하는 방법과 과정을 가장 협력적이고 효과적으로 펼치는 지혜를 양국이 모색해야 한다. 이에 있어서 힐 대사의 역할이 결정적으로 중요하다.

한미 관계 재정립 진통 심해

지난해 한미동맹 50주년을 맞아 많은 학술 행사가 열렸다. 아이러니는 한미동맹 50년을 기리는 다수의 국내 논자들이 한미동맹을 강화해야 한다고 목소리를 높이고 있을 때, 미국은 한미동맹과 주한 미군 재조정에 대한 조정과 정리를 끝냈다는 점이다. 올봄 주한 미군 1개 여단의 이라크 차출 및 감군 결정 발표는 한국 사회에 엄청난 파장을 일으켰다. 50년이면 장년인데 한국 사회는 아직도 한미동맹에 대해 사춘기적 고민을 하고 있는 듯한 인상을 준다.

주한 미군과 관련된 변화 조치가 취해지면 한국 사회가 홍역을 앓는데 그 연유는 한미동맹의 기본 성격이 군사적이라는 데서 찾을 수 있다. 한국전쟁을 배경으로 출발했고 냉전체제하에서 공고해진 이런 성격의 한미동맹은 이미 재조정의 길로 접어들었다. 탈냉전과 같은 세계 질서의 재편, 미국의 국가적 전략 목표 변화, 한국이 세계 체제에서 차지하는 위상 변화는 불가피하게 한미동맹의 재조정 압박으로 이어졌다.

안보나 평화는 기본적으로 정치적 영역에 속하며, 군사는 수단에 불과하다. 한미동맹의 성격을 정치적이고 지정학적인 성격이 주조를 이루도록 변화시키는 것이 양국 간 국익에 부합되는 일이다. 동맹 재조정 과정에서 미국의 국가전략적 목표와 한국의 목표가 최대한 수렴되도록 한미 양국이 노력해야 할 것이다.

한국은 80년대 후반부터 민주화의 심화 과정을 통해 다원사회로 변했고 특히 역동적인 시민사회가 생겨났다. 정보화도 혁명적인 속도로 일어났다. 또한 한국 내 거의 모든 영역에서 세대교체가 일어났는데 정치권에서 일어난 변화가 이를 잘 반영하고 있다. 이런 변화는 긍정적인 측면이 강하지만 부작용도 만만치 않은데, 지금 한국 사회가 보여 주는 갈등과 혼란이 후자에 속한다. 이에 따라 한국의 정계, 학계, 시민사회 내부에는 미국을 보는 다양한 입장이 존재하며 상충되기도 한다. 이라크 파병을 둘러싼 논란이 좋은 예가 될 것이다. 심지어 정부 내에서도 이견이 존재할 정도로 한국 사회는 분화되어 있고 다양하다.

2002년 여름 여중생 두 명이 미군 장갑차에 치여 사망한 불행한 사건이 있었다. 이 사건은 초기에 수습이 제대로 되지 않아 이후 사회적 이슈로 증폭됐다. 이 사건을 포함해 지난 몇 년간 한미 관계는 결코 순조롭지 못했다. 순조로운 국가 간 관계의 열쇠는 상대방에 대한 정확한 이해 및 이해에 대한 노력이다. 물론 한국이 미국 측에 변화된 한국을 잘 인식시키는 노력을 제대로 했는지에 대해 깊은 반성이 필요하다. 이를 전제로 미국 대사가 한국에서 기울여야 할 노력이 있고 역할이 있다. 지난 몇 년간 이런 차원에서 아쉬움이 많았다.

다양한 통로로 한국 알아가길

힐 대사는 지난달 워싱턴 주재 한국 특파원들과 가진 간담회에서 밝힌 대로 한국에서 적극적인 대화, 폭넓은 소통 구조를 만들어야 한다. 한국은 더 이상 획일적이고 독점적인 사회가 아니라 개방형 네트워크 사회로 빠르게 변하고 있다. 학계, 언론, 비정부기구(NGO) 등 모든 사회영역에서 변화된 한국의 실상을 포착할 수 있는 다원화된 대화와 접촉이 필요하다. 한국 사회의 전반적 상황을 제대로 파악한 다음에는 워싱턴에 효율적으로 알리는 유능한 전달자로서 대사의 역할이 중요한데, 이 점에서 특히 신임대사에 거는 기대가 크다.

『동아일보』 2004년 8월 13일

22.

6자회담은 계속돼야 한다

2002년 10월 북한 핵문제가 불거진 지 정확하게 2년이 지났다. 당시 북핵 문제가 등장했을 때 그 파문이 만만찮을 것이라는 점은 대개 예견한 바 있다. 북핵 문제가 단기간에 해결되리라고 전망한 사람은 별로 없다. 우리에게 무겁고도 장기적인 짐이 될 것이라는 전망이 주를 이루었다. 다수 분석가들의 예견대로 북핵 문제는 장기전에 들어가 난항을 겪고 있으며 현 정부에 큰 부담을 지우고 있다.

미(美) 대선 이후 대비할 때

조지 W. 부시 미 행정부가 국제 여론의 반대에도 불구하고 이라크 공습을 감행하는 것을 본 우리로서는 북핵 문제를 평화적 방법으로 대화를 통해 풀어 간다는 원칙을 끌어내고 그 바탕 위에서 6자회담 틀이 마련된 것이 얼마나 다행스러운 일인지를 절감하게 됐다. 6자회담이 이루어진 데는 주변 강대국들의 이해관계가 수렴된 탓도 있지만 우리 외교팀의 노력이 돋보였던 성과라고 봐야 할 것이다.

6자회담은 열릴 때마다 개최 여부가 불투명할 정도로 어려운 길을 걸어왔다. 이해득실이 모두 다른 6개국이 모여 대화하고 결과를 끌어내는 일이니 이렇다 할 소득이 없었던 점도 이해할 만하다. 지난 초여름부터 남북 관계가 냉랭해지고 미 대선이 본격적 국면으로 접어듦에 따라 9월 말에 열리기로 예정되었던 제4차 회담이 결렬됐다. 이제 미 대선 전에 6자회담이 열리는 것은 현실적으로 불가능하다. 대선 이후를 대비해야 할 처지다.

하지만 미 대선 결과가 어떻게 되건 미국의 대북(對北) 태도에 특기할 만한 변화가 없을 것이라는 분석이 지배적인 한, 우리는 대화를 통한 평화적 해결 원칙을 지켜 나가기 위한 노력을 한시라도 등한시할 수 없다. 6자회담은 북핵 문제를 해결하는 데도 유용한 틀이지만 동북아지역에서 처음으로 다자주의 안보 틀의 제도화 가능성을 열어 주는 의미도 있기에 반드시 살리고 발전시켜 나가야 한다.

마침 6자회담의 조속한 재개를 위한 물밑접촉이 활발한 것은 고무적인 일이다. 이번 주에 김영남 북한 최고인민회의 상임위원장이 중국을 방문해 우방궈 전국인민대표대회 상임위원장과 후진타오 국가주석을 차례로 만나 6자회담이 유용한 틀이며 북한의 입장에 변화가 없음을 밝혔고, 양측은 한반도 비핵화 실현을 위한 대화 지속과 평화적 해결을 재확인했다. 이번 주말에는 콜린 파월 미 국무장관이 중국을 방문하고, 이어 한국을 방문해 한미 외무장관 회담을 하기로 예정돼 있다. 아울러 알렉산드르 알렉세예프 러시아 측 6자회담 수석대표가 다음 주 초 서울을 방문하는 데 이수혁 수석대표와 회담이 잡혀 있다. 6자회담이 이런 일련의 회담에서 주요 의제가 될 것은 당연하다.

이런 각국의 노력이 바로 미 대선 이후를 대비하는 방편이라고 해도 무방하다. 즉 대선 결과를 기다리는 것이 아니라 어떤 결과가 나와도 6자회담은 이어 가고 발전시킨다는 전략 목표를 일치시키는 외교적 노력이 필요하다는 의미에서다. 북핵 문제는 외교안보 분야에서 한국에 가장 큰 짐이기에 한국 정부의 노력이 가장 적극적이어야 한다.

정부는 북핵 문제를 장기적 과제로 진단하고 6자회담을 통해 풀어간다는 방침이 선 이상 핵문제와 별도로 대북정책을 펼치는 방향을 신중하게 검토해야 할 것이다. 북핵 문제에도 불구하고 현재 남북경협과 관광 및 교류가 그나마 지속되고 있는 데는 김대중 정부 정책의 약발이 이어진 덕이지 참여정부가 평화번영정책을 펼쳐서가 아니다.

북(北), 더 시간 끌어선 안 돼

더욱 아쉬운 점은 북한의 태도다. 북한은 시간을 끌 여유가 없다. 한반도 주변 정세가 시간을 끌어서 자신에 유리해질 소지가 없는 것이다. 시간을 끌어 핵무기를 개발하고 미사일을 업그레이드할 의도가 아니라면 하루빨리 정치적 결단을 내려 6자회담에 복귀해야 할 것이다. 미국의 북한인권법은 이미 발효되어 손쓸 길이 없다. 한국의 핵물질 실험 문제는 국제원자력기구(IAEA) 소관으로 북한이 왈가왈부할 사안이 아니다. 이런 일들을 6자회담에 연결시켜 흠집을 내서는 안 된다.

『동아일보』 2004년 10월 22일

23

동북아, 화약고로 변하나

조지 W. 부시 미국 대통령의 재집권과 네오콘(신보수주의자)들의 잇따른 외교, 국방 요직 포진으로 우리 국민은 북한 핵문제와 한반도의 미래를 걱정했었다. 다행스럽게도 아시아태평양경제협력체(APEC) 정상회의 기간에 열린 한미 정상회담에서 부시 대통령이 노무현 대통령이 밝힌 북핵 문제의 평화적 해결 및 무력 사용 불가라는 한국민의 의지를 신뢰하고, 6자회담을 통해 문제를 풀어 간다는 원칙을 확고히 함에 따라 일단 한숨을 놓게 됐다.

한반도 문제에서 우리의 주도성을 인정한다는 합의는 일견 짐이기도 하지만 우리의 운신의 폭을 넓혔다는 점에서 큰 진전이 아닐 수 없다. 북핵 문제로 지난 2년간 우리가 겪어 온 외교안보상의 고민이 이만저만 아니었다는 점을 고려할 때 이번 결과는 아무리 긍정적으로 평가해도 지나침이 없다고 본다.

지역 국가들 앞다퉈 군비 증강

대량살상무기와 테러에 대해 국제공조를 강조한 우리의 의사 표명은 세계적 흐름에 부합되는 일이고, 특히 미국과의 관계를 호혜적으로 만드는 데 크게 이바지하는 조처로서 외교전략상 적절한 대응이다. 부시 대통령도 북핵 문제 해결을 제2기 행정부의 역점 과제로 삼겠다는 점에 합의했고, 동북아의 평화 정착에 대외정책의 주안점을 두겠다고 밝혔다. 적절한 의사 표명이고, 우리로서는 환영할 만한 사태 전개다.

그런데 동북아의 평화 담론이 무성한 가운데 현실은 그 반대로 가는 측면이 다분해 우려스럽다. 지금 동북아의 현실은 역내 각 국가가 마치 군비 경쟁을 벌이듯 과도한 군사화의 길을 가고 있다. 즉 비핵화와 테러 방지를 외치는 가운데 실제 현실은 역내 모든 국가가 경쟁적으로 군비 확대의 길을 가고 있는 것이다.

지난주 일본의 집권 여당인 자민당이 자위대를 정규군으로 전환하는 헌법 9조 개정안을 내놓았다고 해서 논란이 많았다. 일본이 이제 드러내 놓고 군사대국화의 길로 가고자 하는 의사를 분명히 했다는 논평이 주류였다. 일본은 헌법 개정을 하지 않아도 질적으로 이미 군사대국이며, 실제로 2003년 군사비가 400억 달러로 세계 2위를 기록하고 있다. '보통국가화'라는 계획이 성공하면 일본은 질적 수준뿐만 아니라 양적으로도 막강한 군사대국의 면모를 갖추게 될 것이다.

중국도 만만치 않다. 중국은 괄목할 만한 경제성장과 더불어 군사비를 급격하게 증가시켜 왔다. 지난해 중국의 군사비는 311억 달러로 미국 일본 영국 프랑스에 이어 세계 5위에 올랐다. 중국은 대국화의 길을 지속적으로 걸을 가능성이 높다. 중국이 계획을 바꾸지 않는 한 앞으로 군사비 증가는 예견되는 일이다. 게다가 대만마저 독립의 열망을 품고 중국의 군사대국화에 맞서 힘을 키우고 있다.

한국도 자주국방 구호에 따라 군사비를 늘리고 있다. 국방부 계획에 따르면 2008년까지 매년 국방 예산을 11% 증가시켜 현재 국내총생산

(GDP) 대비 2.8%에서 3.2%로 증액하기로 했다. 미국의 안보 우산에서 벗어나겠다는 취지는 좋지만, 하여간 우리도 군사비 증액의 길로 가고 있다는 점에서 역내 다른 국가들과 다르지 않다.

북한은 정도가 더 심하다. 북한은 체제 안전을 위해 핵카드에 기대어 왔을 뿐더러 과도한 재래식 전력에 의존함으로써 체제에 막대한 압박을 가하는 역설을 반복하고 있다. 북한 당국은 자기네 군사비가 총생산액 대비 13%라고 주장하지만 실제로는 국가 총예산의 3분의 1에 육박할 것이라고 전문가들은 말하고 있다. 북한은 명실공히 군사국가로서 면모를 보여 주고 있는데 경제 회생에 많은 자원을 돌려도 시원찮을 마당에 안타깝기 그지없다.

6자회담서 공동 안보 논의를

이렇듯 동북아 국가들이 군비 확장 노선을 걸음에 따라 동북아는 화약고로 변하고 있다. 이는 평화를 부르짖는 각국의 원칙을 배반하는 일종의 자가당착이다. 6자회담에서는 북핵 문제 해결의 구체적인 해법도 찾아야 하지만 역내 공동 안보의 합의도 마련해 불필요한 군비 확산 방지책을 마련해야 한다. 무기를 쌓고 군비 증강에 진력하다 보면 평화의 저해 요인이 될 수밖에 없다. 핵문제 해소도 중요하지만 큰 틀의 군비 통제를 염두에 둘 때가 됐다.

『동아일보』 2004년 11월 26일

24.

일본이 국제사회 리더가 되려면

일본이 유엔 안보리 상임이사국 진출을 위해 총력전을 펼치고 나섰다. 총리와 외무성, 그리고 재계가 손발을 맞추어 총력전을 펼쳐 오는 10월 유엔총회에서 유엔 안보리 상임이사국 진출의 꿈을 이루겠다는 결의를 다지고 있다.

표 사서 상임이사국 나갈 의도

우선 고이즈미 준이치로 총리가 지난달 인도네시아에서 열린 반둥회의에 이어 이달 초 러시아에서 열린 2차 대전 승전 60주년 기념식에서 각국 수뇌들과 매우 활발한 접촉을 가졌다. 이와 더불어 국내에서는 외교 행사를 줄지어 열고 있다. 지난 5일부터 교토에서는 아시아·유럽정상회의(ASEM) 외무장관회의가 열렸다. 16일에는 마무드 아바스 팔레스타인 자치 정부 수반을 초청해 일본, 이스라엘, 팔레스타인이 참가하는 정상회담을 도쿄에서 열자는 제안도 내놓았다. 기발한 발상이긴 하지만 국제무대에서 지지를 확보하기 위한 기획이 아닌가 싶다.

때맞추어 일본 외무성은 전 세계에 나가 있는 일본대사 전원을 본국으로 불러들여 3일 간의 대사회의를 열었다. 유엔 안보리 상임이사국 진출을 위한 외교전략을 점검하고 결의를 다지는 자리일 것이라고 외신은 전하고 있다. 이 회의에는 재계 지도자들도 같이 참석하여 기업이 어떻게 협조할 것인가를 논의한 것으로 알려졌다.

일본이 제3세계 국가들을 위해 개발원조(ODA)를 규모 있게 해 왔다는 것은 널리 알려진 사실이다. 올해부터 아프리카 국가들에 원조 규모를 두 배로 늘리기로 했다고 한다. 원조를 통해 표를 사겠다는 의도가 아닌가 여겨지기도 한다. 일본이 국제사회에서 국력에 걸맞게 지도적 역할을 하겠다는 것을 막무가내로 반대할 수는 없다. 그러나 일본이 세계 평화 및 안보와 관련된 중대사를 의결하는 유엔 안보리 상임이사국이 되겠다고 한다면 문제는 달라진다. 일본이 그런 목표를 실현하겠다는 발상 자체도 문제려니와, 실제로 일본이 세계적 리더가 되기 위해서는 충족시켜야 할 최소한의 전제들이 있다.

일본은 국제사회의 지도자가 되려고 하기 전에 우선 동북아 지역의 지도자로서 지지를 받고 자격을 인정받도록 해야 할 것이다. 이웃 나라인 한국, 중국, 북한과 갖고 있는 '숙명적 관계'를 납득할 수 있는 수준에서 정립하는 일이 우선되어야 한다. 이 국가들과 영토 문제, 과거사 문제, 역사인식 문제 등 여러 갈등요인들을 해소하지 못하고 어떻게 세계적 지도자가 되려고 하는지 모를 일이다.

지금 한국은 동북아에서 평화와 공동 번영의 지역 질서를 만들기 위해 가능한 한 과거를 들먹이지 않고 전향적으로 나아가고자 온갖 노력을 기울이고 있다. 역내 국가들이 협력하여 공존적 질서를 만들자고 협조를 구하고 설득해 왔다. 일본은 이런 한국의 노력에 화답하기는커녕 그 정반대의 태도와 행동을 보여 왔다. 그 결과 한일 관계는 경색되었고, 중일 관계도 갈등을 보여 주고 있다. 북한과는 적대 관계에 놓여 있다.

이웃 국가들과 이토록 좋지 않은 관계를 갖고 어떻게 국제사회의 지도자가 되려고 하는지 이해하기 어렵다.

역내서 먼저 인정받길

일본은 오직 경제력과 미국에 의존하여 국가를 운영하고자 한다는 인상을 갖게 만든다. 일본은 북한이 인근 해역에 미사일 한방만 쏘면 대경실색을 하면서 북핵 문제 해결에 대해 털끝만큼의 독자적 의견을 제시한 적도 없고, 행동을 보인 적도 없다. 북한과 해결해야 할 과제도 많고 바다 건너 코앞에 있는 국가로서 상대가 핵 게임을 펼치고 있는데 이렇게 소극적일 수 있는지 묻지 않을 수 없다.

일본이 유엔 안보리 상임이사국이 되겠다는 것은 월드컵에서 지역예선을 치르지 않고 본선에 진출하겠다는 것과 다름없다. 본선에 대한 열망을 탓할 수는 없으나 게임의 규칙이 그렇지 않다. 일본은 세계적 지도자가 되려고 하기 전에 인정받고 존중받는 역내 지도자가 되어야 할 것이다.

『경향신문』 2005년 5월 24일

25.

동북아시아, 갈림길에 섰다

북핵 실험 상황에서 우리에게 주어진 과제는 다양하다. 당장 상황 악화를 막아야 한다. 관련국들과의 조율과 협력도 쉽지 않다. 그리고 외교적 노력을 통해 북한을 6자회담에 복귀시키고 9·19공동성명 이행으로 나아가야 한다. 엄중한 한반도 상황을 타개해 안보 불안을 덜어야 하고, 결국 한반도에 평화를 가꾸어 나가야 한다.

북핵 실험의 파장은 한반도에만 국한되지 않는다. 동북아 차원에서도 여러 가지 대응을 준비해야 한다. 흔히 한반도 평화 없이 동북아 평화 없다는 말을 한다. 한반도와 동북아가 공간적으로 밀접하게 겹쳐 있을 뿐더러 동북아 질서의 성격이 상당 부분 한반도 사태 전개에 의해 규정된다는 뜻이다.

북핵 실험은 동북아 핵질서에 큰 파장을 낳고, 이 핵질서는 결국 동북아 질서 전반의 성격에 결정적 변수라고 할 수 있다. 아소 다로 외상의 중의원 발언에서 드러나듯이 일본에서는 공공연히 핵무장 논의가 나오고 있다. 보통국가화라는 것이 군사적 각도에서는 정상적 군대를 갖겠다는 것이고, 일본의 여러 여건으로 볼 때 핵무장은 결코 원론적·정치적 영역에 머물고 말 사안이 아니다.

대만이라고 핵무장 논리를 펼치지 말라는 법이 없다. 양안 문제가 동북아 안보 현실로 전화될 수도 있는 것이다. 한국에서도 전술핵 재배치 주장부터 자체 핵개발 주장까지 핵무장 논리가 공론화하고 있다.

북핵 실험으로 동북아 질서가 대립적으로 가닥을 잡느냐, 통합적으로 진전될 수 있느냐 하는 분기점에 서 있다. 지금 현실은 불신·적대·기계적 대응·군비 경쟁 등의 분위기가 우세하다. 다른 한편, 신뢰·대화·상생·안보협력 등 미래지향적 목소리와 열망도 식지 않고 있다. 두 지향이 중첩되어 있고 국내에서나 관련국들 사이에서 충돌하기도 한다.

대북정책과 한미 관계를 두고 이는 논란도 이런 충돌의 일환일 것이다. 이런 현실과 국면 앞에서 정부의 일차적 과제는 이 두 지향을 어떻게 조화시켜 파국적 선택을 막는가에 있다. 이를 위해서는 정부의 노력도 중요하지만, 학계와 언론 및 정치지도자들이 안보현실의 엄중성을 감안해 건설적인 공론을 펼치는 것이 대단히 중요하다.

이와 더불어 우리는 중장기적인 동북아 질서의 미래에 관해서도 고민해야 한다. 미래 동북아 질서가 갈등과 대립이 아니라 협력과 공존이 지배하는 방향으로 구축되기 위해서는 현 한반도 상황을 극복하는 데 어떤 가치와 해법이 주로 선택되는가가 중대한 변수가 될 것이다. 불신, 적대, 맞대응, 연쇄적 핵무장을 선택하면 당장은 전쟁도 불사해야 한다는 주장이 나올 수 있다. 그런 주장대로 가면 동북아 질서는 다시 반세기를 퇴보하는 셈이 될 것이다.

어렵지만 신뢰, 대화, 협력을 선택하면 동북아의 밝은 미래를 꿈꾸는 많은 사람들의 염원에 부합하는 방향으로 역내 질서의 가닥이 잡힐 것이다.

북핵 실험 상황으로 동북아 질서는 더욱 유동적이고 불명확하게 전환되었다. 분기점에 와 있다고 말할 수 있을 정도다. 분기점에서 가장 중요한 일은 과학적인 분석, 현명한 정책적 선택, 그에 따른 정치적 집단 행동이다. 물론 도덕적으로 우위에 설 수 있는 입장을 견지하는 것도 대단히 중요하다. 가장 하지 말아야 할 일은 서로 갈리고 싸우면서 우왕좌왕하는 것이다.

『한겨레』 2006년 10월 20일

9 · 19공동성명

2005년 9월 19일 제4차 6자회담을 통해 합의한 것으로 북한이 모든 핵무기를 파기하고 핵확산방지조약(NPT)과 국제원자력기구(IAEA)에 복귀한다는 약속과 함께 북한에 대한 불가침 확인, 북미·북일 관계 정상화, 경수로 및 에너지 대북지원, 한반도 평화체제와 동북아 안보 협력, 단계적 이행 등 포괄적인 내용을 담고 있다.

26

동북아 정세와 후쿠다의 일본

　　북한 비핵화 프로세스가 가속도를 내며 동북아 정세가 급변 양상을 보이는 가운데 일본의 아베 내각이 실각하고 후쿠다 야스오 새 총리를 중심으로 새로운 내각이 등장한 것은 주목할 변화다. 아베 내각이 막을 내린 배경에는 도도한 동북아 정세 흐름을 외면한 채 오로지 미·일 동맹에 의존해 이웃나라들과의 관계를 진전시키지 못하고 자신을 동북아의 외톨이로 몰고 간 외교노선이 자리 잡고 있었다.

　　특히 미국 의회가 군대위안부 결의안을 만장일치로 채택한 사건이나, 조지 부시 미국 대통령이 지난 9월 7일 오스트레일리아 시드니에서 열린 한미 정상회담에서 한국전쟁을 종결하고 북한과 평화조약을 체결할 수 있다는 합의를 내놓은 것은 아베의 일본에 경종을 울렸다고 하겠다. 아베의 일본으로서는 도저히 감당할 수 없는 동북아 정세의 급변이 아베를 실각시키고 대안을 선택한 것인데, 그가 바로 후쿠다 신임 총리다. 이런 측면에서 후쿠다 총리에게 거는 기대는 크다.

　　첫째, 6자 프로세스에 좀 더 적극적으로 임해 일본이 할 수 있는 몫을 찾고 자신의 위상을 회복하는 과제다. 북핵과 미사일 위협의 일차적 이해 상관자로서 일본이 6자 프로세스에 임해 왔던 그동안의 자세는 매우 실망스러운 것이었다. 하루빨리 6자회담 정책을 바꿔야 할 것이다.

둘째, 북일 관계 정상화 문제를 전향적으로 접근하는 일이다. 납치 문제에 함몰되어 북일 관계를 지금처럼 무작정 끌고 가는 것이 일본의 국익에 도움이 되는지 냉정하게 정세를 검토할 필요가 있다. 2002년 평양선언의 정신에 따라 납치문제를 대화를 통해 풀고, 북일 수교를 위한 진지한 대화에 나서야 한다. 이 점에서는 한국이 협조할 수 있다.

셋째, 지금과 같은 정부 사이 갈등적 한일 관계는 양국의 국익에 해롭다. 후쿠다 신임 총리는 한일 관계를 협력적으로 바꿀 수 있는 노선을 갖고 있다. 영유권과 해양 관할권 문제는 실무부처에 맡긴다 하더라도, 역사와 관련된 여러 현안들은 양국 지도자가 가능한 한 조속한 시일에 정상회담을 열고 진솔한 대화를 나눔으로써 해소될 수 있다. 노무현 대통령은 이런 대화에 임할 준비가 되어 있다고 본다.

마지막으로, 숙명과도 같은 한중일 삼국 관계가 과거와 같은 불행을 되풀이하지 않도록 하기 위해서도 후쿠다 신임 총리의 평소 외교노선과 정치적 소신이 소중하다. 과거 일본 지도자들이 '동아시아 공동체' 건설을 말했지만, 얼마나 진솔했고 또 절박한 자세로 임했느냐를 두고서는 평가가 그다지 긍정적이지 않다. 가까이는 고이즈미 총리도 그런 구상을 말하고 다녔지만 공동체는커녕 역내 국가들과의 관계를 더욱 악화시키는 아이러니를 보여 주고 말았다. 지역공동체 건설 문제를 일국적 국가전략 차원에서 추진하지 않았는지 반성할 부분이 있다고 본다. 이는 비단 일본에만 국한되어 말할 수도 없고, 한국과 중국에도 책임이 있다고 보아야 공정하다.

후쿠다 신임 총리가 최근 어느 연설에서 적절히 평가한 대로 동북아에는 사실상 경제통합이 일어나고 있다. 한중일 세 나라의 과제는 이런 추세를 가속화해 공동체를 건설하는 일이며, 그럴 때 정치·안보적 위협이 그 속에 묻혀 위력을 상실하게 된다. 유럽에서 경제공동체가 구축되었을 때 그것이 평화를 담보하는 가장 확실한 장치가 되었다는 점은 시사하는 바가 크다.

일본 국민과 정치권이 후쿠다 야스오 총리 체제를 선택한 것은 대단히 현명한 일이라고 본다. 이제 후쿠다 신임 총리가 자신의 외교노선에 충실하게 임하여 동북아에 부는 훈풍에 일본마저 가담시킨다면 평화와 공동 번영을 지향하는 역내 모든 사람들에게 큰 희망을 선사하는 일이 될 것이다.

『한겨레』 2007년 9월 27일

평양선언

2002년 9월 17일 평양에서 김정일 국방위원장과 고이즈미 준이치로(小泉純一郎) 일본 총리가 조인한 선언문으로 북일 간에 불미스러운 과거를 청산하고 현안 사항을 해결하는 것을 목표로 하였다.

27

6자회담 깰 수 없다

한미동맹 강화 다음으로 이명박 정부가 강조해 온 외교안보 분야 정책 과제가 비핵화다. 비핵화는 6자회담이라는 국제적 대화 틀 속에서 다루어지고 있다. 남북 간 대화가 단절된 상황에서 비핵화라는 정책과제를 제대로 다루기 위해서는 6자회담에 외교적 에너지를 쏟아 부어야 한다. 남북 관계의 경색도 오래가고 6자회담의 진전도 느리면 북핵 문제를 해결할 길이 없다.

6자회담은 불능화 단계의 막바지에 다다라 심각한 기로에 서 있다. 북미 간의 협상에 따라 신고문제와 검증문제가 대강 합의되어 불능화 단계를 지나 '북핵 폐기' 단계로 나아가는 듯했다. 그런데 예기치 못한 암초가 불거졌다. 북한의 신고와 미국의 검증사이에 이견이 생긴 나머지 북한은 불능화 조치 중단 선언과 영변 핵시설 원상복구 수순을 밟게 되었다. 비핵화 프로세스의 시계가 거꾸로 돌게 된 것이다.

이런 상황에서 지난주 9월 19일에 개성에서 6자회담 경제 에너지 지원 관련 남북 실무 회의가 열렸다. 회의는 큰 진전이 없었지만 중요한 몇 가지가 확인되었다. 첫째, 북한은 아직도 협상에 임할 태도가 있으며, 특히 6자회담의 지속에 관심이 있다는 점이다. 둘째, 미국이 테러지원국

해제 조건으로 요구하는 '국제적 기준의 핵 검증'을 받아들일 수 없다는 입장이다. 셋째, 미국이 약속을 어겼기 때문에 6자회담의 다른 참가국들이 미국의 태도 변화를 위해 노력해 달라는 것이다. 한국과 중국에 대한 창의적 역할 주문이라고 할 수 있다.

과거 5년간의 6자회담 역사를 돌아보면, 일정한 진전 다음에 사소한 장애가 나타나 긴 교착상태를 보이곤 했다. 결코 순탄한 과정이 아니었다. 그럼에도 불구하고 교착이 풀리고 6자 프로세스가 새로운 동력을 얻어 지속되어온 데는 한미 간의 공조가 작동했고, 미국 내 정치지형의 변화가 마침 맞게 따라주었기 때문이다. 그런데 지금 국면은 그런 변화 요인이 거의 보이지 않는다. 북미 어느 한쪽이 한 발짝 물러나 절충을 해야 진도가 나가는 데 그럴 정치적 타협의 여지가 서로 간에 별로 없다. 대신 상호 불신만 잔뜩 높아 있다. 낭패다.

형국이 이렇게 되니까 중국에 역할 주문을 하고 있다. 중국에게 독자적이고 창의적인 역할을 할 수단은 없다. 6자회담 의장국으로서 한반도 비핵화라는 공동의 목표를 규범적으로 강조할 수 있다. 제한적 입장 조율의 역할도 할 수는 있다. 그러나 그 이상의 역할을 기대할 수는 없다.

우리는 어떤가? 한국은 지금 북한 급변, 계획 5029, 김정일 이후 등등의 문제들에 상당한 관심을 갖고 있다. 정부와 사회 전반이 그렇다. 존재하는 문제에 대해서는 큰 관심이 없고, 가상 현실에는 상당한 관심을 갖고 있는 셈이다. 정부는 미래에 대비해야 하지만 현재를 다루는 것이 일차적 임무다. 오늘을 잘 다루어야 내일에 대한 대비책도 만들어지는 것이다. 미국은 이미 정책 전환을 통해 급변보다는 북핵 문제의 외교적 해결에 관심을 두고 있는 마당이다. 한미 간의 정책 공조가 잘 되기를 기대하기 어렵게 되었다.

    3년 전 추석 때의 일이다. 한국은 2005년 '9·19합의'를 이끌어내는데 주도적 역할을 했다. 미국에 네오콘들의 위세가 당당할 때였다. 그때 우리 언론이 보낸 찬사가 아직 생생하다. '9·19합의'에는 비핵화를 비롯해 한반도와 동북아 평화 번영에 관한 포괄적 내용이 망라되어 있다.

    이의 이행을 위해서는 6자회담이 지속되어야 한다. 6자회담 틀이 붕괴되면 한반도 비핵화를 비롯, 평화체제의 구축이나 동북아 안보체제 같은 과제들이 우리로부터 멀어진다. 그것은 우리 안보에 위협이 될 뿐만 아니라 중장기적 국익에 크게 어긋나는 시나리오가 될 것이다. 지금 한국 정부는 남에게 역할 주문을 하기 전에 이런 사태전개를 막기 위해 정치적 의지를 보여야 할 때이다.

『매일신문』 2008년 9월 23일

28.
중국의 힘

5년 전인 2004년 봄, 한 신문에다 우리 외교가 한미동맹에 너무 치우치는 경향에 대해 문제제기를 하면서 중국을 더불어 중시할 필요가 있다는 취지의 칼럼을 쓴 바 있다. 제목도 의도하지 않게 매우 도발적인 '미국이 아니라 중국이다'로 달려 반미친중파로 몰려 곤욕을 치른 기억이 생생하다. 1년 뒤 정부 영역에 가서 동북아 국가들 간의 제반 협력증진 과제에 대해 대통령 정책자문을 담당하는 귀중한 경험을 한 바 있다. 그 과정에서 우리사회에 한미동맹의 위력이 얼마나 강하고 소중한지를 깨달았다.

지난주 미국 워싱턴에서 제1차 '미중경제전략대화'가 열렸다. 중국은 부총리급 국무위원을 포함하여 150명에 이르는 매머드 대표단을 꾸렸다. 미국 측에서도 클린턴 국무장관과 가이트너 재무장관이 참여하였을 뿐 아니라 오바마 대통령이 개막연설을 하였다. 이런 대화가 열렸다는 사실은 중국의 변화된 위상을 절감하게 한다.

더욱 놀라운 것은 대화 내용이다. 오바마 대통령은 연설에서 맹자를 인용하는가 하면 심지어 "미국과 중국의 관계가 21세기를 만들어 나갈 것", "미중 관계가 세계에서 가장 중요한 양자관계"라고 선언하기에 이른다. 2004년 봄에 필자는 5년 뒤 미국 대통령이 중국에 이 같은 말을 할 것이라고는 상상하지 못했다. 오바마는 북한과 이란의 핵문제 해결을 위한 중국의 협조도 요청한다.

주무장관인 클린턴과 가이트너 장관은 중국의 고사성어를 외워 "사람의 마음이 모이면 태산도 움직인다"느니 "폭풍우 속에 한 배를 탔다"면서 중국대표단의 환심 사기에 급급했다. 내용적으로는 국제무대에서 중국과의 협력이 절실하다는 점을 내비치고 있다.

중국의 힘은 이어진다. 중국대표단은 미국이 금융시장과 달러 환율을 안정적으로 유지해 미국에 투자한 중국 자산의 안정을 보장해야 한다고 일침을 가한다. 8,000억 달러 이상의 미국 국채를 보유하고 있기에 미국 경제에 대해 "심각한 우려"를 제기하기도 한다. 미국은 중국의 심기를 어지럽히지 않기 위해 현안인 위안화 평가절상 문제는 아예 꺼내지도 못한다.

우리 정부는 2008년 중국과의 관계를 '전략적 협력동반자'로 이전 정부 때보다 격상시켰다고 한다. 필자가 정부, 한국의 중국 전문가들, 중국의 한반도 전문가들에게 그게 무슨 의미냐고 물어봤지만 아직도 명쾌한 답을 얻지 못했다. 2008년 한중 정상회담 당시의 해프닝으로 미루어보면 한중 관계가 그리 좋은 것은 아니라고 추측된다.

우리는 미국과의 한미동맹을 엄청나게 강조한다. 동북아 권력판도를 제대로 읽고 있는지 의문이 들 정도다. 북핵 문제를 비롯한 외교안보적 사안들뿐 아니라 경제사회적 유대를 감안할 때 중국과 진심어린 우호관계로 나아가는 일은 국가전략의 핵심이라고 할 수 있다. 중국이 마음에서 우러나는 협조를 하지 않으면 안 될 일이 너무 많다. 세계를 좌지우지한다는 미국이 저 정도인데 우리가 중국을 어떻게 바라보고 있는지 되짚어 볼 필요가 있다.

『경향신문』 2009년 8월 3일

29

시험에 든 한미 공조

이명박 정부 들어 외교안보 분야에서 한미동맹은 금과옥조로 취급되고 있다. 한미동맹 강화라는 첫 단추만 끼우면 과제들이 다 풀릴 것처럼 다뤄져 왔던 것도 사실이다. 동맹 강화 정책기조의 결과 한미동맹은 '전략적 동맹'으로 격상되었다. 정부는 북핵 문제를 비롯한 주요 현안을 둘러싼 한미 간 정책 공조가 아주 긴밀하다고 말해 왔다.

정부가 강조해 온 그 굳건한 한미동맹과 긴밀한 정책 공조에 이상 징후가 하나 둘 나타나고 있다. 첫 징후는 이명박 대통령이 지난 9월 21일 뉴욕 방문 중 밝힌 '그랜드 바겐(Grand Bargain)' 구상에 대해, 미국에서 북한 정책을 총괄하는 커트 캠벨 국무부 동아태 차관보가 "솔직히 모르겠다"고 답하면서 시작됐다. 우방국 대통령의 중대 구상에 대해 동맹국 관리가 폄훼하는 발언을 한 것이다. 이에 청와대는 "미국 내 보고체계상 실수"라고 주장했고, 미국 측의 군색한 변명이 있었다. 우리 대통령은 특별기자회견에서 "아무개가 모르면 어떠냐"라고 말하면서 사실상 대통령이 모든 책임을 안는 모양새가 됐다.

그 직후 캠벨 차관보는 동북아 순방 중에 중국과 일본을 방문하면서 한국을 건너뛰었다. 대통령의 발언에 대한 감정 표현이라는 해석이

나왔다. 우리 외교 당국자가 앞으로 그와 긴밀히 공조해 나갈 수 있을지 걱정이다. 이와 별개로 미국의 실무 담당 고위 당국자가 냉담한 반응을 보인 '그랜드 바겐'의 앞날도 염려된다. 한미 간에 이견이 있으면 어떤 북핵 구상도 현실성이 없기 때문이다.

두 번째 징후는 월리스 그렉슨 국방부 아태 담당 차관보가 지난 14일 로버트 게이츠 국방장관의 한국 방문을 앞둔 브리핑에서 "김정일 북한 국방위원장이 이명박 대통령의 평양 방문을 초청했다"고 발표하면서 나타났다. 청와대가 이를 부인하면서 논란이 일자 백악관이 "오해였다"고 진화에 나서면서 불협화음은 일단락됐다. 그러나 남북 정상회담과 같은 중대 사안에 대해 미 국방부 차관보가 한미 국방장관회담을 앞둔 시점에 기자들에게 한 발표 내용을 "오해"라고 덮는 것은 외교 상식상 이해하기 어렵다.

이명박 정부는 아직 한미동맹의 '뜨거운 감자들'에 손도 대지 못한 단계다. 지난주 한미 국방장관회담 결과 전시작전통제권 전환과 아프가니스탄 지원 문제가 본격적으로 제기됐다. 한미 양국의 국익과 전략적 이해관계가 담겨있는 이슈들이다. 그런데 이 사안들을 다루는 실무책임자가 바로 남북 정상회담 발언을 한 그렉슨 차관보다.

정부는 오해, 정보공유 체계 문제, 내부 소통 문제 등을 이유로 내세우며 한미 간 공조체계에는 문제가 없다고 강조하고 있다. 이 정도의 심각한 불협화음에도 불구하고 공조에 문제가 없다고 한다면 공조라는 말이 무색해질 것이다. 그런 자세로 임하면 한미 간 불협화음은 계속 불거질 것이고, 양국 관계에 악영향이 초래될 뿐 아니라 우리 사회가 크게 휘둘리고 흔들릴 가능성이 높다.

『경향신문』 2009년 10월 27일

30.

전시작전통제권 전환 재검토 주장, 근거 없다

전시작전통제권 전환 검토 논란이 다시 일고 있다. 최근 미국의 극소수 한반도 전문가들이 2012년으로 한미 간에 합의된 전환 시점을 늦추거나 사안 자체를 근본적으로 재검토해야 한다고 주장한 것이 계기가 되었다. 이에 대해 일부 언론이 대서특필하고, 군 원로와 중량감있는 정치 지도자들이 동조함으로써 전작권 전환 재검토 주장이 상당한 파장을 일으키고 있다.

전작권 전환 합의 재검토 주장은 어제오늘의 일이 아니다. 2007년 2월 한미 국방장관 회담에서 전환 합의가 공식화된 이후 우리 사회 내부에서는 이를 반대하는 목소리가 이어져 왔다. 이제 한미 간에 맞장구가 일어나면서 전작권 전환 문제가 우리 내부의 뜨거운 감자가 될 조짐이 역력하다. 만에 하나 과거 정부가 한 일이니까 뒤집어야 한다는 심사가 이 문제에도 작동하고 있다면 이야말로 국가의 백년대계를 그르치는 오류가 될 것이다.

전작권 전환 시기 연기나 재검토 주장은 한미 간에 불필요한 분란과 우리 사회에 갈등을 야기할 뿐 일고의 가치도 없다. 재검토 주장의 근거를 정리해 보면 그 핵심은 북핵 문제로 인한 한반도 안보 환경 변화,

한미동맹 약화에 대한 우려, 우리 군의 방위태세 미비다. 그 외에도 2012년이 북한이 말하는 강성대국 원년이니, 한미 두 나라에 대통령 선거가 있다느니 따위의 궁색한 논리가 있지만 주목할 가치도 없다.

북핵 문제로 인한 한반도 안보 환경 변화라는 모호한 논리는 전작권 전환 재검토의 이유가 될 수 없다. 냉정하게 따져 보면 북한이 핵무기로 우리를 공격할 태세도 되어 있지 않을뿐더러 우리는 미국의 핵우산 아래 있기 때문에 이 우려는 객관적 근거가 없다. 막연하게 국민의 불안감을 조장하여 자신의 생각을 관철시키기 위해 동원한다는 혐의가 짙다. 전작권을 전환하면 한미연합사가 해체되고 주한 미군이 한국군의 지원 역할을 하게 되기 때문에 군사동맹이 약화된다는 주장도 설득력이 없다. 심지어 주한 미군이 철수할 것이라고 주장하는데, 이는 논리의 비약에 불과하다. 전작권이 전환되면 한국군이 한국 방위의 주도적인 역할을 하고 주한 미군이 지원하는 공동방위체제로 지휘체계에 변화가 오게 된다. 연합사를 대체할 새로운 공동방위체제가 생기는 것이다. 미·일, 미·유럽 간에 유사한 지휘체계가 아무런 문제 없이 시행되고 있다. 이를 참고하여 우리도 새 공동방위체계를 구축하는 과제에 골몰해야 할 것이다. 지금 한창 진행 중인 '키리졸브' 한미합동군사연습은 이 같은 미래의 새로운 한미공동방위시스템의 실험장이기도 하다.

우리 군의 방위태세가 완벽하지 못하다는 주장도 궁색하기 짝이 없다. 우리 군의 역량을 어떻게 높일 것인가에 전전긍긍해도 부족할 마당에 준비 부족 논리에 신경을 쓰는 듯한 자세는 부당하다. 전작권 전환 문제는 노태우 정부 시절에 뿌리를 두고 있다. 김영삼 정부 시기에 평시작전통제권을 환수한 후 그동안 우리 군은 무엇을 했는지 돌아봐야 할 것이다.

근래 캐슬린 스티븐스 주한 미 대사와 월터 샤프 주한 미군 사령관이 전작권 전환은 순조롭고 그 이후에 한미동맹이 공고해질 것이라고 말한 사실은 실로 시사하는 바가 크다. 중요한 것은 한미 간에 수년에 걸친 협의 끝에 합의한 사안을 지키는 일이며, 그것이 한미동맹을 발전시키는 길이다.

『경향신문』 2010년 3월 18일

31

전시작전통제권 전환 연기 · 폐기론, '국익'을 해치고 있다

근래 2012년 4월 17일로 예정된 전시작전통제권 전환을 일시 유예하거나 사안 자체를 아예 근본적으로 재검토해야 한다는 움직임이 워싱턴과 서울에서 분주하다. 일부 언론은 우리 정부의 고위 관리가 이미 전작권 전환을 1~2년 유예하는 데 한미 간에 공감대가 있다는 식으로 발언했다고 전하고 있다.

이런 흐름을 탔는지 확인할 수 없으나 미국의 전문가들도 연일 이런 저런 이유를 빌미로 전작권 전환 유예 혹은 재검토 주장을 제기하고 있다. 이 사안은 우리의 미래 안보와 동맹국 미국과의 신뢰가 걸린 중차대한 성격이어서 냉정한 검토를 요한다.

한미 간에 매우 긴밀한 협의 끝에 내린 합의를 유예한다거나 되돌릴 때에는 아주 막중한 이유가 있어야 한다. 필자는 전작권 전환 반대론이 한미 간 합의를 뒤집어야 할 만큼 객관적 근거를 갖고 있지 않다고 생각한다. 기존의 합의를 존중하여 예정대로 전작권을 전환하는 것이 동맹국에 대한 신뢰와 우리의 총체적 안보 이해관계에 부합된다고 생각한다.

이 주장을 위해서는 반대론을 점검할 필요가 있다. 반대론을 주장하는 사람마다 약간의 편차는 있지만, 요약하자면 ① 노무현 정부의 자주 및 주권 논리에 의한 무리한 추진 ② 북핵 문제로 인한 안보 환경 변화 ③ 한미연합사 해체에 따른 안보 공백 ④ 우리 군의 방위태세 미비 ⑤ 2012년 관련국들의 정치 일정에 따른 불안정성 등으로 정리할 수 있을 것이다.

첫째, 노무현 대통령의 자주와 주권 제고 노선에 따라 여론몰이식으로 전작권 전환이 추진되었기 때문에 이를 바로잡아야 한다는 주장이다. 노 대통령이 주권의 증대와 자율성을 추구했을 개연성은 있다. 설혹 그랬다 하더라도 그 점을 칭찬은 못할망정 시빗거리로 삼을 근거가 될 수는 없다.

현실주의 동맹정치론은 한미 간의 동맹과 같은 '안보 · 자주 교환동맹'에서 상대적 약소국이 자율성을 추구하는 것은 지극히 마땅한 행동이라고 밝히고 있다. 전작권 전환 문제는 김영삼 정부 시기 '한국 방위의 한국화' 명제가 한미 간에 합의된 이후 오래 미루어온 숙제였다. 전작권 전환의 역사가 적어도 20년은 된다는 말이다.

전작권 전환은 탈냉전기 미국의 '동아시아전략구상'(1991년 미 국방부 보고서)에 닿아 있고 2001년 9 · 11테러 이후 변화된 미국의 세계 군사 운용 노선(GPR, 군사 변환, 전략적 유연성 등)과 맥이 닿아 있는 사안이다. 동맹국 미국의 글로벌 전략을 존중해 주는 가운데 한미 간에 바람직한 공동방위체제를 구축해야 한다는 지극히 현실적인 이유가 작동했다는 점을 인식해야 한다.

둘째, 북핵 문제로 인해 한반도 안보 환경에 변화가 왔고, 특히 핵실험 이후 남북 간 비대칭전력 격차 문제가 있어 전작권 전환을 보류해야 한다는 주장이다. 전작권을 전환하면 이 같은 안보 환경에 적절하게 대응할 수 없다는 것이다. 이 주장에는 '남침', '핵무기와 미사일' 같은 매우 위협적인 용어들도 동원된다.

그런데 이 우려는 지난해 11월 한미 정상회담 이후 공동 기자회견에서 "핵우산과 확장 억지력을 포함한 공고한 안보태세를 재확인하였다"는 이명박 대통령의 발언에 의해 말끔하게 정리되었다. 북핵 문제가 엄중한 것이야 안보 걱정을 하는 사람이라면 누구나 느끼고 있는 일이지만 이 정상회담 결과 하나로 미국의 공고한 안보 공약이 확인된 셈이다.

때마침 지난 24일 열린 미 의회 청문회에서 월터 샤프 주한 미군 사령관은 "전작권 전환 이후에도 총체적인 군사 역량을 바탕으로 하는 확장 억지력을 제공하는 것을 포함, 한미동맹을 위해 지금과 변함없이 헌신할 것"이라고 강조했다. 우리 대통령과 주한 미군 사령관의 말을 믿어야 하지 않을까 싶다. 북핵 문제 때문에 전작권 전환을 유예해야 한다고 주장하기보다는 비핵화를 어떻게 달성할 것인가에 우리의 공론과 국력을 결집해야 한다고 본다.

셋째, 한미연합사 해체로 인한 안보 공백 주장이다. 국방부 홈페이지에 가면 전작권 전환, 이후 일종의 '신(新)연합체제'가 어떻게 구축되는지 소상한 설명이 있다. 예의 청문회에서 샤프 사령관은 전작권 전환 이후 우리 합참이 주도적 역할을 하고 "새로 창설될 미국의 한국 사령부 (KORCOM)가 지원 역할을 하게 될 것"이라고 말했다.

연합사가 해체되면 한미 간의 지휘 체계에 변화가 오는 것은 맞지만 '주도와 지원'이라는 상호보완성에 내용적 변화가 오는 것이지, 주한 미군이 철수하는 것도 아니고 유사시 증원계획 등 미군의 개입 위임이 사라지는 것도 아니다.

지금 합참은 이 같은 준비에 몰두하고 있고 한미 양군은 이미 '키리졸브' 합동연습에서 유사시 증원계획에 따른 군사작전 훈련을 하고 있는 데 자꾸 밖에서 전작권 전환을 미루자, 재검토하자고 하는 것은 결코 건설적인 태도가 아닐 것이다. 지금은 연합사 해체에 따른 안보공백론을 제기할 때가 아니라, 한미 간에 '신(新)연합체제'를 어떻게 신뢰감 있게 긴밀한 협의를 통해 수립하느냐에 매달려야 할 때라고 본다.

넷째, 우리 군의 방위태세 불충분성 주장이다. 우리 군은 지난 40여 년간 부단하게 전력증강에 노력해 왔다. 그 결과 세계 어디 내놓아도 부럽지 않은 선진강군으로 규정해도 무방할 만큼 발전했다. 자기 방위를 주도적으로 담당할 역량을 갖추었으며, 전작권 전환 이후에도 계속 주둔하게 되는 미군의 지원을 받게 되어 있다.

마지막으로, 2012년이 시기적으로 불안하다는 주장이다. 즉 한미 양국에 대선이 있고, 중국에도 리더십에 변화가 오며, 북한이 강성대국 원년으로 선포한 해가 2012년인데 그런 때에 전작권을 전환해야 하는가 라는 문제 제기이다.

이는 참으로 옹색한 논리로서 별 설득력이 없다. 2006년 10월 제38 차 한미연례안보회의(SCM)에서 한미 양국 정부와 국방 당국은 2009에서 2012년 사이에 전작권 전환을 하자는 데 최종 합의를 했고, 이듬해 2월 한미 국방장관 회담에서 최대한 늦게 잡아서 2012년으로 공식화했다. 우리 국민의 안보 불안, 우리 군의 충분한 준비 기간 등을 배려해 가장 늦춘 시점을 선택했던 것이다.

반대론이 주장하듯 2012년의 정세 불안 가능성 때문에 합의를 유예해야 한다면, 2006년 당시 협상에 참여한 양국 군수뇌부나 외교안보담당자들이 2012년에 예견된 정치 일정을 몰랐거나 무시했다는 말이 된다.

정말 그랬을까? 설사 그렇다하더라도 북한이 내세우는 '강성대국'이라는 슬로건이 정치 상징 외에 어떤 실제적 내용이 있나? 중국에 새로운 지도부가 들어오면 정책기조에 급작스런 변화가 오나? 한국과 미국의 대선은 전작권이 전환되고 수개월 뒤에 예고되어 있는데 어떻게 뒷일이 앞일에 인과적으로 작동하나? 따라서 2012년 정치 일정을 빌미로 전작권 전환을 유예해야 한다는 주장은 반대를 위해 끌어들인 구실에 불과하다는 느낌을 지울 수 없다.

이렇듯 2012년 전작권 전환 반대 주장은 실질적 내용면에서 타당성이 약하다. 반대를 위해 그럴싸한 명분과 구실을 동원하고 있다는 점을 확인할 수 있다. 전작권 전환 이후 우리의 안보와 한미동맹의 신뢰 제고를 중심으로 이 문제를 객관적으로 바라봐야 한다. 특정한 관점과 이해관계를 견지하거나 대변하기 위해 접근할 일이 아닌 것이다. 게다가 기왕 합의한 사안인 만큼 이행하는 것이 합당하고, 그런 방향으로 공론을 모으고 지혜를 발휘하는 것이 국익에 이바지하는 자세일 것이다.

『프레시안』 2010년 3월 26일

32

전시작전통제권 전환 연기는 대가 요구한다

천안함 사태를 계기로 2012년 4월로 예정된 전시작전통제권 전환을 연기해야 한다는 목소리가 드높다. 전작권 전환에 줄곧 반대해 오던 사람들이 구실을 하나 더 얻은 것이다. 사람이 어떤 일에 반대하기로 작정하면 끌어들이지 못할 소재가 없는 것이 세상의 이치다.

전작권 전환 합의는 한미 양국 군과 안보 당국자들 사이에 길고도 긴밀한 대화와 조율을 통해 이루어진 것이다. 전작권 전환 합의가 가능했던 데는 한반도 안보 상황 판단, 한국군의 역량, 미국의 세계군사 운용 전략, 한반도 미래 평화 정착 등의 요소들을 종합적으로 평가한 결과가 있었기 때문이다.

그런 중대한 동맹국간 합의를 상황 논리로 무력화하는 것은 우리의 국익에 맞지도 않을뿐더러 동맹국 미국에 대한 적절한 처신도 아니다. 대한민국은 '성숙한 세계국가'로 나아가고자 하며, 주요 20개국(G20) 정상회의와 핵안보정상회의를 유치한 역량 있는 국가다. 그런 국가가 자신의 군사주권을 이양받기에 주저한다면 미국과 국제사회가 한국을 어떻게 바라볼 것인가? 반대론자들은 2007년 이후 변화된 안보 상황, 한미연합사 해체로 인한 안보 공백, 2012년의 시기적 부적합성을 말하고 있다.

2007년 합의 시점 이후의 안보 상황 변화에 대해서다. 여기에는 흔히 북핵 문제와 미사일을 위시한 비전통적 위협 증가가 꼽힌다. 2007년 합의 때도 북핵과 미사일 문제가 엄연히 있었다. 당시 협상가들이 북핵과 미사일 문제가 단기에 말끔히 해소될 것으로 내다보지 않았을 것이다. 북한이 핵을 포기하고 한반도에 평화가 올 때까지 연기하자는 주장은 전환하지 말자는 말과 진배없다. 그러기보다는 비핵화 외교와 한반도 긴장완화에 배전의 노력을 기울이자는 주장이 한층 건설적이다.

한미연합사 해체 문제만 해도 그렇다. 한미연합사는 새로운 한미 '신(新)연합체계'로 대체되어 우리 군이 주도, 미군이 지원하는 역할 변화가 일어날 뿐 사활적 변화가 없다. 2012년에 주한 미군은 그대로 한국에 남는다. 지금 한미동맹은 과거 정부보다 한층 강화되고 격상되어 지난해 10월 한미 정상회담에서 핵우산에 더해 '확장 억지력' 제공까지 합의되어 있다. 실제 한미는 해마다 유사시 증원 계획에 따라 합동군사연습(키리졸브)을 하고 있으며, 전작권 전환에 대비한 합동훈련(을지프리덤가디언)도 하고 있다.

2012년이 관련국들에 중요한 정치 일정이 있어 시기적으로 좋지 않다는 주장에 대해서다. 2006년 한미 합의 당시 미국은 2009년에 전환해도 큰 문제가 없을 것이라고 했다. 그러나 우리 국민의 안보 불안, 준비 기간 등을 고려해 최대한 늦게 잡았던 것이다. 2012년이 시기상조라면 언제가 적당한지 되묻고 싶다.

군사주권은 그 자체로 최상위의 가치이다. 특히 '성숙한 세계국가'를 지향하는 국가에 필수불가결한 요소. 천안함 사태 등을 비롯해 북한에 합당한 대응을 할 상황이 발생할 경우에도 전작권이 우리 군에 있어야 자율적 운신의 폭이 넓어진다. 향후 남북 군사회담이나 평화협정 과제 등에 대비해서도 필요한 요소다.

　　미국에 연기를 요청할 때는 신뢰의 문제가 있을 뿐만 아니라 반드시 대가를 치러야 한다. 이 모든 점들을 고려할 때 전작권 전환 합의는 그대로 이행하는 편이 옳다.

『한겨레』 2010년 5월 1일

33.

천안함에서 6자회담으로 국면 전환을

지난주 한반도와 동북아 정세를 뒤흔들 만한 일들이 있었다. 지미 카터 전 미국 대통령이 자국민 아이잘론 곰즈를 귀환시키기 위한 목적으로 평양을 방문했다. 카터 전 대통령은 방북 기간 중 김영남 최고인민회의 상임위원장을 만나 북미 현안들을 논의했다. 특히 6자회담 재개와 한반도 비핵화에 대해 허심탄회하게 논의했다는 대목이 눈에 띈다.

미국 정부가 카터 전 대통령의 방북을 "사적이고 인도적인 임무"라면서 확대 해석을 경계함에도 불구하고, 미국의 전직 대통령이 방북해 공식 국가 최고지도자와 한반도가 직면한 핵심 의제들을 논의했다는 그 자체로 적잖은 파장을 예고한다. 북한이 비핵화와 대화 의지를 강하게 표시한 만큼 6자회담을 포함한 다양한 대화의 동력으로 작용할 것으로 내다볼 수 있다. 워싱턴에서 조용하게나마 일고 있는 '새로운 대북 접근법' 논의나 제재와 함께 '교섭(Engagement) 정책'을 병행해야 한다는 입장에 힘을 보탤 수도 있을 것이다.

교착 계속 땐 외교적 입지 좁아져

카터 전 대통령이 평양을 방문한 바로 그 시점에 김정일 국방위원장은 전격적으로 중국 동북 지역 순방길에 올랐다. 김 위원장은 지린성 도인 창춘에 머무는 동안 후진타오 국가주석과 북중 정상회담을 가졌다. 그 회담에서 천안함 이후 한반도와 동북아 정세, 경제난 타개를 위한 지원 및 북중 경협의 심화, 당대표자회를 앞두고 후계구도에 관한 상호 이해 등의 의제들이 다루어졌을 것이다.

중국은 북한의 다양한 요구를 존중하는 한편, 천안함 사태 이후 조성되고 있는 한반도와 동북아의 전략 환경에 대해 북중 간 협력을 강조했을 것이다. 특히 중국이 강조하고 있는 한반도 비핵화에 대한 화답으로 김 위원장이 6자회담 조기 재개를 희망한다는 뜻을 내비쳤다는 대목이 주목된다.

비슷한 맥락과 시점에 중국의 우다웨이 한반도사무특별대표가 방한해 우리 외교 주요 당국자들을 만난 것도 특별한 의미를 띤다. 지난달 16~18일 평양을 방문하고 돌아온 그는 한국 정부에 방북 결과를 설명하는 한편 북한 측의 6자회담 재개와 비핵화에 대한 의사를 재확인하였음을 강조했다.

특히 북한이 제시한 6자회담 재개 3단계 수순(북미 접촉, 6자 예비회담, 공식 6자회담)에 중국이 합의했음을 밝히면서 한국 정부가 6자회담 재개에 외교적 노력을 기울일 것을 촉구했다. 물론 그는 나머지 6자회담 당사국들을 모두 방문할 예정으로 6자회담 재개 외교를 펼치는 중이다.

'비핵화' 과제 접근 돌파구 찾아야

한반도와 동북아의 평화 및 비핵화를 위한 6자회담 재개 국면이 열리고 있는 것이다. 그런데 한국 정부는 아직도 천안함 국면을 벗어나지 못하고 있다는 인상을 준다. "아직 제재국면이다", "북한이 태도를 명백하게 바꿔야 한다", "상황이 변할 것 같지 않다" 등등의 말들이 이를 입증해 준다. 이런 소극적인 자세로는 현재의 교착을 타개할 수 없다. 교착은 교착으로 끝나지 않고 북핵능력 증가, 북한의 중국 쏠림 심화, 한반도 주변의 군사적 긴장 고조, 미중 간 대결 국면 장기화 등으로 연결되기에 가능한 한 타개하는 편이 우리의 국익에 부합된다.

지금은 천안함 국면을 정리하는 한편, 6자회담 재개를 위한 외교를 펼치기 위해 국면 전환이 요구되는 시점이다. 우리 정부가 천안함 국면에 매달려 있으면 비핵화, 한반도의 평화 정착, 동북아의 안정적 질서와 같은 과제들에 접근할 돌파구를 찾을 수 없다. 자승자박하듯 한국의 외교적 입지도 좁아질 가능성이 있다. '비핵화'를 외교안보 분야 최우선 국정 과제로 내세운 정부가 6자회담 재개에 소극적이어서는 안 된다. 많은 문제를 안고 있고 앞날이 험난할지언정 6자회담만이 현존하는 유일한 '비핵화' 접근 틀이기 때문이다.

『경향신문』 2010년 9월 1일

34

'9 · 19공동성명' 5주년을 맞아

정확하게 5년 전 중국 베이징에서 제4차 6자회담 결과 '9 · 19공동성명'이 채택됐다. 당시에도 추석연휴였던 기억이 난다. 2003년 8월 6자회담이 처음으로 열린 후 3년 만에 북핵 포기를 핵심 내용으로 하는 한반도 비핵화에 대한 당사국들 간의 합의가 이루어졌다는 사실은 당시로서는 너무나 소중한 성과였다. 북핵 문제가 남북 관계를 비롯한 우리 외교 안보의 모든 과제들과 연동되어 있어 엄청난 어려움을 겪어 왔던 우리 정부에 '9 · 19공동성명'은 획기적인 합의이자 하나의 전환점으로 받아들여졌다.

잘 알려져 있다시피 '9 · 19공동성명'은 동북아평화헌장이라 불러도 손색이 없을 정도로 한반도와 동북아 전반의 평화와 안정이라는 큰 그림을 제시하고 있다. 그뿐만 아니라 비핵화, 북미 · 북일 관계 정상화, 경제 및 에너지 협력, 동북아 평화안보 메커니즘, 한반도 평화체제 등 한반도와 동북아 지역의 평화와 공동 번영을 위한 종합적 과제들이 망라되어 있다. 이 과제들을 충실히 이행하면 한반도와 동북아에 유령처럼 떠도는 냉전의 유제를 모두 걷어내는 것이다. 북핵 문제의 평화적 해결과 더불어 냉전체제를 넘어 평화와 공동 번영의 미래가 열리는 것이다.

물론 '9·19공동성명'은 곧바로 방코델타아시아(BDA) 사태라는 거대한 암초를 만나 시련에 직면하게 된다. 2007년 2월에 '2·13이행합의'가 나올 때까지 1년 반이라는 긴 교착상태에 빠지게 된 것이다. 6자회담에 대한 한계와 무용론이 등장할 지경이었다. 되돌아보면 북한과의 협상 자체를 시종일관 백안시하고 '9·19공동성명'에 대해 비판적인 입장을 견지한 부시 행정부 네오콘들의 흔들기가 큰 배경이 아니었나 여겨진다. 2006년 가을부터 네오콘들이 물러나면서 협상파의 운신 폭이 넓어진 가운데 결국 2007년 초 북미 간 '베를린 합의'를 계기로 BDA 국면을 벗어나게 된 것이다.

2008년 12월 베이징에서 열린 6자회담이 검증 문제로 결렬된 이후 현재 21개월째 표류하면서 장기휴업 상태에 빠져 있다. 6자회담이 사실상 붕괴되었다고 말하는 사람도 있다. 6자회담 대체론도 고개를 들고 있다.

비록 6자회담이 비효율성을 갖고 있고 그간의 숱한 좌절의 역사가 있었지만 6자회담의 효용도 만만치 않다는 점을 지적하고 싶다. 6자회담에는 남북한을 포함해 한반도 주변 4강들이 포함되어 있다. 이들이 만나 대화를 통해 평화적으로 역내 현안을 다루어 나간다는 자체가 큰 의미를 띤다. 대화의 습관을 길러나가는 것은 동북아 역내 다자외교에 중장기적으로 큰 자산이 될 것이기 때문이다. 대화는 곧 상호 이해로 이어지며, 상호 이해는 불신 해소의 기반이 되고, 결국 신뢰 구축으로 발전할 수 있다. 6자회담이 이런 각도에서 이룬 성취는 결코 과소평가할 수 없을 것이다. 게다가 6자회담은 동북아 역내 유일한 다자안보대화 틀이다. 유럽은 냉전기에 이미 '유럽안보협력회의'라는 다자안보협력체를 구축한 바 있다. 매우 늦었지만 동북아 지역도 6자회담을 발전시켜 유럽과 같은 안보협력체를 수립해야 한다는 공감대가 다름 아닌 '9·19공동성명'에 명시되어 있다.

비핵화는 우리 외교안보에서 가장 중차대한 현안이다. 현재 비핵화를 다룰 수 있는 틀은 6자회담뿐이다. 비핵화가 절박하다면 6자회담 재개를 위해 능동적인 태세를 가져야 한다. 핵문제에 관한 한 시간은 우리 편이 아니다. 시간을 끌면 나중에 해결 비용이 높아질 뿐이다. 당사국들 모두 5년 전 '9·19공동성명'에 서명할 때의 정신으로 돌아가야 한다. 특히 한국 정부가 적극적인 자세로 나가야 한다.

『경향신문』 2010년 9월 20일

방코델타아시아(BDA) 사태

1935년 설립된 마카오 소재 은행으로 북한의 외환 결제 창구 역할을 해 오다 2005년 6자회담 9·19공동선언 직후 미국이 북한의 돈세탁 창구로 지목해 거래를 동결했다. 동결된 북한 자금은 2007년 2·13합의 이행을 위해 같은 해 6월 러시아 은행을 거쳐 북한으로 이체되었다.

35

미중 관계와 동북아

　　2010년 11월 초순 현재 한국에서는 G20 정상회의가 개최되고 있고 비슷한 시기에 일본 요코하마에서 APEC 정상회의도 개최된다. 세계 주요국 정상회의가 이렇게 중첩적으로 동북아지역 내에서 열리는 것은 유례없는 일이다. 금융위기 극복과 자본주의 세계경제체제의 원만한 작동을 조정해내기 위한 정상들의 회동이 잇달아 일어나는가 하면 이면에는 자국 국익보호와 확보를 위한 치열한 각축이 일어나고 있다. 따라서 국가적 대사라고 잔치 집 분위기로 일관하기에는 동북아와 한반도 정세가 여간 우려스럽지 않다. 동북아 구도와 한반도 정세를 면밀하게 들여다보면서 '신중한' 자세로 대외 관계를 발전시켜 나가야 할 것이다.

　　지금 동북아에는 미중 간의 범세계적 유사(Pseudo) 패권 경쟁이 전개되고 있으며, 중일 간에는 역내 유사 패권 경쟁이 중첩적으로 전개되는 양상을 보이고 있다. 동북아의 평화와 안정이 한반도 남북 관계의 안정적 관리에 직결되고 주변 강대국들과의 '세심한' 양자관계 발전이 우리의 중장기적 국익과 직결된다. 그런 관점에서 우리는 지금 최악의 동북아 정세와 맞닿아 있을 뿐더러 주변 강대국들 간의 치열한 전략적 이해관계 다툼에 깊숙하게 연루되어 있다. 특히 미국과 중국이라는 최대 강대국들 사이에서 전자와는 군사동맹을 날로 강화하고 있고, 후자와는 가장 긴밀한 경제적 유대를 확대해 가고 있다. 이는 우리에게 대외적 경제활동과 정치군사 분야 사이의 '불일치 딜레마'를 안긴다. 아마도 이 딜레마가 앞으로 두고두고 한국 대외전략의 가장 중대한 과제로 주어질 것이다.

2008년 미국발 금융위기 이후 미국은 신속하게 중국과의 협력 관계를 구축하였다. 경제 분야뿐만 아니라 전략 분야까지 포괄하는 '미중 전략경제대화'가 설립되어 제1차 대화를 2009년 7월 워싱턴에서 개최하였다. 개막식에서 오바마 대통령은 "미중 관계는 21세기 가장 중요한 양자 관계 중 하나이며, 미중이 21세기를 만들어 갈 것"이라고 하였다. 분석가들은 이를 두고 "미중 관계의 전환점", 즉 전략적 경쟁관계에서 전략적 협력 관계로의 변화라고 하였고, 이제 미중 관계는 공식적으로 '전략적 협력 관계'로 규정되어 있는 실정이다.

그럼에도 불구하고 미중 관계는 경제적 측면에서 무역불균형 심화, 중국 위안화의 평가절상 압박, 통상분쟁 심화 등을 겪으면서 심각한 불협화음과 분쟁을 겪고 있다. 전략적 측면에서도 에너지, 환경, 기후변화, 국제평화, 반테러, 비확산 등 핵심적 사안들에 대해 미묘한 견해차가 있는가 하면 노골적인 갈등과 대결 양상도 표출되고 있다. 게다가 남중국해와 동중국해에 연관된 영토 분쟁에 미국이 간접적으로 연루되어 있어 이 분야에도 미중 간에 구조적 갈등이 잠재되어 있다. 동중국해의 '센가꾸'열도 문제에는 미국이 명시적으로 일본 편을 들고 나섬으로써 현재진행형인 이 영토 분쟁이 심각한 미중(혹은 중국 대 미일) 대립 구도를 만드는 요인으로 작동될 여지가 있다. 동북아 지정학적 구도가 나쁜 방향으로 짜여 가고 있는 것이다.

그런데 현 국면의 미중 관계를 형성하는 데 영향력을 끼치는 중요한 요인들의 다른 한 범주가 바로 한반도 문제에서 비롯되고 있다는 점에 주목할 필요가 있다. 이 글은 이런 문제의식을 기초로 삼고 미중 관계와 동북아 지정학에 대해 분석하고자 한다. 특히 천안함 외교와 북한 문제를 중심으로 살펴볼 것이다.

흔히 한반도 문제와 동북아 지정학은 불가분의 관계를 갖고 작동하며, 일반적으로 하나가 잘못되면 악순환이 일어나고 하나가 잘 되면 선순환이 가동된다고 말한다. 천안함 사태는 기본적으로 한반도 문제인데, 즉각 동북아 지역 문제로 변하였고 곧바로 국제적 문제로 전화되었다. 한국 정부의 공식 발표에 의하면, 북한 어뢰 공격에 의해 천안함이 격침되었고 46명 수병이 희생된 사건이었다. 한국 정부는 이 과정에서 진상조사단을 국제팀으로 꾸리는 한편, 진상 결과가 나오기도 전에 매우 공세적인 '천안함 외교'를 펼치기에 이르렀다. 유엔안보리의 결의안 채택외교 노력은 말할 것 없고, 이후 '아세안지역안보포럼' 등을 포함하여 국제적 외교 회동이 있는 경우에는 빠짐없이 천안함 외교를 펼쳤다.

천안함 외교전에서 미국은 한국 정부에 '올인'을 하였고, 중국은 한반도의 평화와 안정 수호 및 냉정하고 적절한 처리에 따른 사태 확산의 예방이라는 원론적인 자세로 일관하였다. 유엔안보리 결의안 채택외교전에서도 미국은 한국의 편에 서서 적극적으로 나섰고, 중국은 평화와 안정논리로 입장을 유지하였다. 이 과정에서 중국과 북한은 정상회담을 비롯해 매우 빈번하고도 긴밀한 고위급 접촉과 대화가 이루어진 정황을 엿볼 수 있다. 힐러리 클린턴 국무장관은 금년 5월 베이징에서 열린 제2차 미중 전략경제대화 참석을 앞두고 한국 측 조사 결과와 대북제재 결정을 지지한다면서 중국의 협조를 요청할 정도로 강수를 두었다. 중국의 다이빙궈 국무위원은 이에 대해 중국의 원론적 입장을 되풀이하는 데 그쳤다.

이후 한국과 미국은 7월에 한미 2+2회의를 개최한 가운데 북한에게 천안함 사건 책임을 촉구하는 한편 향후 수개월에 걸쳐 한미연합군사훈련을 실시한다는 데 합의하고 7월 25일부터 4일간 동해상에서 대규모 한미연합훈련을 실시하기에 이르렀다. 중국 군부는 이 훈련을 반대하면서 강도 높게 비난하게 되었다. 그리고 중국 인민해방군도 9월 초 산둥성 칭타오 인근 해역에서 최첨단 해군무기를 포함한 대규모 실탄훈련을 실시하였다. 북한의 김정일 위원장이 8월 말 중국의 동북 지역을 전격 방문하고 창춘(長春)에서 후진타오주석과 정상회담을 가진 바로 뒤라는 점을 상기할 필요가 있다. 또한 북중 정상회담에서 김정일 위원장은 비핵화의지를 재확인하면서 조속한 6자회담의 재개를 희망한다고 말한 바 있다. 천안함 사태가 발생하기 전에 중국은 6자회담의 재개를 위해 평양을 포함한 본격적인 중재 외교에 나선 바가 있음을 되돌아볼 필요가 있다. 이에 대해 미국은 한국 정부와 함께 '선(先) 천안함 후(後) 6자회담'이라는 틀을 내세우기에 이르렀다. 대통령의 행정명령 형식으로 대북 추가 제재를 발표하기도 하였다.

한국과 미국은 9월 초부터 미루어오던 서해상의 대잠연합훈련을 9월 27일부터 5일간 실시하였다. 대북 억지력의 점검 및 과시의 명분이 있었지만 중국은 자신의 앞바다나 다름없는 수역에서 한미연합훈련이 펼쳐진다는 것을 대결적 태세로 평가하였음이 분명하다고 볼 수 있다. 게다가 10월 중순에는 한국이 주도하는 PSI(확산방지구상) 훈련이 부산인근의 수역에서 실시되었다. 동북아 지역에서 PSI훈련은 그 첫 대상이 북한이어서 북한이 강도높게 비난하는 것은 예견된 일이지만, 중국은 중국대로 이 훈련에 대해 촉각을 곤두세우지 않을 수 없는 것이 미중 간의 본질적 관계가 불신관계인 점에서 비롯된다.

이같이 천안함 사태와 이후 펼쳐진 한미 간의 공조 외교는 미중 관계를 악화시키는 데 일정한 기능을 하였고, 미중 간 군사적 긴장고조 및 동북아 지정학의 전반적 불안정으로 귀결된 측면이 없지 않다. PSI훈련의 사례에서도 보듯이 한미군사동맹의 강화는 부득불 중국으로부터의 반작용을 야기할 수밖에 없으며, 한국이 주도하는 이 같은 일련의 사태 전개는 역내 미중패권경합의 조기화를 촉진할 빌미가 될 수 있다는 것이다. 10월에 워싱턴에서 개최된 제42차 한미연례안보협의회에서 한미 간에 설치하기로 합의한 '확장억제정책위원회'에 대해서도 중국이 결단코 반대하고 있는 미사일방어(MD)에 한국이 가담하는 수순으로 가는 것이 아니냐는 우리사회 내부의 논란이 있는 정도로 이명박 정부의 한미동맹 강화일변도 외교 기조는 예사로이 넘길 수 없는 후과(後果)를 염려해야 할 수준에 와 있다.

다음으로 북한 문제에 대한 인식과 접근 방식의 격차에서 미국과 중국이 날로 대립각이 예리해지고 있다는 점이다. 말할 것도 없이 한국 정부는 대북 인식이나 정책, 제반 상황에 대한 대응에서 미국과 철저한 공조로 일관해 왔다. 이명박 정부의 '선(先)비핵화'를 요체로 하는 대북 강경정책은 미국 오바마 대통령과 워싱턴 행정부의 '당근과 채찍' 접근법도 무력화시킨 결과 지금 미국은 대북 적대시와 제재 정책으로 방향을 잡은 지 오래다. 지금으로서는 요지부동으로 변화의 조짐도 보이지 않는다. 비핵화도 6자회담도 실종되고 외교 리스트에서 빠진 것인가 하는 의구심이 들 정도의 정책을 펼치고 있는 것이다. 양국의 군부는 보수층을 등에 업고 북한 급변사태를 염두에 두고 계획도 세우고 작전도 짜고 있는 듯한 인상을 주고 있다.

중국은 한반도의 평화와 안정을 내세우고 비핵화를 강조하면서 6자회담 의장국으로서의 역할을 하기 위해 외교적 노력을 해 왔다. 중국은 또한 북한의 급변사태를 국가전략적 차원에서 예방해야 한다는 기조가 분명하다. 정상회담을 비롯한 고위 인사들의 상호 방문이 잦고, 대규모 경제협력 및 지원을 합의하였다. 남북 관계의 차단과 미국의 대북 제재 정책은 의도와 무관하게 북한을 중국의 품으로 안겨 주는 결과를 초래하였다. 미국과 중국은 북한 문제를 두고 상호 충돌하고 있으며, 천안함 외교에서 그 일면이 생생하게 나타났다고 볼 수 있다.

미중 관계가 파국으로 치달을 개연성은 높지 않다. 동북아 지정학에 전환이 일어나고 있다는 점은 분명하지만 대재앙으로 이어질 구도로까지 악화일로를 걷을 것으로 전망하기 어렵다. 협력하는 것이 기본적으로 이해관계에 부합하기 때문이다. 문제는 한국과 북한이며, 한반도에 관해서다. 지금은 한국과 북한이 나서서 남북 관계를 악화시키고, 그것이 동북아 지역의 불안정으로 직결되고, 결국에 역내 강대국 사이의 관계를 대립구도를 만들 뿐만 아니라 어느 한 편에 가담하는 것, 이것이 현재 남북한 외교라고 할 수 있다. 북한은 논외로 하더라도, 이 외교노선이 대외전략상 중장기적으로 우리 국익과 안보에 부합되는지 검토할 과제라고 본다.

『한반도포커스 10호』 2010년 11월 1일

36.

힐러리의 선물?

　　힐러리 클린턴 미 국무장관이 16~17일 서울을 방문하고 돌아갔다. 체류 기간 중 김성환 외교통상부 장관과 회담을 가졌고, 이명박 대통령과도 면담 시간을 가졌다.

　　방문 결과 가운데 필자가 주목한 합의는 한미 간의 긴밀한 공조와 협력을 바탕으로 비핵화 문제를 다루어 나간다는 점과, 보다 구체적으로 ① 남북 비핵화 회담, ② 북미대화, ③ 6자회담의 수순을 밟는 3단계 해법 원칙을 재확인했다는 점이다. 그리고 남북 비핵화 회담이 전반적 비핵화 대화 틀의 단초라는 데도 합의가 있었다는 사실이다.

　　클린턴 장관이 합의해 준 것을 쉬운 말로 하자면 이렇게 될 것이다. '자, 그럼 한국 정부 방식으로 비핵화 문제를 한 번 해봐라. 미국은 단독으로 치고 나가지 않고 당신들이 하는 것을 보고 행동하겠다. 그리고 앞으로도 한미 간에 긴밀한 공조아래 움직이겠다.' 이는 북미대화나 미국의 대북 쌀 지원을 우려해 온 한국 정부에 선물을 준 셈이다.

　　하지만 힐러리가 선물만 주기 위해 바쁜 와중에 서울을 방문했을리 없다. 그 선물에는 상당한 압박이 내포되어 있는데, 그것은 미국이 하염없이 '전략적 인내'로 일관할 수 없으니 좀 적극적으로 해 보라는 주문인 것이다.

이 3단계 구상에 따라 언론은 일제히 '사상 첫 남북 비핵화 회담'이 성사되느냐에 관심을 집중하기 시작한 것 같다. 언론에 산만하게 인용된 정부 당국자들의 말들에 따르면, 이제 공은 북한으로 넘어갔으며, 북한이 응해 오면 우리 측도 회담에 나갈 수 있다는 것이다.

그러나 필자는 이 구상이 비록 다양한 양자대화와 조율의 끝에 나온 방법론이라고 하더라도 현실성이 떨어지며, 어떻게 보면 가장 나쁜 접근법이 될 가능성이 높다고 본다. 성공보다는 상처투성이로 점철될 험로를 예고하고 있다는 점에서 큰 희망을 갖지 않는 편이 현실적일 것이라 판단된다.

그 이유로는 제1단계로 설정된 '남북 비핵화 회담'이 너무나 복합적인 이슈와 문제를 내포하고 있는 고난도 과제라는 점 때문이다. 남북 비핵화 회담이 비핵화의 '단초', '돌파구'가 될 것으로 보는 사람들이 있는데, 그보다는 6자회담 프로세스 혹은 외교적 해법에 대한 한국 정부의 딴죽걸기 산물이라는 성격이 강하다고 해석하는 편이 적절할 것이다.

애당초 6자회담 재개를 위한 3단계 접근 구상은 두 핵심 당사국인 남과 북이 대결과 적대의 관계를 갖고 있는 한 미국과 중국의 적극적인 행보가 어려우니 우선 남북 관계를 일정하게 개선하는 것이 전제되어야 하지 않겠느냐는 취지에서 비롯된 것이다. 남북 관계를 개선하기 위해서는 다양한 대화가 일어나야 될 것이고, 바로 그 점이 미국과 중국이 요구한 바였다.

그러나 지난 2월 열린 남북 군사 실무회담에서 보았듯이, 현재 한국 정부는 북한과 관계 개선을 할 아무런 전향적 의지가 없으며, 이런 이명박 정부의 마음 자세가 변하지 않는 한 비핵화 회담에서 "일정한 성과"를 낼 수 없다.

천안함 사태 및 연평도 포격 사건과 6자회담의 연결고리가 끊겼다고 하지만 꼭 그런 것이 아님은 이명박 대통령의 최근 발언에서도 확인되고 있다. 정부 고위 당국자들의 말들에도 이것이 혼란스럽게 내비쳐지고 있다. 금강산 관광객 피살 사건 정도를 해소할 정치적 유연성이 없이 현재까지 끌고 왔는데 어떻게 천안함 사태와 연평도 포격 사건을 북한 당국과 마주 앉아 차분히 대화할 수 있겠는가? 불가능한 일이다.

게다가 남북 비핵화 회담에서 "일정한 성과"가 나야 다음 단계로 넘어갈 수 있다는 엄격한 단계론을 내세우면서 정치적 유연성 발휘의 가능성을 차단하고 있다. "진정성"이라는 용어가 그렇듯이 "일정한 성과"야말로 자의적인 해석에 가장 취약한 표현이다. 의지가 있다면 유연한 해석이 가능하고 의지가 없으면 무한히 엄중한 해석을 해도 무방한 표현인 것이다.

여기서 남북 회담의 "일정한 성과"라는 것은 이미 선결 요건처럼 제시되어 있는데, ① 모든 핵무기와 핵 프로그램의 중단, 그리고 미사일 시험 발사의 중단, ② 국제원자력기구(IAEA)의 농축우라늄 시설 조사, ③ IAEA 사찰단의 영변핵 시설 복귀 등이 북한이 취해야 할 조치라는 것이다.

이런 조치를 취하면서까지 북측이 남측과 마주 앉아 대화를 한다? 필자가 이해하는 북한으로서는 상상하기 어렵다. 북한이 일방적으로 양보하고, 얻는 것은 애매모호한 그런 게임을 북한이 수용한 적도 없고, 앞으로도 그런 일은 없을 것이다. 북한이 그럴 수 있었다면 핵문제는 벌써 해결되고도 남았을 것이다.

언론에서 이미 지적되고 있듯이, 북한이 한국과는 어물쩍해서 넘어가고 북미대화로 넘어 가겠다는 전략 구사를 생각해 볼 수 있겠는데 현재 북한이 취해야 할 선(先) 조치들과 한국 정부의 엄격성과 강경성으로 미루어 볼 때 그마저 통할 소지가 없어 보인다. 남북 비핵화 회담이 '비핵화'에 방점이 가있는 한 이번 3단계 구상은 실패할 것이다.

핵 프로그램을 포함해 북한의 대량살상무기(WMD) 개발은 한국을 위시해 동북아 이해 상관 국가들에게 용인될 수 없는 문제다. 북한은 WMD를 자신을 적대시하고 대결적 태세를 갖고 있는 국가나 세력으로부터 체제 안보와 경제 지원을 확보하지 못하는 한 절대 포기할 수 없다. 이 단순 논리가 대화와 협상을 통해 관철되지 않는 한, 비핵화는 이룰 수 없는 불가능의 영역으로 가버린다.

'2·13합의 이행 프로세스'를 문제투성이로 여기고 6자회담을 암묵적으로는 무용지물로 간주하면서 대안으로 내놓은 이번 3단계 비핵화 구상이야말로 문제투성이로 보인다. 그 앞날이 엄청난 험로일 것이 불을 보듯 뻔하다. 회담이 결렬되고 서로 상대방에게 책임을 떠넘기고 욕해대고 하는 앞길이 내다보인다. 그런 어려운 과정을 하나의 프로세스로 받아들이고 의연하게 그것을 관리할 인내와 태세가 회담 당사국들에게 있는가?

비핵화 방법론에 묘책은 없다. 과거 방식에 문제가 있어서 북핵 문제가 이 지경까지 왔다고 말하면서 새로운 뭔가를 하겠다고 하는 사람들은 다음에 이 일을 떠안을 사람들로부터 동일한 비판을 받게 될 것이다. 자신들부터 "진정성"을 갖고 적극적이고도 전향적으로 한 번 돌파해 보기를 원한다.

마침 다음 주에 지미 카터 전 미국 대통령을 비롯한 유럽의 원로 지도자들이 평양을 방문해 국제적인 여론 조성에 나설 모양이다. 이런 우호적인 분위기를 잘 활용해 비핵화 프로세스가 빠른 시일 내에 재가동되기를 기원한다. 그래서 힐러리 클린턴 장관의 압박성 선물이 동북아 안정과 한반도 평화에 대한 축복이 되길 바란다.

『프레시안』2011년 4월 20일

2 · 13합의

2007년 2월 13일 제5차 6자 회담을 통해 합의한 것으로 '9 · 19공동성명 이행을 위한 초기 조치'라는 제목에서처럼 북한 영변 핵시설의 폐쇄 봉인 및 국제원자력기구 (IAEA) 요원 복귀와 이에 상응한 중유 5만 톤 지원 등 60일 이내 이행할 것과 5개 실무그룹(W/G)을 설치하는 내용 등을 담고 있다.

37.

동북아, 국익과 지역이익

1년 전 동북아 각국에 새 지도부가 들어섰을 때 동북아 미래에 대해 밝은 전망을 할 근거는 별로 없었다. 역내 지정학 자체가 거대한 지각변동에 직면한 나머지 구조적 불안정을 안고 있었다. 각론적으로는 영토 분쟁과 역사 갈등이라는 고난도의 과제가 우리 앞을 가로막고 있었다. 게다가 이 과제들을 관리해 갈 집권 세력이 한중일 3국을 가리지 않고 강경보수 일색으로 구축되어 버린 나머지 상황 관리가 무척 경색되게 전개되었다. 어느 일방이 작용하면 상대방이 반작용하는 강 대 강의 기계적 대응만이 기승을 부렸다.

그 결과 우리는 2013년 내내 격랑이 몰아치는 동북아 정세를 겪어야 했다. 영토 분쟁은 이전보다 한층 악화되었고, 지난 연말에는 중국이 취한 '방공식별구역' 선포로 인해 영공 분쟁이라는 새 과제가 등장하였다. 바다와 하늘을 가리지 않고 평화로운 곳이 없게 되어 버린 것이다. 탈냉전이 진전되고 남북 간 화해 협력 분위기가 만들어진 나머지 한반도와 동북아에서 전쟁은 없다는 자신감이 생겨났는데, 이제 그 자신감도 객관적 근거를 가질 수 없게 되어 버렸다.

이렇게 암울한 동북아 정세를 지탱하는 명분 가운데 하나가 바로 국익의 논리다. 동북아에는 지금 오직 국익만 전면에 나서 있다. 그런 탓에 동북아에는 '지역이익'이라는 인식 자체가 실종되고 없다. 지역이익이란 국익보다 좀 높고 넓은 이익으로서 협력·통합·공동체 같은 가치로부터 발생되는 것이다. 그리고 평화와 공동 번영의 지역 질서가 있는 곳에서는 개별 국익이 지역이익과 조화롭게 선순환할 수 있다. 완벽하지 못하나마 유럽이 이런 지역 질서를 누리고 있다. 호시절에는 과실을 공동으로 따먹고, 어려운 시절에는 고통을 나누어 대응해 나간다. 동북아에는 정반대로 국익이 지역이익을 아예 원천봉쇄하는 흐름이 대세를 이루고 있다. 동북아의 비극이자 불행이다.

이 비극과 불행의 폐해는 고스란히 일반 국민들에게 돌아간다. 보통 국민들의 복리와 평화가 후순위로 밀리고, 자유롭게 왕래하고 교류할 분위기가 훼손된다. 일본에 '혐한' 주제의 책들이 불티나게 팔린다고 한다. 우리 유학생들의 일상생활에 어려움이 발생한다는 풍문도 들린다. 아베 총리의 야스쿠니 신사 참배를 반대하기 위해 한국 대학생 '원정대'가 도쿄에서 저지하는 경찰과 충돌했다는 뉴스도 있다. 상층에서 만들어진 환경 탓에 저변이 망가지는 생생한 사례들이다.

전통적으로 동북아 문화권은 지도자가 차지하는 비중이 막대하다. 시대가 바뀌고 민주주의가 진전되었는데도 이 점은 변함이 없다. 더불어 지도자 주변의 정치인들과 집권세력의 인식 자체가 갖는 파괴력과 영향력이 막강하다. 지금 그 인식이 너무 협소하고 지나치게 자기중심적이다. 국익을 실질적 국리민복의 확장이 아니라 정치적 수사로 이용하거나 파당적 목적을 취하기 위한 수단으로 전락시키는 것이 아닌가라는 의구심이 들 때가 많다.

현재 동북아는 거대한 지각변동 속에 들어 있고 일종의 혼돈상태를

나타내고 있다. 이럴 때 정치지도자가 국가를 바로잡아보겠다는 '소명의
식'에 빠질 유혹이 생긴다. 하지만 그런 소명의식은 보편적 흐름과 불화
를 이룬 나머지 대개 파탄으로 귀결될 가능성이 높다. 과거 세계사에 비
추어 볼 때 이런 시기를 조심해야 한다. 특히 국익·안보·정상과 같은
그럴싸한 레토릭에 무작정 박수를 보낼 것이 아니라 때로 경계하는 자세
도 필요하다.

　　2014년 갑오년에 동북아 과거사를 반추하면서 지금 동북아 각국 지
도자와 집권세력이 내세울 깃발은 지역이익이라는 생각이 강하게 든다.
지역이익을 부르짖고 높일 수 있는 방안을 제시하는 편이 진정한 국익에
이바지하는 길이라는 역설을 제기해 본다.

『한겨레』 2014년 2월 18일

방공식별구역 (ADIZ: Air Defense Identification Zone)

영공을 방어하기 위해 접근하는 항공기를 조기에 식별하기 위해 영공 외곽에 설정
한 임의의 공중 구역으로 국제법상 인정된 영공은 아니지만 이곳에 들어가는 군용
기는 해당 국가에 미리 비행 계획을 알리고 진입 시 위치 등을 통보하는 것이 국제
적 관례이다. 한국방공식별구역은 'KADIZ', 중국방공식별구역은 'CADIZ', 일본방공
식별구역은 'JADIZ'라고 표기하며 제주도 남단의 이어도 인근 지역은 'KADIZ'와
'CADIZ', 'JADIZ' 일부가 중첩되어 있다.

38

시진핑의 방한과 동북아 외교

7월 3일 중국의 지도자 시진핑 국가주석이 한국을 공식 방문한다. 박근혜 대통령과의 정상회담이 초미의 관심사가 되어 있다. 근년 들어 중국의 국제적 위상은 한껏 높아졌다. 한국에도 중국이 갖는 무게가 위중하다. 경제적 상호 의존도는 막심하고, 이제는 경제적 유대와 더불어 전략적 동반자 관계의 내실을 다질 때가 왔다. 많은 분석가들은 미국과 중국 사이에서 한국의 포지셔닝에 대해 염려하고 있다. 이런 맥락에서 일반 국민들도 중국에 대해 복잡한 마음 자세를 갖고 있는 것 같다.

공식적으로 한중 관계는 전략적 협력동반자 관계로 되어 있다. 이명박 정부 기간에 악화되었던 한중 관계가 박근혜 정부 들어와 회복의 궤적을 보이고 있다. 실제로 한중 간에는 장관급의 전략대화도 열리고 있다. 이마저도 미흡하다고 양국이 판단했는지 전략적 관계를 더욱더 격상시켜야 한다는 입장도 나오고 있다.

하지만 지금 한중 관계에서 문제는 형식적 차원의 성질이 아니라 내용에 있다. 바로 내실과 신뢰의 문제다. 내실 문제란 겉으로는 그럴싸한데 속이 비어 있다는 점이고, 신뢰 문제란 화려한 정치적 수사에도 불구하고 상호 불신을 떨치지 못하고 있다는 점이다. 관계를 차곡차곡 충실하게 해 나가야 하는 숙제와 신뢰 구축의 과제를 안고 있는 셈이다.

한국은 정권이 바뀔 때마다 사람이 바뀌고 정책기조가 바뀌는 문제가 있다. 중국은 관계 맺기에서 긴 호흡과 중장기적 흐름을 기초로 삼는다. 따라서 중국과의 관계는 한 정권 차원에서 접근해서는 안 되고 긴 시간을 두고 차곡차곡 축적해 나가야 비로소 진전의 돌파구를 열 수 있다.

한중 관계는 외적 요인들도 크게 작동하는데, 바로 북한과 미국이다. 특히 북핵 문제다. 한국 정권이 북한을 어떻게 인식하고 어떤 정책기조를 가져가느냐에 따라 한중 관계를 원만하게 이끄느냐 불화를 일으키느냐가 좌우된다. 과거 대북 강경 대립 정책은 중국과 부딪치기 일쑤였고, 화해 협력 정책은 대체로 중국과 손발이 맞았다.

이 방정식은 저간의 북중 관계의 미세한 변화에도 불구하고 여전히 유효하다. 즉 남북 관계를 순탄하게 발전시키면 중국과 상당 부분 좋은 관계를 진전시켜 나갈 수 있다는 말이다. 당장 북핵 문제 해결에 있어 박근혜 정부가 강한 의지를 갖고 적극성을 발휘한다면 한중 간에 6자회담 외교를 통해 긴밀한 관계를 쌓아갈 수 있을 것이다.

한중 관계의 외적 변수 가운데 핵심은 미국이다. 중국과 미국은 동북아 지역에서 은근히 상호 경쟁을 하고 있다. 동북아 지정학의 일대 변동 와중에 경쟁하는 미국과 중국에 한국은 매우 소중한 존재가 되었다. 미국은 우리와 군사동맹을 맺고 있는 사이라서 우리가 굳건한 관계를 유지해 나가야 할 파트너다. 중국은 경제 분야나 사회, 문화 분야에서 떼려야 뗄 수 없는 두터운 사이가 되었다. 우리는 어느 한쪽도 등한시할 수 없고, 어느 한쪽으로 치우쳐서도 안될 난감한 처지다. 그런 가운데 미국은 한국이 중국의 자장권으로 들어가는 것이 아닌가를 경계하고, 중국은 우리가 미국의 전략 속에 너무 깊숙이 연루되는 것이 아닌지를 우려한다.

이런 민감한 시기에 시진핑 주석의 방한이 이루어진다. 우리는 중국에 대해 우리 나름의 중심을 잡고 가야 한다. 우리의 존재감에 부합하는 입장과 그에 걸맞은 역할을 보여 주어야 한다. 미국이냐 중국이냐라는 선택의 고민이 아니라, 오히려 미국과 중국을 아우르는 이슈를 던지고 행동을 우리가 보여 주는 고민을 할 때다. 예컨대 북핵 문제를 해결하는 데 있어 우리가 어떤 창의적 역할을 할 것인가, 그 과정에서 동북아 역내 안보협력 메커니즘을 만들 수는 없을까 이런 전략적 고민을 보여 주는 것이 동북아 외교의 과제이자 도전이다.

『경향신문』 2014년 7월 1일

39.

사드 논의, 답은 가까운 데 있다

일종의 금기처럼 취급되던 고고도미사일방어 체계(THAAD, 사드) 배치 문제가 수면 위로 떠올랐다. 지난주 내내 한국 사회 전체가 사드의 한반도 배치 문제를 놓고 한바탕 홍역을 치렀다. 곧 한국과 미국 당국이 공식적으로 사드 배치를 협의할 모양이다. '전략적 모호성'은 폐기되고 '전략적 선택'을 해야 할 현실이 목전으로 다가오고 말았다.

사드 배치는 너무나 엄중한 선택이기 때문에 많은 논의를 거친 끝에 시간을 두고 신중하게 결정해야 할 일이다. 비밀주의가 강한 국방부에 이 문제를 맡겨두어서는 안 된다. 활발한 공론을 거쳐 국민적 합의를 끌어내야 한다. 사드 배치에는 안보적 측면과 외교적 차원에서 따져 보아야 할 여러 이슈들이 포함되어 있다. 필요, 효능, 비용, 주변국 외교로 나누어 살펴보자.

첫째, 지금 사드를 배치할 필요가 있느냐의 문제다. 사드 배치의 일차적 배경으로 꼽히는 것이 북핵무기의 위협이다. 북한이 핵실험을 통해 미사일에 탑재할 만큼 핵무기 소형화에 성공했느냐는 문제이다. 북한의 주장을 빼고 나면 아직 입증된 바 없다. 북핵 전문가들의 견해는 아직 그런 기술에 이르지 못했다는 것이다. 그렇다면 실존하지 않는 위협을 염두에 두고 방어 무기를 도입하는 꼴이 된다.

둘째, 사드의 효능성 문제다. 한반도와 같이 종심이 짧은 지형에 적정한 무기체계냐라는 문제도 곁들여 있다. 사드의 효능 역시 입증된 바가 없다. 제조회사의 자료만이 효능을 내세운다. 전 세계적으로 단 세 곳에 배치되었을 뿐인 최첨단 무기체계가 사드다. 효능이 검증되지 못한 무기를 들여올 만큼 미국이나 한국의 재정이 여유롭지 못하다.

셋째, 비용의 문제다. 사드 1개 포대를 구축하는 데 1조 원에서 2조 원가량의 돈이 든다. 사드 찬성론자들은 미국이 자신의 비용으로 들여온다고 하는데 미국에 이런 예산은 없다. 2013년부터 재정적자 탓에 시퀘스터가 발동되어 국방 예산이 매년 삭감되고 있는 형편이다. 날로 악화되어 가는 한국 정부의 재정 사정에 비추어 이런 천문학적 돈을 들일 수 없다. 비용 부담을 어떻게 할 것인지 세밀하게 따져야 한다.

넷째, 외교적 차원의 문제로서 중국을 포함한 주변국들의 격렬한 반발이 있다. 지난해 7월 한중 정상회담에서 시진핑 국가주석이 반대 입장을 밝혔다고 한다. 이후 중국 국방부장이 나서고 급기야 외교부장조리가 나서기에 이르렀다. 중국은 사드의 한반도 배치를 한국이 미국이 주도하는 MD, 즉 미사일방어에 가담하는 행동으로 여긴다. 그리고 한·미·일 3각 안보동맹체제가 대중국 봉쇄책으로 구축된다고 간주한다.

필자가 수년간 접한 중국 전문가들은 한국의 MD 편입을 한중 관계의 레드라인이라고 말해 왔다. 그 선을 넘게 되면 '전략적 협력동반자 관계'가 깨지고 한국이 엄청난 곤란에 시달리게 될 것이라고 했다. 경제적인 보복이나 안보적 위협을 생각해 볼 수 있겠고 북중 관계를 통해 우리를 괴롭힐 수도 있을 것이다.

다른 한편으로, 사드 배치 딜레마의 근본 원인이 북핵무기와 적대적 남북 관계라는 점을 깨닫는 것도 중요하다. 사드를 배치하자는 것은 이 근본적 문제를 오직 안보 논리와 첨단무기 구비로 대응하자는 발상이다. 이 발상은 병법으로 보더라도 하책에 속한다. 상책은 싸우지 않고 이기는 길, 즉 비핵화와 남북 관계 개선에 있다. 북한 비핵화와 남북 관계 개선에 대한 진심 어린 노력을 하지 않은 채 시간을 보낸 대가가 사드 배치를 하느냐 마느냐 하는 딜레마로 나타났다고 하면 지나친 비약일까.

고래 싸움에 등 터지는 새우 신세를 피하는 법이 쉽지는 않다. 한반도에 주어진 숙명과도 같은 일이기 때문이다. 한국이 미국과 중국의 갈등에 개입되는 빌미는 주로 한반도 상황과 관련되어 발생한다.

이번 사드 딜레마도 결국 북핵 문제와 악화된 남북 관계가 빌미가 되어 생겨났다. 우리가 미국과 중국을 상대로 강력한 목소리를 내긴 어려울지 몰라도 북한을 잘 상대하여 남북 관계를 원만하게 관리할 정도는 된다. 이렇듯 답은 의외로 가까운 데 있다.

『경향신문』 2015년 3월 23일

40

방치한 북핵 돌파구, 중국과 협력 외교

　새해 남북 관계의 진전이 무척 중요하다는 점은 아무리 강조해도 지나침이 없을 것이다. 아쉽게도 박근혜 정부 출범 4년차임에도 남북 관계가 좀처럼 답보 상태를 벗어나지 못하고 있다. 남북 관계가 돌파구를 찾지 못하고 제자리걸음을 하는 데는 여러 가지 이유가 있겠지만 결정적 장애물은 북핵 문제라 할 수 있다. 북핵 문제 해결에 일정한 진전이 없이 남북 관계를 진척시키기가 어렵다. 국내 정치적 부담과 대외적인 고려 요인들이 있기 때문이다. 북핵 문제를 머리에 이고서는 누가 집권하더라도 남북 관계를 획기적으로 발전시키기가 불가능하게 되었다. 그래서 북핵 문제 해결은 미룰 수 없는 과제일뿐더러 통일 준비에 있어서 반드시 치워야 할 걸림돌이다.

　그런 북핵 문제가 현재 방치되어 있다. 어느 관련국도 대화와 협상에 대해 진지한 관심이 없다. 북핵 문제 해결의 주 당사국이라 할 수 있는 미국과 북한은 대화와 협상이 아니라 일종의 치킨게임을 벌이고 있다. 한국은 미국과 공동보조를 취한 나머지 운신의 폭이 좁다.

　미국은 북한이 핵을 포기하겠다는 진지한 의사를 행동으로 보이라고 요구하면서 '기다린다'는 전략을 고집하고 있다. 북한은 미국이 자신에 대한 적대시 정책을 포기하고 평화협정을 체결할 것을 요구하면서 시간은 자기들 편이라 하고 있다. 미국은 자신의 정책을 관철시키기 위해 제재와 압박을 가하면 북한이 두 손 들고 나올 것이라 기대한다. 북한은 그럭저럭 버티면서 시간을 끌면 결국 파키스탄과 같은 사실상 핵보유국이 될 것이라 생각한다. 양측은 대화 테이블로의 복귀를 치킨게임에서 패배한 걸로 간주한다. 이 치킨게임의 결과가 북핵 방치 상태다. 방치는 영변의 핵시설들이 불철주야로 가동되고 있다는 말과 같아서 엄중한 상태를 뜻한다. 2010년 가을에 미국의 시그 해커 박사 일행에게 영변 농축 우라늄 시설을 공개한 이후 북한 당국은 외부 전문가나 국제기구의 북핵 현장 접근을 허락하지 않았다. 방치 상태가 위험한 것은 북핵 프로그램이 어떤 수준에서 어떤 정도로 진행되는지 알 수 없고 따라서 관리할 수 없다는 데 있다.

제재와 압박을 통한 북한의 백기 투항, 즉 핵 포기는 현실성이 낮다. 미국과 국제사회가 가한 대북 제재가 부지기수다. 하지만 중국이 적극적 제재의 대열에 동참하지 않고 북한의 뒷문이 열려 있는 한 제재의 효과는 제한적일 가능성이 높다. 북한의 '사실상 핵보유국' 전략도 성공하기 어렵다. 미국과 중국의 반대가 확고하기 때문이다. 미국의 정책도 성공 확률이 낮고, 북한 핵전략도 성공하기 어렵다면 대안을 찾아야 한다.

무엇보다도, 북핵 문제를 북미 관계 틀 속에서 다루고자 하는 도식적 사고로부터 모두가 탈피해야 한다. 북미 관계 중심적 사고는 동북아의 변화된 환경을 담아내지 못해 치명적 결함이 있다. 선제공격을 할 수 없는 미국이 북한에 취할 수 있는 행동은 정치적이고 상징적인 조치들 외에 유력한 게 별로 없다. 그래서 '중국역할론'을 다른 각도에서 검토하고 중국의 협력을 구할 필요가 있다. 중국은 그간 중국역할론을 미국이 자국 문제를 중국에 떠넘긴다고 받아들인 것이 사실이다. 민간 전문가들과도 대화를 해 보면 같은 태도가 역력하다. 하지만 중국에 북한이 핵보유국이 된 이후 동북아에서 펼칠 새로운 핵게임이 미칠 파장은 결코 녹록지 않을 것이다. 그것은 중국에 일종의 전략적 참사가 될 가능성이 높지 않을까. 그렇다면 중국으로서는 북핵 문제를 지금 이 시점에 해결해야 할 유인이 충분하다.

6자회담의 장기 교착과 북핵 문제 방치의 유일한 돌파구는 대화와 협상으로의 복귀다. 어딘가에서 강력한 중재 외교가 발휘되어야 한다. 그 당사자는 바로 중국이다. 중국이 역할을 하면 6자회담의 재개로 이어질 것이다. 6자회담 재개를 통해 적어도 영변 핵시설의 가동 중단과 북핵 문제의 외교적 관리라는 당면한 목표를 이룰 수 있다. 따라서 한국 정부는 중국으로부터 진심 어린 협력을 구하는 데 동북아 외교의 총력을 기울일 필요가 있다. 미국과의 공동보조나 한·미·일 3국 공조 형식의 대중국 압박이 아니라 한반도 비핵화를 향한 한국의 독자적 행동으로서 중국과의 다면적인 협력 외교를 펼쳐야 한다. 말할 것도 없이 미국을 설득하여 조율의 틀을 만들어 나가는 노력도 동반해야 할 것이다.

『경향신문』 2016년 1월 4일

41.

제재 정책의 딜레마와 6자회담의 앞날

제재 정책의 딜레마

북한이 금년 1월 6일 감행한 제4차 핵실험과 2월 7일 장거리 로켓 발사시험에 대해 유엔 안보리는 3월 2일 또 하나의 대북 결의를 채택했다. 안보리 결의 2270호다. 이 결의의 전문 서두에는 이전에 북핵과 장거리미사일 도발에 대응해 유엔 안보리가 채택한 결의들이 나열되어 있다. 1993년 북한이 핵확산방지조약(NPT) 탈퇴를 선언한데 대한 결의 825호부터 도합 7개의 결의들이 망라되어 있다. 이들에는 2006년 제1차 핵실험에 대한 결의 1718호, 2009년 제2차 핵실험에 대한 결의, 2013년 제3차 핵실험에 대한 결의가 포함되어 있다. 전문에는 결의들에 더해 3건의 의장성명도 언급되어 있다.

2270호가 역대 가장 고강도이자 포괄적인 제재임에는 틀림없다. 그러나 이전에 결의들이 채택될 때에도 제재 정책의 주체들은 예외 없이 "고강도"라 말했고, 북한이 백기를 들 것이라 주장해 왔다. 그러나 현실은 그 정반대로 전개되어 왔다. 도발 행위를 할 때마다 엄중한 제재를 가했지만 북한은 굴복은커녕 도리어 반발하며 보란 듯이 또 다른 도발 행동을 계속해 왔다. 즉, 제재가 통하지 않고 제재 정책이 성공할 가능성이 낮다는 점이 생생하게 입증되었다. 제재 정책의 역사가 결코 짧지 않다는 사실을 미루어 볼 때 제재 정책의 전략가들도 제재가 통하지 않는다는 '불편한 진실'을 모를 리 없다. 따라서 유엔의 대북 제재는 이제 다분히 관성적 행위라는 인상을 준다.

북핵 문제라는 고도의 난제를 해결하겠다는 핵심 유관국들의 정치적 의지가 부족한 가운데 도발에 대한 대응 조치를 하지 않을 수 없기 때문에 표명하는 하나의 정치적 행동에 해당된다는 것이다. 미국이 주도하는 국제사회의 대북 제재 정책은 비용을 거의 치르지 않고 핵심국들의 전략적 이해관계를 적절히 배합하여 언설로 표명하면 되는 정치적 행위다. 동북아의 복잡한 지정학적 유동성과 결부되어 있는 구조적 문제를 두고 아직도 '전략적 결정'을 갖추지 못한 미국이 그럭저럭 상황을 끌고 가는(Muddling Through) 전략의 결과인 측면도 없지 않다. 미국이 채택한 독자 대북제재강화법이나 대통령의 '행정명령'은 자신이 선택하기에 가장 손쉬운 대북 징벌 조치다. 북한 도발에 대해 행동을 취하지 않을 수 없고, 정작 그 효과는 의문투성이에 빠진 것이 제재 정책이다. 제재 정책의 딜레마라 할 수 있다. 도발 → 제재 → 반발 → 추가 도발 → 추가 제재의 악순환에서 벗어나지 못하고 있다.

중국의 역할과 동북아 외교

이번 북핵 및 장거리 로켓 사태에서 중국의 입장과 역할이 단연 돋보였다. 다 죽어 가던 6자회담과 사문화되다시피 한 '9·19공동성명'이 일단 숨통을 유지하게 된 것도 의장국 중국의 외교 탓이었다. 중국은 제재의 불가피성에 동의하면서도 북한에 대한 우방국으로서의 배려도 대개 관철시켰다. 중국은 북한 민생을 저해하는 내용이 들어가서는 안 된다는 입장으로 시종일관하여 결의 제48항에 관철시켰고, 석유 공급 중단과 같은 특단의 조치는 수용할 수 없다는 점을 분명히 했다.

중국은 1월 6일 핵실험이 나자마자 바로 자신의 북핵 해결 3원칙, 즉 한반도 비핵화, 한반도의 평화와 안정 유지, 대화(6자회담)를 통한 해결을 상기시켰다. 한국 정부가 핵실험에 대해 대북 확성기 방송을 재개하고, 장거리 로켓 발사 후 개성공단 폐쇄 조치를 하여 대북초강경대결정책으로 선회한 것과 대비되는 대응이었다. 1월 27일 베이징을 방문한 존 케리 미 국무장관과 회담을 가진 후 왕이(王毅) 외교부장이 기자회견에서 "제재는 목적이 아니라 북한을 대화로 이끄는 것"이라면서 '엄격한 제재'를 요구한 미국과 입장차를 분명히 하였다.

중국 압박 카드라면서 박근혜 대통령이 1월 13일자 '대국민담화'에서 꺼낸 사드(THAAD)의 한반도 배치 문제에 대해서도 중국의 안보 이익에 반한다는 점을 명백하게 하였다. 사드 반대에 관한 중국의 단호한 입장은 이후 『환구시보』를 위시한 관변 언론 매체에서 왕성하게 제기되었고, 왕이 외교부장이 워싱턴 방문에서 가진 여러 회담과 3월 17일 모스크바 방문에서 가진 세르게이 라브로프 러시아 외무장관과의 회담에서도 재확인되었다.

일종의 북핵 사태 셔틀외교를 펼치고 베이징으로 돌아온 왕이 부장은 3월 8일 전인대 도중 기자회견을 열고 중국의 입장을 재정리하는 기회를 가졌다. 3월 7일부터 한국과 미국이 대규모 '키리졸브' 연합군사훈련에 돌입한 나머지 북한과 거친 말들을 교환하면서 그의 말대로 "일촉즉발의 상황으로 화약 냄새가 감도는 한반도 긴장이 고조되고" 있는 즈음에, 그는 "단순히 제재와 압력을 맹신하는 것은 한반도의 미래에 대해 무책임한 태도"라 일갈하였다. 그리고 "이번 결의에는 6자회담 재개 지지와 각국에 정세 긴장을 격화시키는 행동을 취하지 말라는 촉구도 포함되었다"고 환기시킨 뒤 "이런 내용이 전면적이고 완전하게 이행되어야 한다"고 지적하였다. 제재 일변도로 치닫는 한국과 미국 정부에 대한 대꾸였던 셈이다.

이번 사태를 거치면서 새롭게 수면 위로 떠오른 쟁점 역시 왕이 부장이 제안한 평화협정 논의일 것이다. 베이징에서 '비핵화·평화협정' 병행 추진을 제안한 뒤, 그는 2월 23일 워싱턴에서 존 케리 국무장관과의 회담 후 열린 기자회견에서도 "안보리 결의가 근본적인 해결책이 될 수 없다"며 "대화의 트랙으로 다시 돌아가야 한다"고 강조한 뒤 "비핵화 협상과 평화협정 논의를 병행해 6자회담을 재개하는 방안을 모색할 것"이라 말했다. 미국에 대해 북한과의 관계 개선에 나서라는 압박으로 읽히는 대목이다. 그는 전인대 기자회견에서도 "비핵화는 국제사회의 확고부동한 목표이며 정전협정의 평화협정 전환은 북한의 합리적인 우려와 관심사항"이라면서 '비핵화·평화협정' 병행 추진을 거듭 주장했다. 이 제안이 비록 중장기적 성격을 갖는다 하더라도 우리는 대비에 나서야 할 것이다.

한·미·중 3국의 전략적 불일치

여러 분석가들이 지적하듯이 안보리 결의 2270호는 중국과 미국의 담판 결과다. 특히 앞서 분석하였듯이 중국의 주도성과 활발한 외교 행보가 큰 영향을 미쳤다. 한국 정부 외교팀은 "뭔가 하고 있다"는 시늉을 내는 데 그친 듯한 인상을 갖게 하였다. 한국 정부는 지금 제재 일변도로 일관하고 있을 뿐더러 대통령이 직접 나서서 북한이 핵을 포기할 때까지 "강력하고 실효적인 모든 제재조치를 취해 나갈 것"이라 천명하였다. 고위 외교안보팀 인사들도 "지금은 제재에만 치중할 때"라고 제재를 강조하고 있다. '한반도 신뢰 프로세스'는 철회되었고 '유라시아 이니셔티브'도 치명타를 입었다.

북한이 핵 포기를 하지 않으면 남북 관계는 한발자국도 앞으로 나갈 수 없게 된 이전의 정세로 되돌아가버렸다. 한국 정부의 목표는 제재를 통한 북한 핵 포기다. 혹은 대통령의 말대로라면 제재를 못 견뎌 "자멸"하는 시나리오도 있다.

중국은 한국 정부와 입장이 상당히 다르다. 왕이 부장의 말대로 "개방적인 태도"를 갖고 온갖 형식에 구애받지 않는 대화를 통해 결의가 "전면적이고 완전하게 이행되는 것"을 목표를 삼고 있다. 그 결의에서 중국이 주목하는 항들은 49항과 50항이라 할 수 있는데, 49항에는 "한반도와 동북아의 평화와 안정 유지의 중요성," "평화적, 외교적, 정치적 해결," "대화를 통한 평화적 해결 노력과 긴장고조 행동의 금지" 등의 내용이 들어 있다. 이는 중국이 평소 즐겨 사용해 오던 표현들이다. 50항에는 "6자회담 지지 및 재개의 촉구," "9 · 19공동성명 지지"라는 중국의 어젠다가 들어 있다. 한국 정부가 역점을 두고 있는 동북아 외교 혹은 북핵외교와는 지향점이 판이한 셈이다.

미국의 기본적 입장은 '전략적 인내' 정책을 벗어나지 않고 있다. 아직도 북한의 핵 포기를 향한 선(先) 행동 입장을 고수하고 있는 것이 사실이다. 그럼에도 불구하고 미세한 변화 조짐이 보이기도 한다. 2월 23일 왕이 부장 · 케리 장관 회담 후에 미 국무부의 담화들은 평화협정 논의에 대해서 다소 개방적인 태도를 보여 주고 있음을 시사하기도 한다. 그리고 실제 『월스트리트저널(WSJ)』의 2월 21일자 기사, 즉 미국과 북한이 제4차 핵실험 직전에 평화협정 논의에 대한 합의를 했다는 충격적인 보도에서 드러난 바대로 미국이 자신의 한반도 전략 전반을 한국 정부와 공유하는지 의구심을 자아낼 수도 있는 에피소드도 있었다. 특히나 미국이 이번 사태를 거치면서 북핵 문제 해결을 더더욱 중국에게 아웃소싱했다는 인상을 주기 때문에 한미 공조만으로 접근해서는 미흡하다. 2003년 6자회담의 형성기부터 미국은 이라크전쟁에 역량을 집중하기 위해 북핵 문제를 중국에 아웃소싱했다는 분석을 상기할 필요가 있다. 미국이 동맹인 한국의 안보를 경시하지 않겠지만 그렇다고 자신의 전략적 이해관계를 희생하면서까지 한미동맹을 가져가지는 않을 것이다. 동맹을 맹신하는 것을 경계하며 중국과의 "협력 외교"를 배합해 나가는 것이 필요하다.

결의 2270호 역시 이전 결의와 마찬가지로 제재 정책의 딜레마를 내재하고 있으며, 일정한 한계를 갖고 있다. 특히 한미중 3국 간 전략적 목표가 일치하지 않는다는 점이 결의 이행에 장애가 될 공산이 크다. 중국이 진심어린 제재 공조를 이행할 것인지도 미지수다. 따라서 제재의 실효성에는 의문이 생긴다.

6자회담 재개해야

한국 정부와 우리 언론의 관심은 온통 대북 제재에 쏠려 있다. 제재에 '올인'한 것이다. 제재를 통해 북한이 어려움을 못 견딘 나머지 핵을 포기하고 국제사회의 정상적 일원이 될 때까지 일관하겠다는 태세다. 이 태세가 성공을 거두었으면 하는 바람이 간절하다. 그러나 그것이 성공을 거둘 확률은 높지 않다. 이 태세는 북한을 심하게 자극할 뿐더러 자칫 중국경제의 경착륙 문제 등 내부적 고민에 직면한 중국 정부와 충돌할 가능성도 배제할 수 없다. 더더욱 중국과의 긴밀한 공조 해법을 찾아 내야하는 이유다.

    북한은 자신의 요구가 적절하게 수용되지 않는 한 핵을 포기하지 않을 것이다. 이번에 중국이 제안한 '비핵화·평화협정' 병행 추진은 그런 요구의 하나에 해당된다. 북미 관계 정상화와 북일 관계 정상화도 일어나야 하고, 경제지원 및 에너지 지원책도 겸비되어야 한다. 즉, 이번 결의 50항에 명시되어 있듯이 '9·19공동성명'에 합의된 여러 과제들이 포괄적이고도 상호 조율된 방식으로 해결될 때 동시병행적으로 비핵화도 이루어지게 되어 있다. 이는 외교력과 정치력이 발휘될 때 현실가능성의 영역으로 들어오는 일인데, 그 첫 출발은 일단 6자회담을 재개하는 것이다. 달리 해법이 없는 일이다.

    그렇다면 문제는 어떻게 6자회담 재개의 진입로를 마련하는가이다. 북한의 입장도 감안되어야겠지만 중국 측에 북한 설득 역할을 맡긴다고 했을 때 한미중 3국의 전략적 공조 틀을 마련하는 것이 필수다. 현재로서 '한반도 비핵화'는 장기적 목표로 설정하는 것이 현실적이다. 북핵을 지금과 같은 '사실상의 방치'가 아니라 일정한 국제적 관리의 틀 속에 위치시키는 것을 실질적 목표로 삼아야 할 것이다. 비록 2012년 4월 북한의 미사일 도발로 인해 백지화되었지만 2012년 초 북미 간 '2·29합의'를 재생시키는 방법을 생각해 볼 수 있다. 북측의 핵 및 미사일 시험 유예 대 미국 측 지원의 맞교환이 핵심이었는데, 동일한 내용이 될 수는 없겠지만 기본 틀은 과거로부터 참고할 수밖에 없는 일이다. 북미 간의 일정한 합의에 더해 중국이 중재 역할을 하고 한국도 창의적 제안을 보탠다면 6자회담 재개의 발판이 되지 않을까?

『한반도 포커스 35호』 2016년 4월 11일

42

틸러슨의 순방과 동북아 외교의 과제

렉스 틸러슨 미국 국무장관이 지난 15~19일 기간 한중일 동북아 3개국 순방을 마치고 돌아갔다. 틸러슨 국무장관의 이번 순방은 트럼프 행정부 출범 이후 국무장관의 첫 순방이었던 탓에 우리에게 초미의 관심사였다. 사드 배치, 중국의 경제 보복, 한미연합훈련에 대한 중국과 북한의 반발, 북한의 추가 도발 가능성, 한국 조기 대선 등등의 요인들로 인해 동북아 정세가 요동치는 시점에 이루어진 순방이었기에 그의 행보가 더더욱 눈길을 끌었다.

그는 17일 오후 한국을 방문하여 외교부 장관과의 회담에 앞서 프레스 인터뷰를 하였다. 인터뷰에서 그는 오바마 정부의 '전략적 인내' 정책은 실패하였기 때문에 폐기하겠다면서 새 대북 접근법을 제시하였다. 즉, 북한의 핵 포기를 위해 포괄적 조치를 취하겠으며 이 밖에도 모든 옵션을 검토할 것이라 하였다. "포괄적"이란 외교적, 안보적, 경제적 분야들을 두루 포함한다는 의미에서 대화를 통한 해법을 배제하지 않았음을 내비쳤다. 그러나 "모든 옵션"에서 북한의 나쁜 행동에 대해서는 군사적 옵션도 배제하지 않을 것임을 동시에 시사하였다. 아울러 중국에 대한 압박을 강화하겠다고 하였다. 그리고 북한과 대화에 나서기는 시기상조라고 단호히 말해 당분간 북미 간 대화나 협상은 없을 것임을 분명히 하였다.

그의 이 같은 발언들은 아직 구체적으로 실행 가능한 대북정책이라고 볼 수는 없지만, 트럼프 행정부의 대북정책을 어렴풋이 짐작할 수 있는 근거를 제공해 준다. 이 발언들로 미루어 볼 때 트럼프 행정부가 오바마 행정부와 차별되는 대북정책을 구사할 가능성은 거의 없다고 예견할 수 있다. 왜냐하면, 오바마 행정부의 정책이 포괄적 접근이 아니었다고 할 근거는 없기 때문이고, 중국의 역할 강화란 것도 새로운 해법이라 할 수 없다. 오바마 정부가 시종일관 구사한 대북 접근법이 '중국 역할론'이었다. 좀 다를 것이라고 예견할 수 있는 부분은 "군사적 옵션" 가능성이다. 근래 미국과 한국에서 대북 '선제타격'론이 심각하게 논의되고 있는 현실을 감안할 때 비현실적이라 무시할 수만은 없다. 선제타격론의 현실화 여부를 떠나 트럼프 행정부의 대북정책 메뉴 속에 '군사적 옵션'이 들어 있다는 사실 그 자체로 한국의 차기 정부나 유관국들에 두통거리를 제공하게 되기 때문이다. 이런 각도에서 보자면 오바마 행정부보다 강경 대립적 성격이 가미될 개연성이 높다고 하겠다.

틸러슨 장관은 베이징을 방문하여 18일 왕이 중국 외교부장과의 회담 뒤 기자회견에서 양국은 한반도에서 어떤 형태의 충돌도 일어나지 않도록 할 수 있는 모든 것을 하기로 확약했다고 하였다. 북한에 대해 "대화할 수 있는 지점으로 북한을 끌어내기 위해 미중이 서로 협력할 수 있는 것이 무엇인지 계속 얘기할 것"이라고 하였다. 19일 시진핑 국가주석을 만난 자리에서도 "미국이 충돌과 대항을 피하고 상호 존중, 협력 정신에 입각해 중국과의 관계를 발전시키고, 국제사회가 직면한 도전에 공동 대응하기를 바란다"고 말했다. 시진핑 주석은 상호 존중과 협력 정신으로 미중 관계를 발전시키고 지역 현안들에 대해서는 소통과 협조를 강화하자고 화답하였다. 틸러슨 장관은 베이징 방문 동안 두 번씩이나 "다음 50년 동안 중국과 서로 공존하는 방법을 찾고 싶다"고 말하기도 하였다.

이 발언들에서 미중 관계의 대세는 협력이 될 것임을 예견할 수 있다. 현재 미국과 중국이 북핵 문제 해법, 동중국해, 남중국해, 타이완 문제 등을 두고 대립하고 갈등을 나타내기도 한다. 하지만 양국은 파국으로 치닫기를 원치 않으며 중장기적으로 미중 공존관계를 정립해 나갈 것으로 내다볼 수 있다.

틸러슨 장관의 동북아 순방을 통해 내비친 대북 접근법과 대중국정책의 일단은 한국 차기 정부의 동북아 외교에 있어 중대한 시사점을 갖는다. 첫째, 한반도 비핵화와 남북 관계의 진전을 이루어야 하는 차기 정부로서는 미국과의 갈등을 일정 부분 감수할 각오를 해야 할 것이다. 그런 각오 아래 긴밀한 한미대화를 통해 정책 조율에 나서야 한다. 미국의 군사적 옵션을 예방하고 대화와 협상을 통한 해결 방안을 공동으로 모색할 수 있을 것임을 설득해야 할 것이다. 우리의 주도로 북핵 공조를 견인해내야 할 것이다. 둘째, 미중 관계의 기조가 협력임을 감안하여 한미중 전략적 관계를 만들어 가야 할 것이다. 전략적 공존의 삼각관계를 만드는 것이 최상인데 한국이 적절한 균형을 견지하지 않으면 불가능하다.

『현안진단 56호』 2017년 3월 22일

43

동북아 외교 출발은 남북 관계

지금 우리의 동북아 외교는 재앙적 수준이다. 동북아 외교의 최대 현안이자 한국 안보의 최대 위협인 북핵 문제는 대책 없이 악화일로를 걷고 있다. 북한이 내일 당장 제6차 핵실험을 감행한다고 해도 놀랄 일이 아닐 지경이 되어 있다. 비핵화를 한다고 말만 요란했지 언제나 뒷북을 치는 조치들 외에 아무것도 한 일이 없다. 제재 정책만 있었지 외교는 없었다.

북핵과 미사일 위협을 방어하고자 사드를 배치한다는 결정을 덥석 해 버렸다. 정책 결정 자체가 하자 투성이었다. 중국이 필사적으로 반발한 나머지 결국 온갖 경제 보복이 들어왔다. 한중 관계는 만신창이가 되었고, 천문학적 경제 손실이 발생하였다. 그리고 보복이 다방면에 걸쳐 현재진행형이라 피해를 따지기도 어렵다. 곧 대선이 있고 차기 정부가 들어설 참인데, 그 정부는 이러지도 저러지도 못할 궁색한 처지가 되었다. 정작 성주 현지에는 주민들의 저항이 드세 심각한 사회 비용이 초래되고 있다.

더욱 심각한 문제는 우리의 안보와 국익에 직결되는 사안들의 결정권을 미국이나 중국 같은 강대국에 맡겨버린 데 있다. 북핵 문제는 중국에 해결하라고 하고, 우리 안보는 동맹이 지켜줄 것이라고 하는 의존적이고 이율배반적인 인식이 가져온 피할 수 없는 귀결이다. 북핵 문제가 악화되면 최대의 피해자는 남한이다. 북한의 위협으로부터 대한민국을 지키는 일도 결국 우리의 몫이지 남이 해줄 수 없다.

보수 정부 10년 만에 동북아 외교가 재앙적 수준으로 추락한 것은 남북 관계라는 첫 단추를 잘못 끼운 데서 비롯되었다. 북한을 제대로 인식하지 못하고 남북 관계의 끈을 놓치는 순간 동북아 전반의 외교가 헝클어지게 마련이다. 이명박 정부는 급변사태라는 미몽에 빠져 헛된 통일을 얘기하다 비핵화는커녕 북한 핵 능력만 높여주고 남북 관계를 파탄으로 몰아가는 치명적 실책을 범하였다. 특히 전임 정부 정책을 부정하고자 하는 강한 동기로 인해 한미동맹 강화책을 구사한답시고 비핵화를 위해 필수적인 한중공조를 깨 버렸고, 결국 남북 관계는 유실되고 말았다.

박근혜 정부 역시 북핵 문제 해결에 대한 진지한 고민과 노력이 없이 '전략적 인내'라는 미국의 정책에 기대어 시간을 허비했다. 미국과의 공조를 위해 대북 제재 일변도 정책을 구사하면서 중국 역할론으로 일관하였다. 자신의 과제를 남에게 아웃소싱했던 것이다. 북핵 위협을 빌미로 전시작전통제권 환수도 재연기해 버렸다. 북핵 개발의 돈줄이라면서 알짜배기 개성공단마저 닫았다. 이런 과정에서 우리 기업이나 경제에 미칠 손실은 안중에도 없었다. 급기야 북핵과 미사일 위협에 대응한다는 이유를 들어 사드 배치를 결정해 버렸다.

동북아 외교가 만신창이 신세로 전락하고 우리 안보와 국익이 심대하게 훼손당한 지금 우리는 차기 정부를 기약하고 있다. 차기 정부는 10년 동안 망가진 동북아 외교를 새롭게 세워야 할 과제를 떠안게 되었다. 너무나 무거운 부담을 떠안고 출발해야 할 운명에 처해 있다. 무엇을 어떻게 할 것인가?

동북아 외교의 출발은 남북 관계다. 일단 남북 관계라는 끈을 다시 잡아야 한다. 아무리 어렵다 하더라도, 북한 정권이 문제투성이라 하더라도 우회할 수 없는 길이다. 비핵화를 위하고 평화를 정착시키기 위해 불가피하다. 남북 관계 진전의 돌파구를 마련하기 위한 대북정책을 세심하게 펼칠 필요가 있다. 대북정책의 토대는 객관적인 대북 인식이다. 대북 인식에서 주관적 소음이 개입되어서는 안 된다. 보수 정부 10년 대북정책으로부터 얻어야 할 교훈이다.

요즘 북한이 제6차 핵실험을 할 것이라는 보도가 줄을 잇고 있다. 미사일 발사 시험은 거의 일상화되다시피 하다. 이에 대해 미국 트럼프 행정부는 선제타격을 비롯해 자극적인 말들을 쏟아 내고 있다. 북한 당국은 연일 미국과 한국을 향해 강경한 발언들을 내놓고 있기도 하다. 한반도 정세가 매우 험악한 것이다.

이런 정세 한가운데서 남북 간의 스포츠 교류가 일어났다. 이달 초 북한 여자아이스하키팀이 세계선수권대회에 참가하기 위해 강릉에 왔다. 비슷한 시기에 남한 여자축구대표팀이 아시아선수권대회에 참석하기 위해 평양을 방문하였다. 우리는 영상을 통해 북한 아이스하키팀 선수들의 경기 장면, 응원단 모습, 북측 대표단의 인터뷰 등을 접했다. 평양으로부터 우리 여자축구대표팀의 방북 장면들도 자세히 전해져 왔다. 꽁꽁 얼어붙은 남북 관계를 녹일 중대한 사건이라 하겠다. 이렇듯 우리 정부가 조금만 유연한 태도를 취하면 이번과 같은 스포츠 교류가 얼마든지 가능하다. 이번 스포츠 교류의 모멘텀(Momentum)을 살려 민간 교류의 활성화로 이어져야 마땅하다. 남북 관계의 끈을 다시 잡는 일은 의외로 쉬운 데 있다.

『국제신문』 2017년 4월 11일

제3부

한
반
도
평
화

2007년 10·4 남북정상회담 특별수행원으로 방북하여 2일 평양 시내 환영식에서
김정일 위원장과 인사 나누는 장면

44.

북핵 위기 완전 해소하려면

노무현 대통령의 참여정부가 안팎의 많은 도전을 안고 출범했다. 많은 도전 가운데 그 중대성으로 보자면 북핵 위기가 단연 우선이다. 대통령 취임사의 상당 부분을 차지할 정도로 북핵 위기는 절박하고도 심각하며 새 정부의 해결 과제 1순위라고 하겠다. 북핵 위기 속에는 남북 관계, 북미 관계, 한미동맹 등 굵직한 사안들이 내포되어 있기 때문에 그 위력이 더하다.

취임사에서 밝힌 대로 북핵 문제는 대화를 통해 평화적으로 해결되어야 하며, 국제사회의 협조가 필수적이다. 그런 만큼 북핵 위기를 해소하여 한반도에서 긴장을 줄이기 위해서는 단기적으로 다각적이고도 매우 지혜로운 외교를 펼쳐야 한다. 일단 급한 불을 꺼야 하는 것이다. 하지만 단기적 수습 노력에 더해 차제에 반복되는 북핵 위기를 근본적인 방안을 세워 접근할 필요가 있다.

북한의 진정한 의도가 그들의 주장대로 핵무기 개발이 아니라 전력 확보에 있다면, 북핵 위기 해소의 근본적 방안은 북한의 에너지난을 해소해 주는 방안에서 실마리를 찾아야 한다. 에너지난이 해소되면 핵시설 가동의 명분이 없어진다.

소련을 위시한 사회주의권이 붕괴되고 북한이 총체적 어려움을 겪게 되는 시점은 1990년대 초부터였다. 북한은 전통적으로 에너지 자원이 풍부한 국가였으며, 산업과 농업부문도 에너지를 많이 소비하는 그런 구조를 갖고 있었다. 이런 북한에 91년의 오일 쇼크는 북한 에너지체계 전반에 치명타를 입혔다. 그리고 90년대 중반까지 급작스럽게 악화된 에너지 사정은 산업과 농업 및 여타 사회 모든 부문을 침체시키는 데 결정적으로 작용했다. 따라서 90년대 이후 북한 문제는 에너지 문제로 귀착된다고 해도 과장이 아니며, 북한이 당면한 여러 악조건의 뿌리가 에너지난이라고 보아도 무리가 없다.

북핵 위기를 근본적으로 해결하고, 북한이 개혁 개방으로 나아가는 데 원동력을 지니기 위해서는 에너지난의 해소가 관건이다. 그렇지 않고서는 북한이 현재와 같은 총체적 난국에서 벗어날 실마리를 갖지 못한다.

북한 에너지난은 석탄·석유·전력 3대 부문에서 모두 나타나고 있지만, 특히 전력문제가 심각하다. 실제 2000년 남북 정상회담 이후 제3차 장관급 회담부터 북한은 남한으로부터 직접 송전받는 방식으로 전력 지원을 요청했다. 한국 정부는 이에 대해 구체적 대책을 마련했지만 남북 간 협상이 제대로 되지 않고 미국이 반대해 지원은 이루어지지 않았다.

이제 어떤 방식으로건 북한 전력난 해소를 위해 중장기적인 방안을 마련하고 추진해야 할 때다. 남한의 직접 지원, 인접국들로부터의 지원, 동북아 에너지 협력 등의 방식을 생각해 볼 수 있다. 첫째, 남한의 직접 지원은 국민적 지지를 얻어내기도 쉽지 않고 국제사회의 공조를 확보하기도 어렵게 되어 있다. 둘째, 미국·일본·중국·러시아·유럽 등 연관된 강대국들로부터의 지원도 현실적으로 어렵다. 한반도에너지개발기구(KEDO)의 중유 공급 지원 중단 결정에서 미루어 볼 때 미국이 매우 소극적이며, 다른 국가들도 독자적으로 나서기가 어렵다. 이같이 남한 내부의 정치적 여건과 한반도를 둘러싼 국제 정세, 그리고 새 정부의 동북아 경제 중심국 비전을 감안할 때 동북아 에너지 협력의 틀 속에서 북한 전력난 해소 과제를 접근하는 것이 시의적절하고 현실성도 높다.

동북아 에너지 협력 사업의 구체적 방안은 극동러시아 지역에서부터 한반도까지 가스 운송관을 건설해 극동러시아 도시, 중국 동북 지역, 북한, 그리고 한국이 극동러시아의 가스를 사용하자는 것이다. 여기서 핵심은 이 사업에 참여한 모든 국가나 민간 자본에 이득이 되고, 그리고 북한의 전력난 해소에 이바지하는 방향에서 추진되어야 한다는 점이다. 즉 동북아 에너지 협력을 통해 새 정부의 동북아 협력 과제 수행의 기초를 다지고, 북한 전력난 해소를 통해 북핵 위기 해결은 물론 북한이 경제적인 동력을 확보해 자력으로 일어설 수 있도록 추진되어야 한다는 원칙이다.

『경향신문』 2003년 2월 28일

한반도에너지개발기구(KEDO: Korean Peninsula Energy Development Organization)

1994년 10월 21일 체결된 북미 제네바합의의 이행을 위해 1995년 3월 9일 설립된 국제 컨소시엄이다. 북한 영변의 흑연감속로 원자력발전소를 폐쇄하는 조건으로 2기의 경수로 원자력발전소를 건설해 주는 사업을 진행하였으나 공정률 34%로 2006년 6월 1일 사업을 공식 종료했다.

45

한반도 '모든 가능성' 대비를

한반도에 위기가 고조되고 있다. 북한과 미국은 핵 개발 프로그램을 비롯한 대량살상무기 이슈를 놓고 서로 간에 한 치의 양보와 타협의 자세를 보이지 않는 가운데 긴장의 강도를 연일 높여 가고 있다. 한반도 주변 공해상에서 북한 전투기의 미군 정찰기 근접 위협 소동이 나더니 서태평양지역으로 미국 공군 폭격기를 증파한다는 조치도 나왔다. 조지 W. 부시 대통령을 비롯한 워싱턴 매파들은 연일 군사적 옵션을 시사하거나 명시하는 발언을 해 한반도에 가하는 압박이 예사롭지 않다.

이제 우리는 모든 가능성을 상정한 가운데 한반도에서 최악의 시나리오가 현실화되는 것을 예방하고, 평화를 일구어 나가야 할 것이다. 그러기 위해서는 대통령과 외교안보팀, 국회, 그리고 국민 모두가 지혜를 모으고 힘을 합쳐 위기를 돌파해야 한다. 한 국가의 힘은 국가가 어려울 때 그 국가의 모든 구성원이 힘을 결집해내느냐, 아니면 사분오열되느냐에 따라 크게 좌우된다는 것이 역사가 가르치는 교훈이다. 어떻게 할 것인가.

첫째, 대통령과 외교안보팀은 발언과 행동이 매우 신중해야 한다. 그래야 상대 국가들에 신뢰감을 심어주고 국민으로부터 지지를 받을 수 있다. 물론 정부의 정책은 일관성이 있어야 하고 나름대로의 원칙과 철학 위에 서 있어야 한다. 그럼에도 불구하고 우리 같이 강대국이 아닌 경우에는 실제 외교를 펼칠 때 대단한 긴장을 유지하지 않으면 안 된다. 그에 더해 외교안보팀은 철저한 대통령 보좌 역할을 해내야 할 것이다. 우리는 권력 있는 자리가 주어지면 자신에게 주어진 본연의 소임을 벗어나 정치인 비슷하게 처신하는 경우가 많다. 과거에는 그랬지만 노무현 정부에서는 그래서 안 된다. 새 정부 들어 개편된 청와대 직제와 기능을 생각해 보면 이런 주장을 납득할 수 있을 것이다.

둘째, 긴장이 좀 높아졌다고 마치 내일 전쟁이나 날 것처럼 호들갑을 떨지 말아야 한다. 요즘 주위에 이런 부류의 사람이 너무 많다. 당장의 안보를 걱정하고 나라의 앞날을 걱정하는 것은 이해할 만한 일이지만 그것도 지나치면 오히려 역작용을 일으키기 십상이다. 그런 사회적 분위기가 바로 상대방이 원하는 바일 수도 있는 것이다. 각자가 자기의 자리에서 소임을 열심히 하면 그것이 바로 국가안보에 이바지하는 길이다.

셋째, 호들갑도 문제지만 지나치게 사태 흐름을 낙관하는 자세도 문제이기는 마찬가지다. 비관해서 해결될 일도 없지만 현실을 바로 보지 못하고 여유를 부려서도 곤란하다. 지금 한반도 정세는 결코 낙관할 수 없으며, 우리는 여유를 부릴 소지가 거의 없다. 부시 행정부는 과거 정부와 상당히 다르며, 미국 내 사회적 분위기도 '9·11테러' 이후 미국의 미덕들을 크게 상실했다.

넷째, 국민의 목소리를 대변하는 정당과 국회가 제 기능을 해 주어야 한다. 특검법과 새 정부 인사 문제 등 매사를 정쟁의 대상으로 삼아서야 어떻게 국가의 힘이 결집되겠으며, 그것을 원동력으로 해서 국력을 강화할 수 있겠는가. 국력이 약하기 때문에 강대국이 막무가내로 나와도 이렇다 할 대처 방안이 없고, 대처 방안이 없으니 국력이 더욱 약해지고 이런 악순환 속에 우리의 정치가 자리 잡고 있다고 해도 과언이 아닐 것이다.

외교안보와 같은 사안에는 초당적으로 협력의 정신을 발휘해도 위기 극복의 돌파구가 열릴까 말까한데, 사사건건 양보 불가, 타협 불가로 일관하니 국가와 국민의 안위가 무슨 수로 지켜지겠는가. 과문의 탓인지 몰라도 일국의 국회의장이 일간지에 시론으로 정치 부재의 국회 운영 어려움을 국민에게 직접 호소하는 일은 이 세상 어디에도 없는 참담한 일이 아닐까 싶다.

노무현 대통령은 취임사에서 한반도 '평화번영정책'을 추구하되 방법론상으로 국민의 참여와 더불어 국민과 함께 추진하겠다고 천명한 바 있다. 김대중 정부의 햇볕정책이 범한 과오를 개선해 대북정책을 펼치겠다는 의지의 표명이다.

노 대통령은 당면한 북핵 위기와 점점 심각해지는 한반도 긴장을 슬기롭게 풀어야 한다. 그러나 이런 국가적 과제를 대통령과 그의 참모들에게만 맡겨두고 야당과 다수 국민은 어디 두고보겠다는 태도로 나가서는 도저히 풀 수 없다. 힘을 합쳐야 위기가 극복되고, 우려하는 전쟁도 막을 수 있는 것이다.

『문화일보』 2003년 3월 6일

46.

북(北) 경제 회생 지원을

베이징(北京) 3자회담에 이어 제10차 남북 장관급회담에서도 북한 핵 이슈가 본격적으로 다루어져 핵문제는 일단 대화를 통한 해결 쪽으로 가 닥이 잡히고 있다. 장관급회담에서 핵문제는 기본적으로 북미 간의 사안 이라는 북측의 입장에 따라 큰 진전이 없었지만 이산가족 교류, 경제·사회문화 교류 협력, 남북 당국자 회담 계속 추진 등에 합의함으로써 나름대로 성과도 없지 않았다.

핵문제는 이렇듯 다양한 대화의 틀 속에서 풀어 나가는 한편, 이제 는 본격적인 평화번영정책의 추진을 염두에 둘 때가 왔다. 이번 평양회 담에서도 북한 측이 비료 지원을 공식 요구했다. 남측은 식량 지원 요구 까지도 염두에 둔 모양이지만 이는 공식 요구가 없었다. 햇볕정책이든 평화번영정책이든 그 전제는 북한 경제의 회생이다. 북한 경제의 회생이 라는 전제를 뺀 그 어떤 정책도 결국은 북한 붕괴에 의한 흡수통합을 염 두에 두고 있는 것이다.

북한은 자력으로 경제 회생을 이룰 수 있는 여건을 결여하고 있다. 그래서 남한을 비롯한 국제사회가 도와주고, 북한 자신은 개혁·개방의 노선을 가다듬어야 하는 것이다. 언제까지 남한과 국제사회가 식량과 비료를 지원하면서 북한을 먹여 살릴 것인가. 이는 미봉책이지 근본적 지원책이 아니다. 자력으로 경제를 회생시켜 최소한의 생활을 해 나갈 수 있는 기본을 갖출 때 남북 관계의 진전을 도모할 수 있다.

북한 경제 회생의 여건은 사회 개발 분야이며, 특히 전력을 비롯한 에너지 위기의 해소라고 많은 분석가들이 지적해 왔고, '국민의 정부'에서 시도를 했지만 성과가 없었다. 북한은 산업 분야도 그렇지만 농업부문도 에너지 과소비 구조를 갖고 있다. 에너지 위기를 겪고 있으니 농업이 될 리 없고, 만성적인 식량난에 시달리게 되어 있다.

남북 협력을 통한 전력난 및 에너지 위기 해소가 절박한 이유가 여기에 있다. 본격적인 농사철로 접어드는 5월에 특히 전력 수요가 높은 것이 북한의 실정이다. 참여정부는 북한 전력난 해소를 위한 중장기적 방안들을 검토해 온 것으로 알려져 있다. 예컨대, 사할린이나 시베리아 가스 운송관 사업을 포함한 동북아시아 에너지 협력 방안이 이에 속한다. 그런데 이런 사업은 시간이 많이 걸려 북한의 절박한 에너지난 극복책으로는 알맞지 않다. 그 사업은 중장기적으로 추진하되 단기적으로 별도의 남북 협력 사업을 추진해야 마땅하다.

첫째, 발전 설비에 대해 개보수를 실시한다. 설비가 취약하고 노후화하여 있기 때문에 연료가 있어도 효율이 형편없는 것이 북한발전 설비들의 현주소다.

둘째, 비록 부분적일지라도 송배전망을 복구해야 한다. 북한의 송배전망은 거의 붕괴 직전이다. 특히 농촌 지역은 그 정도가 더 심각하다. 더 이상 방치하면 완전히 망가지게 돼 있다. 시간 여유가 없는 사안인 것이다.

셋째, 발전용 연료를 지원하는 것이다. 무연탄과 중유를 일정량 제공하는 방안이 있다. 북한의 발전소에는 원래 사용해야 할 연료가 없어서 대체 연료를 사용하는 경우가 많은데, 이런 일이 발전 설비를 손상할 뿐만 아니라 효율성을 극도로 떨어뜨리고 있다. 연탄을 사용해야 하는데 궁여지책으로 폐타이어를 사용한다든지 하는 사례가 있다.

넷째, 10만kW급 소용량 발전소를 긴급 건설하는 방안도 있다. 이는 2년 안에 완공이 가능하기 때문에 의지가 있다면 북한의 전력난 해소에 이바지할 수 있다.

남북 전력 협력 사업은 에너지난 해소에 의한 북한 경제 회생 여건 조성이라는 1차적 목적 외에 남북 간 인적 교류의 확대를 통한 상호 이해와 신뢰의 증대, 남한 기업의 북한 진출 여건 조성, 한반도 사회간접자본(SOC) 확충 등 여러 가지 부차적 효과를 거둘 수 있다.

북핵 파문 이후 미국이 정리한 입장은 불가침 보장과 체제 안전 정도만 고려해 보되 북한 문제에 관한 한 경제적 부담을 지지 않겠다는 것이다. 경제적 부담은 한국과 일본, 그리고 가능하다면 주변국들이 지라는 것이다. 동북아시아의 평화와 공동 번영은 한반도에 긴장이 있는 한 이룰 수 없다. 따라서 일본, 중국, 러시아 등 주변국들이 북한의 파탄 지경을 수수방관할 수만은 없을 것이다. 한국과 더불어 협력을 해야 할 이유가 있다. 그럼에도 불구하고 가장 직접적인 이해 당사자인 우리가 적극 나서지 않으면 아무 일도 되지 않을 것임은 분명하다. 이것저것 따지고 차일피일 미루다가는 한반도에 재난이 오지 말라는 법도 없다.

『문화일보』 2003년 4월 30일

47

북(北) 경수로 사업 대안은 없나

지난해 12월 한반도에너지개발기구(KEDO) 집행이사회에서 대북 중유 공급 중단 결정을 내린 이후 북미 간 제네바합의 틀이 사실상 사문화되다시피 했고, 그 합의 틀의 산물인 KEDO마저 심각한 도전을 받게 되었다. 이에 따라 KEDO가 추진 주체가 되어 1996년 착공한 북한 신포지구 경수로 2기 건설사업도 난항을 겪게 되었다. 애당초 2003년 완공 목표로 추진된 경수로 사업은 숱한 우여곡절 끝에 현재 총공정의 30% 정도를 마쳤고, 2008년으로 완공 기한이 조정되었다. 하지만 2008년 완공 역시 대단히 불투명하다.

한·미·일 상호 불신으로 만신창이

최근 핵심 부품 인도를 앞두고 미국은 경수로 사업의 완전 중단 입장을 취하고 있고, 일본도 미국과 보조를 맞추어 잠정 중단 입장을 보여 경수로 사업의 운명이 심각한 국면을 맞고 있다. 특히 지난 14~15일 뉴욕에서 열린 KEDO 실무자협의회에서 미국과 일본은 올해 KEDO 행정예산 분담금을 낼 의사가 없다는 방향으로 입장을 정리했다. 미국은 북한 현지 대표의 철수 방침도 내비치고 있다. 즉 미국은 경수로 사업에서 완전히 손을 떼겠다는 것이다.

이에 대해 한국 정부는 경수로 사업 명맥 유지 입장을 취하고 있다. 정부의 이런 입장은 경수로 사업을 중단하여 북한을 자극할 필요가 없고, 이미 투자한 돈을 허탕으로 만들 수 없으며, 통일 한국을 대비해 원자력발전소가 필요하다는 점 등에 근거하고 있다. 그런데 나는 입장이 다르며, 차제에 경수로 사업 지속 여부에 대해 우리 사회가 깊은 고민을 해 볼 필요가 있다고 생각한다.

북한은 현재 전력 인프라가 거의 붕괴되었다고 한다. 그런 북한에 1백만kW급 원자력발전소 2기를 짓는다고 하더라도 그에 부수되는 송·배전망은 누가, 어떻게 건설할 것인가 등등 다각적인 숙제를 안고 있다. 그렇기 때문에 신포지구 경수로는 지어지는 순간 해체해야 할 거대한 흉물로 변할 가능성을 배제할 수 없다.

경수로 사업은 북한 핵 포기와 북한 전력 보전이 그 대전제였다. 그런데 결과론이긴 하지만 북한은 핵 포기 의사가 없었고, 미국은 북한 전력 공급에 진정한 의사가 없었다. 즉 미국은 애당초 경수로 사업에 대해 진지하지 않았으며, 북한은 이런 미국의 태도를 알고 경수로 사업에 큰 기대를 걸지 않았다고 봐야 한다. 이는 미국이 경수로 사업 재정을 한국에 거의 다 떠넘기다시피 하면서 발을 뺐고, 북한은 김대중 정권 내내 남한으로부터 전력 지원 입장을 취했던 점에 비추어 짐작되는 바다. 경수로 사업은 이런 상호 불신의 원죄를 안고 만신창이가 되어 이 지점까지 온 것이다.

문제는 북한의 핵이고 전력난이다. 이들을 해소하는 데 경수로 사업이 방책이 될 수 없다. 더구나 미국과 일본이 손을 떼면 사실상 우리 정부가 한전을 통해 재정을 충당해야 한다. 이에 대해 우리 국민이 동의

하는가? 공론에 부쳐봐야 할 사안이고 재검토가 필요한 과제인 것이다.

북한 핵문제 해결은 다자간 회담 틀을 만들어 외교적이고 평화적으로 풀어 가야 할 과제다. 전력을 포함한 북한의 에너지난은 참여정부의 평화번영정책과 동북아 시대 신(新)구상에서 제시된 여러 방안을 통해 접근해야 한다. 경수로 사업에 집착해 있는 동안 북한은 에너지난으로 더욱 심각한 파탄을 맞을 것이고, 한반도에는 긴장이 높아질 가능성이 그만큼 커질 것이다.

전력난 해소 구체적 방안 찾아야

정부가 내세우는 경수로 사업 유지론의 근거들도 설득력이 크지 않다. 첫째, 북한이 경수로 사업에 큰 기대를 걸고 있는 것 같지 않다. 북한은 경수로 사업을 구실로 이용하는 측면도 있다. 둘째, 이미 투입한 돈과 수많은 사업 계약들은 분명 간단치 않은 문제다. 그러나 더 큰 돈이 들어간 뒤에 사업이 중단 위기를 맞지 말라는 보장이 없다는 관점에서 이 문제를 바라볼 필요도 있다. 셋째, 통일 한국에 원전이 도움이 된다는 발상역시 반론의 여지가 크다.

이런 이유들 때문에 경수로 사업에 대한 재검토 및 공론화와 더불어 대안을 제시하는 작업이 필요하다. 개성공단 사업의 가속화를 통한 그 지역의 전력난 해소, 극동러시아 천연가스 파이프라인 건설을 통한 동해안 도시들의 전력난 해소 등 구체적 방안이 있다. 적어도 경수로 사업을 하나의 분리된 과제로 바라보지 말고 새롭게 제시된 여러 방안의 틀 속에 끌어들여 사고하는 입장이 필요하다고 본다.

『경향신문』 2003년 7월 18일

48

북한에 에너지를 보낸다면

　제2차 6자회담을 앞두고 회담내용에 대한 전망이 매우 구체적으로 제시되고 있다. 북한 측이 핵과 관련하여 대담한 양보를 하고, 그 보상으로 북한에 대해 에너지를 지원한다는 것이 그 내용의 핵심이다. 지난 7일 중국을 방문한 김계관 외무성 부상은 북한이 핵문제에 관해 대폭적 양보를 할 것이며 "우리는 에너지가 필요하다"고 말한 바 있다.

　최근 한성렬 유엔 북한 차석대표도 비슷한 내용을 미국 측에 피력했다고 전한다. 한국 정부 당국자들도 "핵활동 중단에 대한 구체적 보상내용을 마련했다"면서 그 보상이 에너지 지원이 될 것이라고 시사하고 있다. 반기문 외교통상부 장관도 국회 대정부질문 답변에서 북한이 핵동결 절차에 들어갈 경우 한국은 에너지를 제공할 수 있다는 입장을 밝혔다.

　이 같은 시나리오대로 6자회담이 진척될 경우 한국 정부는 대북 에너지 지원 방안을 제시해야 된다는 결론이 나온다. 일부 언론 보도에 따르면 중유와 석탄 등 매우 구체적 지원형태까지 거론되고 있다. 이것이 정부의 지원 방안인지 아직 확인할 길이 없다. 하지만 분명한 점은 남한이 북한에 직접 에너지를 지원하는 것은 여간 어려운 일이 아닐 것이라는 사실이다.

핵활동 중단 보상으로 유력

김대중 정부가 햇볕정책을 추진했을 때 북한이 가장 강력하게 요구한 것이 바로 전력, 즉 에너지 지원이었다. 2000년 남북 정상회담이 성사된 배경에도 남한의 대북 에너지 지원이 있었다. 정상회담 이후 장관급 회담에서도 북한 측은 줄기차게 전력지원 약속을 지키라고 우리를 압박했다. 그리고 김대중 정부는 직접 송전에 의한 대북 전력 지원을 아주 구체적 단계까지 준비한 바 있다. 그러나 당시 미국이 반대하고 국내 여론이 따르지 않아 전력지원사업이 이루어지지 못했다.

지금 남한 내 대북 에너지 지원에 관한 여건이 김대중 정부 때보다 나아졌는가. 절대 그렇지 않다고 본다. 야당이 좌지우지하는 국회, 비우호적인 메이저 언론, 경기 위축 등 하나도 나을 것이 없다. 이런 여건 속에서 국민적 합의를 받아 내 북한에 직접 에너지를 지원하는 것은 현실적으로 매우 어렵다. 상징적인 수준의 지원은 가능할지 몰라도 북한의 에너지위기를 해소할 정도의 지원은 불가능하다. 그리고 북한의 에너지난을 남한 혼자 해결해야 할 이유도 책임도 없다.

그럼 대안은 무엇인가. 노무현 정부가 내세우는 동북아 시대 구상을 동원하면 된다. 이미 그 구체적 방안들이 제시되어 있는 동북아 에너지 협력 사업을 추진하여 북한 에너지난을 그 사업 속에서 접근하면 되는 것이다. 6자회담은 북핵 사태를 평화적으로 해소하는 것을 일차적 목표로 삼는 제도지만, 북핵 이후의 북한 지원 문제도 다루도록 되어 있다. 6자회담을 동북아 에너지 협력 사업들을 포함한 다양한 안보 및 공동 번영 사업들을 다루는, 가칭 '동북아평화번영협의체'로 전환하는 상상력을 발휘할 수도 있을 것이다.

동북아 역내에는 이미 에너지협력에 대한 동기가 충만해 있다. 민간부문에서는 에너지 안보를 위해 이런 움직임이 훨씬 강하고 구체적이다. 러·일·중·한 4개국은 한결같이 의사가 강하고 기대되는 이득이 있어 구체적인 사업들이 굉장한 속도를 내고 있다. 한국 정부는 이 같은 동북아 에너지 협력 사업에 일관성 있는 정책적 관심을 갖고 다자간 협력 사업에 있어 발생하는 정치적 장애를 걷어주는 역할을 해 주어야 한다.

북한 에너지난도 바로 이 동북아 에너지 협력 사업 틀 속에서 중장기적으로 해결하도록 해야 한다. 이는 남한에 의한 직접 지원보다 효과도 훨씬 근본적이다. 북한을 국제적 협력 사업으로 끌어들여 개방을 유도하고 국제사회의 일원으로 기능하도록 돕는 부수적 효과도 노릴 수 있다.

'동북아 협력 틀' 속 지원을

구체적으로, 이미 여러 연구자들에 의해 제시된 사할린가스 파이프라인 사업을 차제에 관심 있게 보기 바란다. 산자부가 추진한다는 이르쿠츠크~서해안 경로 방안에 추가하여 북한을 경유하는 사할린~동해연안 경로 방안은 북한을 배려하여 별개로 추진해야 할 것이다. 파산상태에 빠진 KEDO사업도 이 방안과 연결 지어 구원하는 방책을 연구할 필요가 있다. 이 사업은 꾸물댈 여유가 없는 정부의 발 빠른 행동을 요구하고 있다.

『경향신문』 2004년 2월 23일

49.

대화와 협상만이 남북 관계 해결법

남북 관계를 개선하여 분단을 극복하고 한반도에 평화와 공존공영의 질서를 뿌리내리는 것은 우리 모두의 염원일 것이다. 그것을 어떻게 이룰 것인가에 대한 방법과 접근에 있어 정당이나 이념이 다른 집단 간 다소간 차이가 있을 뿐이다.

필자가 최근에 여야 4당의 대북통일정책 강령을 분석해 본 결과 발견한 놀라운 점은 4당 간 차이보다는 유사점이 훨씬 많다는 사실, 그리고 오늘날 화해 협력 정책의 뿌리가 멀게는 7 · 4 남북공동성명이며 가깝게는 6공화국 때 채택된 남북 기본합의서라는 점이었다. 즉, 여야 간 북한 문제와 대북정책을 두고 사생결단식으로 임해야 할 아무런 근거가 없다는 것이다.

지난 8년 정도 기간에 걸친 화해 협력 정책의 추진에도 불구하고 2006년 현재 남북 관계의 현주소가 어디냐라고 물으면 긍정적인 답을 하기가 어렵다. 2002년 불거진 북핵 문제는 여전하고 6자회담이 교착상태에 빠져 있는 데다 7월 초 미사일 발사로 인해 남북 관계가 상대적으로 냉랭하다. 국민들 사이에 안보 불안도 없지 않다.

남북 관계를 돌아보면 일정한 패턴이 있는데, 냉온탕을 번갈아 드

나든다는 사실이다.

잘될 때는 금방 통일이 될 것처럼 순조롭다가 느닷없이 전통적인 적대와 대립으로 변한다. 한 번 관계가 냉랭해지면 그 분위기를 바꾸는 데도 상당한 시간이 걸리곤 한다.

그런데 이런 패턴도 요즘에는 변화가 있는 것 같다. 냉온의 사이클이 줄어들고 합리적 계산법이 작용하는 사례를 쉽게 찾아볼 수 있다.

쌍방이 자신의 안전을 걱정하고, 먹고 사는 문제에 대해 최우선 관심을 두어서가 아닌가 생각된다.

남북 관계는 화해와 협력이라는 되돌릴 수 없는 과정으로 들어섰다. 오직 대화와 협상만이 남북 관계 진전의 방법이다.

우리는 이 과정을 잘 관리해야 하는 과제를 안고 있다. 이 과정은 때로 짜증스럽고 때로 포기하고 싶은 충동을 유발하기도 한다. 그러나 이 과정이 올바르다는 믿음을 갖고 슬기롭게 관리해 나갈 때 한반도의 미래가 열린다. 남북 관계를 길게 보고 통합의 긴 과정을 관리하다보면 우리가 염원하는 종착점에 도달할 수 있다.

『부산일보』 2006년 9월 8일

50.

남북 두 정상이 맞잡은 손

노무현 대통령과 김정일 북한 국방위원장이 2일 정오 평양 모란봉 구역 4·25문화회관에서 두 손을 굳게 잡았다. 남북 정상의 만남은 2000 년 첫 정상회담 이후 7년 만이다.

회담 성사만큼, 이루어내야 할 과제도 만만치 않다. 기대도 있고 다 소 염려도 있다. 그래서였을까, 두 정상은 7년전에 비해선 조금 굳어있 는 듯 보였다.

하지만 지금 한반도 주변을 둘러싼 정세 변화는 두드러진다. 북핵 비핵화 프로세스가 진전되고 있고 북미 관계 정상화 논의도 급진전중이 다. 일본에선 아시아를 중시하며 북한에 대해 상대적으로 온건한 후쿠다 내각이 출범했다. 납치문제 해결과 북일 관계 정상화 논의도 이전과 다 른 국면으로 한발을 내디뎠다. 한반도 평화체제 구축과 동북아 안보협력 메커니즘 형성 관련 논의도 급물살을 타고 있다.

한반도 주변 정세 급변은 냉전질서의 해체와 평화공존의 새 질서 수립에 대한 요청으로 요약된다. 동북아의 새 질서는 한반도 분단 구조 의 완전 극복을 요구한다. 이번 회담에서 남북의 두 정상은 이런 변화에 주도적이고 능동적으로 대응해 민족의 이익을 지켜내기 위해 의견을 교환하고 성과를 내놓으려고 애쓸 것이다.

이런 분위기 속에 2000년 정상회담이 화해 협력 시대를 열었다면 2007년 정상회담은 평화 정착 시대를 여는 돌파구 역할을 요구받고 있다. 한반도에 항구적 평화를 가져다 줄 체제 구축에 의견을 접근하는 일이다. 비핵화, 군사적 신뢰 구축, 평화체제 구축 등이 포함된다.

평화가 중요한 만큼 북한은 경제문제가 한층 절박하다. 북측 당면 요구에 귀 기울여야 하겠지만 중장기적 해법에도 남북이 의견을 모아야 한다. 이런 맥락에서 남북경제공동체를 형성한다는 기본 방향에 대해 깊은 대화가 이뤄질 것으로 보인다. 이미 진전중인 경협사업들을 확대하고 발전시켜 나가는 과제도 있다.

이를 토대로 남북 간 경제적 연계를 한층 강화해 나가는 데 대한 방안들이 검토될 것이다. 일방적인 지원이 아니라 경협이 남북 모두 이득을 얻을 수 있는 방향에서 추진될 수 있도록 새 틀을 모색해야 하는 것이다. 북측의 절박한 요구를 수용하되 남측이 투자 개념으로 접근할 수 있는 방안들이 검토될 것으로 보인다.

북측이 이들 사업을 통해 경협이 가져다준 실질적 혜택에 대해 점검하고 평가하는 것이 필요하다. 북측이 이런 과정을 통해 개방에 대해 얼마나 자신감을 얻었고, 남측에 대한 믿음이 얼마나 높아졌는가 하는 점도 평가되어야 한다. 유럽통합 사례에서 참고해야 할 교훈은 경제공동체 형성이 평화를 보장하는 가장 확실한 장치라는 점이다.

이번 회담을 관통하는 화두는 신뢰의 문제다. 남북이 진정한 동반자 관계가 될 수 있다는 상호 이해를 마련하는 것은 향후 남북 관계 발전의 단단한 초석이 될 것이다.

이번 회담은 노무현 대통령이 하는 일이지만 그 성과는 다음 정부로 넘어간다. 이번 회담이 국민과 함께하는 회담이라는 인식을 갖게 된다면 결과를 냉정하게 받아들일 수 있고, 그 결과를 바탕으로 다음 정부가 남북 관계를 진전시켜 나갈 수 있을 것이다. 노 대통령이 평양까지 가는 데에는 4시간이 채 걸리지 않았다. 남북공동체 건설의 길에 많은 장애물이 있지만 화해 협력을 향한 강한 동력을 이번 정상회담에서 확인할 수 있기를 기대한다.

『서울신문』 2007년 10월 3일

51

금강산 비극의 교훈

가장 평화롭고 즐거운 시간을 보내야 할 관광지에서 우리 국민이 북한군의 총에 맞아 사망하는 비극이 발생했다. 지금이 냉전기 남북대결 상황도 아닌데 이런 일이 벌어지다니 허탈감이 앞선다. 다른 곳도 아닌 '금강산'에서 말이다. 지난 10여 년에 걸친 화해 협력 노력이 물거품이 되는 것 같아 서글픈 생각마저 든다.

이런 야만적인 일은 그 어떤 이유나 명분으로도 정당화될 수 없다. 더욱 답답하고 화가 나는 점은 정부의 대응과 북한 당국의 태도다. 우선, 우리 정부에는 과연 위기 대응 시스템이 있는가를 의심할 정도로 초기 대응에 수많은 문제점을 보였다. 대통령 보고 과정이 이해하기 힘들 정도로 허술하다. 정부의 뒷북치듯 하는 대응 방법도 한심한 지경이다. 상황이 종결되고 한참 지난 뒤에 관계장관회의를 하지 않나, 통일부와 합참의 보고 내용이 다른 것을 갖고 우왕좌왕하질 않나, 이해하기 어려운 부분이 많다.

허겁지겁 조사단을 만들긴 했지만 국민의 생명에 관한 중대한 안보 문제를 민간회사인 '현대 아산' 측에 맡겨놓고 있는 신세다. 북한이 문을 열어주지 않으면 제대로 된 조사활동을 하기가 불가능하게 되어 있다.

사람이 죽었는데 어떻게 죽었는지 진상은 알아야 될 거 아닌가. 당연히 재발 방지책도 마련되어야 하는 일이다. 정부는 이렇다 할 수단 없이 북한의 태도 변화만을 지켜봐야 하는 처지다. 왜 이 지경이 되었을까.

현 정부는 북한 당국과 대화의 채널이 아예 없다고 한다. 대한민국 외교안보의 1순위 과제는 남북 관계의 개선이다. 북이 미우나 고우나 남북 관계라는 끈을 놓아 버리는 순간 외교안보 전체가 꼬이게 되어 있는 것이 분단 한반도의 처지다. '비핵'과 북한의 개방을 내세우면서 북한과 접촉하고 대화하지 않으면 어떻게 그 일들이 가능한 지 묻고 싶다. 북핵 문제를 다루는 6자회담에서 우리는 이미 종속 변수가 되고 북미 간에 있은 협의와 합의 내용을 쫓아가는 신세가 되었다. 감정적으로 싫으니 대하기도 싫다는 유아적 사고가 낳은 귀결이다.

현 정부 출범부터 많은 북한전문가들이 대북정책의 부재에 대해 우려를 표시해 왔다. 많은 사람들이 남북 관계를 대결적으로 몰아가면 안 된다고 조언했다. 정서적으로 북한이 싫더라도, 앞 정부들의 정책과 차별화하고 싶더라도 남북 관계의 끈을 놓으면 안 된다고 고언을 해 왔다. '통미봉남(通美封南)'당하면 곤란하다고 지적했다. 대결적 긴장 뒤끝에는 반드시 나쁜 일들이 따른다는 남북 관계의 패턴을 상기시켰다.

이 사람들의 비판과 고언은 무시되었다. 이제 우리식으로 할 테니 가만있으라고 했다. '친북좌파'라는 무시무시한 딱지를 예사로 붙이면서 말이다. 보수고 진보를 따지기 전에 안보와 평화가 중요하다는 점은 두 말 할 나위가 없다. 남북 관계를 강경일변도로 밀어붙이는 것이 능사가 아니다. 박정희 전 대통령은 왜 '7·4공동성명'을 만들고 노태우 전 대통령은 무엇 때문에 남북기본합의서를 만들었을까. 화해 협력의 길밖에는 대안이 없었기 때문이다.

북한도 이런 식이면 안 된다. 관광하러 온 손님에게 총질을 하는 것은 만행이다. 더구나 사고 책임을 남측으로 돌리고 진상 조사를 거부하는 것은 불난 집에 부채질하는 셈이다. 북한 당국은 이번 사건에 대한 후속조치에 최선을 다해 주기를 바란다. 남북 관계를 파탄으로 몰아넣지 않을 노력은 남과 북이 같이해야 한다.

　　금강산 비극의 교훈은 남북이 대결과 적대를 통해서는 아무것도 얻을 것이 없다는 사실이다. 국민의 일상적 안위, 전반적 안보, 평화통일의 머나 긴 여정 등등 그 어떤 관점에서도 대결과 적대를 통해 이룰 수 있는 가치는 없다. 매사가 그렇지만 특히 남북 관계에서 감정주의는 보수건 진보건 경계해야 할 이념이다.

『매일신문』2008년 7월 15일

52.

비핵화 시계 되돌릴 순 없다

북한이 영변 핵 재처리 시설의 봉인과 감시 장비를 제거했다. 현지 국제원자력기구(IAEA) 검증팀의 접근도 금지시켰다. 조만간 재처리시설은 재가동에 들어갈 전망이다. 북한의 이러한 조치들은 예견된 수준이지만 비핵화 프로세스에 있어 최악이다. 비핵화 프로세스의 2단계인 불능화 과정을 뒤로 돌리는 조치이기 때문이다. 이로 인해 한반도 평화와 안정에 다각적인 적신호가 왔다. 우선 그간에 불능화를 위해 쏟아 부은 정성과 시간이 수포로 돌아가게 생겼다. 정부와 외교 당국자들이 들인 공이 고스란히 헛수고로 기록되게 된 꼴이다. 우리만 그런 게 아니라 6자회담 참가국 모두가 마찬가지다.

비핵화 시계는 일시 멈출 수 있을지언정 되돌리는 일은 없어야 한다. 비핵화 시계를 되돌리는 것은 결국 핵무기를 가진 북한을 용인하면서 가자는 것과 다름없다. 미완의 북핵 문제는 우리 경제의 순탄한 운용에 절대적 마이너스 요인이며, 외교안보 분야에서 막대한 비용을 요구할 것이다. 따라서 사태 악화를 막아야 하며 그러기 위해서는 정부의 대응이 절실하다.

22일 열린 민주평통 전북 지역회의 개회사에서 이명박 대통령은 남북 당국 간 '전면적 대화'를 재삼 촉구했다. 그런데 대통령의 이런 대화 제안과 촉구가 북한의 긍정적 태도 변화를 불러와 실현되기는 힘들 것 같다. 상대방인 북측이 진정성을 의심하고 강한 불신을 갖고 있기 때문이다. 문제는 북한의 핵무기며, 핵물질의 추가 보유다. 이런 중대한 국면이기 때문에 최고지도자의 정치적 의지가 발동되어야 한다.

북한의 9·9절 이후 우리 사회에는 북한 급변, 계획 5029, 통일 대비, 김정일 이후 등등의 가상 현실에 대한 논의가 분분하다. 김정일 위원장의 건강 이상 문제가 본질인데, 우리 내부의 사회적 공론은 진도가 한층 더 나가 있다. 미래를 대비하자는 취지에야 백분 공감한다. 하지만 핵문제 해결 같은 목전의 과제에는 대응이 지극히 미흡하면서 내일을 준비한다는 것은 일종의 사상누각을 짓자는 말과 다르지 않다.

상대방 지도자에 대해 내일 죽을 것처럼, 또 체제가 내일 붕괴될 것처럼 분위기를 잡아가는 것은 한반도 미래를 제대로 대비하는 태세가 아니다. 대화를 하자면서 '너 곧 망하지' 하는 마음 자세를 갖고 있으면 대화가 될 리 없다.

6자회담 역사를 돌아보면 진전과 교착이 반복되어 왔다. 하지만 이번에는 사태가 심상치 않다. 6자회담의 정치적 동력이 바닥에 있다. 별 수단도 없는 중국에 6자회담의 명운을 맡기고 있는 인상을 주는데 중국의 역할은 제한적이다. 이럴 때일수록 한국의 창의적 역할이 필요하다. 비핵화 시계를 되돌리는 일은 막겠다는 비장한 정치적 의지가 절박하다. 미국과 북한 간의 절충도 우리가 할 수 있다는 적극적 태도가 중요하다. 그것이 한미동맹 강화책이고 비핵화 정책의 근간이다.

『경향신문』 2008년 9월 26일

53

2010년, 결단의 해

한반도와 한국인에게 있어 2010년은 역사적 의미가 유별난 해다. 100년 전 주권 상실과 이에 이어진 식민통치라는 뼈아픈 역사가 있고, 60년 전 동족상잔의 참혹한 전쟁 개시의 역사도 있다. 브루스 커밍스(Bruce Cumings)가 『한국전쟁의 기원』에서 지적하듯이, 한국전쟁은 일제 식민통치에 뿌리를 두고 있다는 견해도 있다. 하나의 억압적 역사가 또 다른 폭력적 역사를 잉태한 것이다.

이 두 역사는 한반도와 동북아의 현재에 고스란히 투사되어 평화와 공동 번영이라는 공통의 열망을 실현하는 데 있어 결정적 장애물로 작동하고 있다. 우리는 이 폭압적 역사를 되새기면서 그 역사가 강제하고 있는 한반도의 냉전적 잔영을 제거한 가운데 한반도와 동북아에 항구적인 평화와 안정을 가져올 미래 역사를 열기 위해 일대 결단을 하지 않으면 안될 절박한 처지에 놓여 있다.

한반도 비핵화, 평화협정 체결, 북미 관계 정상화, 남북 관계 발전, 동북아 협력안보메커니즘 구축 등 탈냉전 프로세스의 핵심 과제들을 달성하기 위해 핵심 당사국들인 북한, 미국, 한국 3국이 대타협의 정신으로 전략적 결단을 해야 할 절호의 시점이 바로 2010년이다. 핵심 당사국들의 국내 정치적 환경과 다가오는 정치 일정 및 지난해 힘들여 축적해 온 동력을 감안할 때 금년을 놓치면 앞서 열거한 핵심 과제들은 다시 한 번 미궁으로 빠져들 가능성이 높다.

중국에는 큰 변화가 없겠지만 일본 하토야마 내각의 불안정성을 고려할 때 중일로부터 구해야 할 협조와 정책조율 측면에서도 지금과 같은 호기가 다시 오라는 보장이 없다는 점이 결단의 절박성을 더해 준다. 그리고 하나의 과제가 다른 과제들과 맞물려 있다는 점은 6자회담에 참여하고 있는 국가들 모두가 '포괄적 접근'이나 '일괄타결'을 선호하고 있다는 사실이 입증해 주고 있다.

더불어 의제의 포괄성도 중요하지만 '접근의 포괄성'이라는 차원도 생각할 필요가 있다. 거래와 협상에 참여하고 있는 모든 국가들, 특히 남·북·미 3국이 동시 행동적으로 자신에 해당되는 몫을 담당하고 비용을 지불해야 게임이 성립되고 순탄하게 완료되어 기대하는 결과를 얻을 수 있음을 의미한다. 그렇다면 북한, 미국, 한국은 금년에 어떻게 결단해야 하는가?

북한의 미래를 생각할 때마다 불길하게 다가오는 국가들이 있는데 파키스탄과 미얀마다. 그리고 그런 류의 국가를 우리의 반쪽이라고 여기고 통일을 추진해야 한다고 생각하면 암울한 전망을 떨치기 어렵다. 북한에게 중국과 같은 개방의 길, 박정희식 개발독재나마 60년대 남한과 같은 근대화 노선은 아예 불가능한 길인가? 미국과 남한은 북한이 파키스탄이나 미얀마와 같은 국가로 나아가길 바라는 것인가?

북한이 자신에게 적대적이지 않은 세계시장적 여건과 국제 체제의 환경이 조성된다면 남한의 근대화 모델과 중국식 개방 모델을 적절히 혼합한 '북한 특유의 사회주의 근대화 모델'을 선택하지 말라는 법은 없다.

미국과 남한은 각각 대량살상무기 보유국 북한, 통일의 대상으로서의 북한이라는 관점에서 볼 때 북한이 파키스탄이나 미얀마 같은 국가로 발전하기를 바라지는 않을 것이다.

북한의 김정일 위원장이 자신의 체제 위협이 주로 미국의 대북 적대시 정책 및 국제사회의 압박이라고 판단한다면, 그래서 체제 안전을 담보하기 위해 대량살상무기로 무장할 수밖에 없다고 주장한다면 그 상황을 바꿀 수 있다는 전략적 결단을 내릴 수 있는 해는 아마도 금년이 마지막이 될 가능성이 높다. 김 위원장이 내세우고 있는 '강성대국'은 북한의 내적 역량만으로는 이룰 수 없고, 미국과 관계 개선을 통한 국제사회의 지원과 협력이 있을 때 비로소 돌파구가 열릴 것이기 때문이다.

즉 북한이 중국의 경우처럼 자본주의 세계경제의 일원으로 진입할 때 가능한 일이며, 이는 북한이 현재와 같이 핵무기와 미사일 보유를 고집하는 한 불가능한 일이다. 김 위원장은 핵폐기라는 결단을 통해 미국과 평화협정을 체결하고, 북미 관계 정상화를 이루어야 북한의 지속가능한 발전 노선을 모색할 수 있는 위치를 얻게 된다.

북미 관계와 관련하여 김 위원장이 금년에 결단해야 할 이유는 여럿이다. 오바마 대통령이 자신이 제시한 '핵 없는 세계' 구상을 실행하기 위해 적극적으로 움직일 해가 금년이다. 4월에 예정된 '핵안보정상회의'와 5월에 열릴 NPT 재검토 회의가 오바마 대통령에게는 두 번 다시 오지 않을 계기들이기 때문에 여기에서 성과를 내야 할 부담을 안고 있다. 금년 여름이 되면 아프가니스탄과 이란 문제에 다시 골몰해야 하기 때문에 지난해 12월 보즈워스 특사 방북으로 쌓인 동력이 사라진다. 미국 의회의 중간선거가 다가오고 공화당 의원들의 정치 공세가 날로 드세질 것이다. 오바마 대통령이 자율성과 유연성을 발휘할 정치적 여건이 악화되는 것이다.

따라서 김 위원장은 결단을 서둘러야 할 뿐만 아니라 결단을 이행하는 데도 금년 초를 넘기면 오바마 행정부가 맞장구를 칠 수 없는 정세 속으로 빠질 개연성이 높다는 점에서 그 절박성이 더하다. 김 위원장이 당장 취해야 할 조치는 비핵화의 핵심 의제들을 미국과 조율한 이후에 6자회담으로 복귀하는 것이다.

미국은 북한 문제와 관련하여 여러 면에서 우위를 점하고 있는 국가이다. 제재를 주도하고 국제적 협력을 구할 수 있는 국가도 미국이고, 협상을 보이콧(Boycott)할 수 있는 국가도 미국이다. 6자회담과 관련하여 미국은 중국의 역할을 부각시키고, 이로 인해 실제 중국의 지분이 증가한 측면이 있는 것도 사실이지만 열쇠는 미국이 쥐고 있다. 중국은 정책 조율과 전략적 협력의 동반자이지 비핵화, 평화협정, 북미 관계 정상화 같은 과제를 주도할 수 있는 국가는 아니다. 따라서 미국의 정책과 실제 대응이 전체적인 판을 좌우한다고 말할 수 있다.

그런 점에서 오바마 대통령의 결단이 중요하고도 절박하다. 2000년 10월 '북미 공동코뮤니케'를 채택한 이후 10년이 지났다. 대량살상무기 비확산이라는 관점에서 보면 일종의 '잃어버린 10년'이 된 셈이다. 부시 대통령과 그의 핵심 참모들이 강경일변도로 밀어붙인 대북 레짐 전환 정책은 '제네바합의 틀'과 KEDO를 파산시키고, 결국 북한을 실질적 핵국가로 만드는 참담한 실패를 기록하였다.

오바마 대통령은 10년 전 북미합의 정신을 되살려 대북 적대시 정책을 청산하고 평화협정과 관계정상화 협상을 개시할 결단을 내려야 한다. 북한을 자본주의 세계체제의 일원으로 허용하여 북한으로 하여금 스스로 개방과 근대화 노선을 추구할 수 있도록 유도해야 한다. 이 협상에서 북한이 핵폐기를 택해야 함은 두말할 나위가 없는 일이다. 오바마 대통령이 이 결단을 하지 않으면 6자회담이 재개되어도 평화협정이나 관계정상화가 속도를 내기 어려울 것이다.

한국전쟁 발발 60주년을 맞아 종전선언의 추진을 생각해 볼 수 있다. 종전선언은 평화협정 체결을 위한 사실상의 개시 선언이 될 것이며, 정치적 의지가 실릴 중대한 조치가 될 것이다. 한반도나 인근 지역에서 남·북·미·중 4개국 정상회담을 개최하여 종전선언을 한다면 한반도와 동북아의 평화 증진에 획기적 계기를 마련할 것이다. 남북 간에는 2007년 '10·4정상선언'에 따라 이에 합의한 바가 있으므로 오바마 대통령이 결단하면 현실화되지 말라는 법도 없다.

한국의 이명박 대통령도 금년에는 모종의 결단을 내려야할 것이다. 북미협상 진전에 보조를 맞추어 남북 관계를 개선시킬 결단을 해야 한다. 그러기 위해서는 우선 선(先)핵폐기론이나 북한 급변사태(Collapse) 시나리오를 폐기해야 한다. 북핵 역사와 비핵화 협상 과정을 돌아보면 선(先)핵폐기론은 현실성이 없다는 점이 분명해진다. 6자회담의 정신이나 합의들에 선(先)핵폐기론은 아무런 근거가 없다.

다음으로 북한 급변사태에 대한 유혹을 떨쳐야 한다. 급변사태를 우리가 감당할 수 있느냐하는 근본적 문제와 더불어 치러야 할 대가가 너무 엄청나다는 점을 상기할 필요가 있다. 독일 통일 20주년을 맞아 우리가 새겨야 할 교훈이다. 화해와 협력에 의한 점진적이고 평화적인 통일은 모든 통일 방안의 기초를 이루고 있으며, 동시에 남북 간의 모든 합의들에서 강조되고 있다. '남북기본합의서'가 그렇고, 2005년 국회를 통과한 '남북관계발전법'도 마찬가지다.

이명박 대통령은 금년이 남북 관계 발전을 위한 절호의 기회임을 인식하고 포착해야 할 것이다. 남북 정상회담은 남북 관계 발전을 위한 최고의 수단이자 비핵화를 위해서도 필요하다. 이미 많은 분석가들이 지적하였듯이, 과거 두 차례 정상회담들을 돌아볼 때 금년이 정상회담을 할 적기다. 6자회담과 선순환적으로 작동할 수 있다는 생각으로 정상회담 개최를 추진해야 한다. 남북 관계는 본래적으로 국제성과 특수성을 이중적으로 갖는다. 어느 한 성격이 지나치게 강조되면 남북 관계를 해치거나 우리 내부의 갈등을 야기한다. 현재의 남북 관계는 국제성이 두드러지는 데, 이를 남북 관계만의 특수성으로 보완할 필요가 있다. 이 둘을 조화시킬 수 있는 최적의 수단이 남북 정상회담이다.

지난해 싱가포르와 개성 비밀 접촉이 말해 주듯이 이명박 정부는 남북 정상회담 추진 계획을 갖고 있는 것 같다. 그즈음에 이명박 대통령은 남북 정상회담에 대한 기본 입장을 밝히면서 핵 포기에 도움이 되고 인도적 입장에서 국군포로, 납치자 문제 등을 논의할 수 있다고 하였다. 남북 정상회담에 대해 진지한 고민이 있다면 핵 포기, 국군포로, 납치자 문제를 선결 요건인 듯 앞세우는 것은 전략적으로 부적절하다. 만나면 반드시 다루겠다는 의지를 갖고 있으면 되지, 민감한 이슈들을 내세우는 것은 대화 상대에게도 부담이 되고 회담 성과와 관련하여 자승자박의 의미도 가질 수 있다. 회담 개최에 대한 전략적 사고를 요하는 부분이다.

우리는 어떤 북한을 원하는가? 북한의 미래는 어떠해야 바람직한 통일의 상대가 되는가? 이는 우리의 미래에 관한 과제이자, 동북아의 미래 지역 질서와도 관련된 질문이다. 대량살상무기를 갖고 빈곤에 허덕이면서 부단히 우리를 적대하고 긴장을 유발하는 그런 북한을 원하는가, 아니면 핵폐기를 통해 개방과 근대화를 추진하여 자본주의 세계경제의 정상적 일원으로 탈바꿈한 북한을 원하는가? 선택은 자명하다. 그 선택을 위해 북한, 미국, 한국의 최고지도자들이 정치적이고도 전략적인 결단을 내려야 한다. 2010년 같은 호기는 쉽사리 오지 않을 것이기 때문이다.

『프레시안』 2010년 1월 5일

북미 공동코뮤니케

2000년 10월 조명록 국방위원회 제1부위원장이 미국을 방문해 당시 빌 클린턴 대통령에게 김정일 위원장의 친서를 전달하고 맺은 것으로 북미 간 적대 관계 종식과 평화 보장 체계를 수립하기로 하고 북한은 미사일 시험 발사를 유예하며 제네바합의를 준수하기로 약속하였다. 이 합의 따라 올브라이트 미 국무장관이 평양을 방문하기도 하였으나 2000년 말 미국 대선에서 공화당 조지 부시 행정부가 들어서면서 물거품이 되고 말았다.

54

잘못된 '주적' 개념 부활론

천안함 사태의 파장이 점입가경이다. 한동안 한미 양국 간에 합의된 전시작전통제권 전환을 미루자는 주장이 제기되더니, 이제 해묵은 '주적'론이 고개를 든다. 집권당의 새 원내대표가 금년에 발간될 예정인 국방백서에 '북한=주적' 개념을 부활시켜야 한다고 한 발언에서 비롯되었다. 언론 보도에 의하면 정부도 은근히 이에 동조하고 있다고 한다.

그 발언은 우리 군이 적에 대한 개념을 불분명하게 하고 있어서 안보의식도 흐릿하고 안보태세가 미비하다는 취지를 담고 있는 것 같다. 즉 북한을 '주적'이라고 명기해야 안보대상이 뚜렷해지고 군 내부의 혼란이 없어진다는 것이다. 이 주장은 기왕에 악화된 남북 관계에다 불필요하게 북한을 자극하여 긴장 고조에 따른 도발 가능성을 높일 뿐 실리적효용이 없다. 게다가 우리 사회 내부에 또 다른 갈등을 일으킬 소지를 다분히 안고 있어서 집권당 원내대표의 적절한 발언이 못 된다.

2005년 국회를 통과한 남북관계발전법은 어떤 정부이건 남북화해와 한반도 평화를 증진시키기 위하여 노력해야 하며, 남북 간 긴장 완화와 군사적 신뢰 구축을 위한 정책을 펼쳐야 한다고 되어 있다.

천안함 사태 전에도 남북 관계는 이미 긴장과 대결 양상을 드러내

왔고 이번 사태를 계기로 긴장과 대결은 노골적인 적대로 변하고 있다. 악순환에 빠진 남북 관계를 어떻게 풀 것인가에 대한 고민은 사라지고 끝까지 가보자는 무책임이 국민을 불안케 하고 있는 것이다. 이런 때에 북한을 '주적'으로 명시하고자 하는 것은 법 취지에 크게 어긋난다. 법대로 긴장 완화와 신뢰 구축을 위한 발상이 요구된다.

현 정부의 대북정책은 한반도에 실질적 평화를 정착시키기 위해 상생공영, 군사적 긴장 완화, 상호 신뢰 구축을 목표로 한다고 되어 있다. 북한을 '주적'으로 명기하는 순간 정부의 대북정책과 충돌하게 된다. 서로 더불어 잘 살아보자고 하면서 "너는 나의 주적"이라고 외치는 것은 대단한 모순이기 때문에 어느 하나를 접어야 한다. '주적'을 명기하자면 대북정책을 적대 및 군사적 대결정책으로 바꾸고 우리 국민에게 그렇다고 설명해야 하는데 국민이 동의할지 의문이다.

2000년 남북 정상회담 뒤에 '주적' 논란이 요란했다. 보수와 진보가 싸우고 남북 간에는 국방장관회담 개최 문제를 놓고 싸웠다. 돌이켜보면 10년 전의 논란은 화해 협력 정책의 우여곡절과 남남갈등을 남겼을 뿐 아무런 건설적 결과를 가져오지 못했다.

10년이 지난 지금 '성숙한 세계국가'를 지향한다는 정부가 북한과 '주적' 타령이나 하면서 티격태격하고 있다면 국제사회가 우리를 어떻게 바라볼지 우려된다. '성숙한 세계국가'의 안보관이나 군대의 운영은 북한으로부터 비롯되는 위협을 괄목상대하면서도 훨씬 포괄적인 차원에서 접근해야 한다.

전 세계적으로 정부 공개문서상에 적대적 표현을 직접적으로 사용하는 예는 없다. 우리 정부의 2008년 국방백서에는 북한을 "직접적이고 심각한 위협"이라고 표기하고 있다. 이 표현은 대단히 구체적이어서 군의 대북 안보 태세나 국민의 안보관이 느슨할 틈새를 보이지 않는다. 그것으로도 충분치 않아 '주적'을 명기해야 한다는 것은 냉전시대 안보절대주의자들이나 할 일이다.

『경향신문』 2010년 5월 10일

5 · 24조치

2010년 3월 26일 천안함 사건에 대한 대응으로 5월 24일 당시 이명박 정부가 내놓은 대북 제재 조치이다. 개성공단과 금강산 제외 방북 불허, 북한 선박의 우리 해역 운항 불허, 남북 교역 중단 및 대북 신규 투자 금지, 대북 지원 사업의 원칙적 보류 등 아무리 인도적인 목적이라 해도 사전에 정부와 협의를 거치지 않으면 대북 지원을 할 수 없게 되었다.

55

침몰한 천안함·남북 관계·6자회담

천안함 침몰 사고의 파장이 일파만파다. 정부는 안보 상황에 대한 위기 대응 능력 미숙으로 국민의 불신을 사게 되었다. 군(軍)의 지휘보고 체계에 적잖은 허점이 들어나 군마저 신뢰를 잃었다. 사고와 관련하여 가장 중요한 진상이라 할 수 있는 사고 시점과 지점에 관해 오늘 발표 내용 다르고 내일 발표 내용이 다르니 어떻게 믿고 맡길 수 있을 것인가. 민간이 참여하는 조사단을 만들자, 유족 대표가 참여해야 한다, 국제 전문가들을 참여시키자 등등의 발상과 실제 조치는 모두 국민의 정부 불신과 군의 신뢰 상실 탓이다.

정부와 군에 대한 신뢰에만 금이 간 것이 아니라 이 사태를 보는 우리 사회 내부의 시각 분열 현상도 만만치 않다. 초기에 북한의 연루 가능성을 매우 희박하게 본 전문가들이 많았고, 미국 고위관리들도 비슷한 관점을 서둘러 내놓았다. 그러나 시간이 가면서 우리 내부의 정치·사회적 분위기는 북한의 소행으로 기정사실화하는 방향으로 급선회하였다. 해묵은 '북풍론'까지 등장하게 되었다. 대통령이 "신중하자", "모든 가능성을 열어두고 철저히 조사하겠다"면서 동시에 북한의 소행일 경우에 대한 대응책을 주문하였다. 조사 결과 실체적 진상이 나와도 신뢰와 우리 내부의 갈등 해소 문제는 숙제로 남게 되었다.

관점을 좀 넓혀 보면 '천안함 사태'는 현 국면 남북 관계의 반영이라고 할 수 있다. 현 정부 들어 남북 간 화해·협력의 노선은 폐기되었고, '선 비핵화' 기조하에 엄정 대응 태세를 견지한 결과 긴장과 대결 구도가 형성되었다. 천안함 침몰 사고가 날 즈음에 금강산 관광 사업에 치명적 조치들이 취해졌다. 긴장의 고조와 대결의 심화는 결국 남북 간 충돌로 귀결될 확률을 높이는 길이다. 남북 관계를 평화적으로 관리하여 통일의 토대를 쌓아 가는 것이 대통령과 정부에 부여된 막중한 책무인데, 평화적 관리는 고사하고 '일전불사'의 군사 대결적 분위기가 조성되어 국민의 안보 불안을 가중시키고 있는 것이다.

사고가 난 서해 해역은 과거에도 여러 차례 남북 해군 사이에 교전이 발생한 곳이고, 항상 남북 간 무력충돌의 가능성을 높게 안고 있다. 가까이는 지난해 11월 대청도 주변 수역에서 남북 간 교전이 있었다. 그 교전과 천안함 사고를 연계시켜 북한군이 보복을 준비해 왔다고 하는 일부 언론보도는 사실관계 여부를 떠나 서해의 무력 충돌 가능성을 웅변해 주고 있다.

이제 상황은 대략 정리되었다. 차분하게 정부의 과제, 남북 관계의 앞날, 6자회담 재개 문제를 성찰해야 한다. 정부는 무엇을 해야 하는가. 우선 국가의 위기관리시스템을 점검하고 미흡한 점이 있다면 채워야 할 것이다. 만약 이번 사고에 북한이 개입되었다면 국가 운영의 원칙상 적절한 대응은 불가피할 것이다. 그 대응은 비군사적 방법이어야 하고, 대한민국의 단호함을 보여 주는 국제사회의 합의를 얻는 수준이 적절하지 않을까 한다.

정부에게 주어진 또 다른 과제는 이런 비극의 재발을 예방하기 위한 노력이다. 이에는 남북 간 긴장과 대결을 완화하고 남북 관계를 평화적으로 관리하는 조치들이 필요하다. 무대응과 기다림으로는 남북 관계를 안정적으로 관리할 수 없고, 더 나아가 평화통일의 토대를 쌓아갈 수 없다. 적극적인 자세로 대북정책을 펼치는 것이 단기적 조치여야 하고, 그 기반 위에서 중장기적 토대를 쌓는 노력이 필요하다. '비핵화' 과제는 시간이 갈수록 높은 해결 비용을 요구하게 되고 통일 비용도 그만큼 증가시킨다.

현재의 정책기조를 벗어나 금강산 관광 사업과 개성공단 사업을 위시한 경협사업의 유지 혹은 발전, 인도적 교류 확대, 군사적 신뢰 구축을 위한 남북대화 실시는 남북 관계가 악화의 길로 가는 것을 예방하는 최소의 조치다. 지금과 같이 북한이 취한 하나의 행동에 우리가 경직된 대응을 하고, 그런 대응이 다시 북한의 강성 행동을 초래하는 식의 악순환 구도는 반드시 깨야 한다. 악순환의 고리를 끊는 발상의 전환이 간절하다. 우리가 주도권을 갖고 선제적으로 나가야 한다.

2007년 남북 정상회담 결과물인 '10 · 4정상선언'에는 '서해평화협력특별지대'를 설치한다는 남북 간 합의가 들어 있다. 이 합의에는 서해와 인근 해주 지역을 포괄하여 공동 어로 구역과 평화수역 설정, 경제특구 건설과 해주항 활용, 민간 선박의 해주 직항로 통과, 한강하구 공동 이용 등의 구체적 과제들이 담겨 있다. 군사적 충돌 가능성이 상존하는 서해를 평화의 바다로 만들고, 북한이 군사적으로 민감하게 생각하는 해주 지역에 경제특구를 건설하여 공동이익을 취함으로써 두 마리 토끼를 일거에 잡자는 합의였던 것이다. 이 합의는 인천, 개성, 해주, 남포 지역과 인근의 해역을 평화와 공영의 벨트로 묶는 원대한 사업으로 발전시킬 수 있는 소지를 담고 있다. 정부에서 검토해 볼 만한 가치가 있다고 본다.

'천안함 사태'는 그 파장이 실로 방대하여 미국을 비롯한 국제사회로까지 번지게 되었다. 중국도 점차 이 사태의 '출구'에 핵심 당사자로서 개입의 정도가 높아졌다. 근본적으로 한반도 내부 문제일 것으로 보이는 이번 사태에 구조 활동을 미군이 지원하고 진상규명 작업에도 외국 전문가들이 참여하고 있다. 우리 서해 바다에서 우리 해군 초계함이 침몰되었는데 좁게는 동북아 지역 차원, 넓게는 국제사회 차원의 문제로 전화된 것이다. 말할 것도 없이 북한의 연루 가능성이 근본적인 배경이겠지만, 남북 관계나 한반도 문제가 동북아 질서의 한 가운데에 내재화되어 있는 구조적 맥락 탓이기도 하다. 따라서 이 사태가 북핵 문제 해결 틀인 6자회담으로까지 연동되어 영향을 주게 되는 것이다.

　　커트 캠벨(Curt Campbell) 미 국무부 동아태 차관보는 일전에 열린 워싱턴의 한 세미나에서 "천안함의 침몰 원인 규명이 6자회담 재개 논의보다 우선되어야 한다"는 입장을 밝혀 천안함 사태가 6자회담 재개와 연동되어 있음을 시사한 바 있다. 천안함 사고 즈음인 3월 말만 하더라도 6자회담을 재개하기 위한 외교가 급박하게 돌아가고 있었다. 천안함 사고가 그 외교적 노력마저 침몰시킨 셈이 되어 버렸다. 당시 분위기는 김정일 위원장의 방중에 이어 북미 간 예비회담이 열리고, 그런 후에 북한이 6자회담으로 돌아온다는 것이었다. 이제 김정일 위원장의 방중 문제도 오리무중인 형편이고, 6자회담 재개는 더 한층 불투명해졌다. 한반도 비핵화 과제의 중대성과 6자회담 재개의 절박성이라는 관점에서 보면 이 모든 사태 전개가 아쉽기만 하다.

　　이명박 정부가 남북 관계의 끈을 놓아 버림으로써 6자회담 내부에서 남북 간 긴밀한 소통이라는 요건이 실종되었다. 또한 남북 관계가 한미 관계를 포함한 국제관계보다 아래에 위치 지워짐으로써 남북이 직접 행동할 수 있는 여지가 사라졌다. 6자회담은 남북 관계와 선순환을 이루는 것이 최상이다. 과거에 6자회담 과정을 돌아보면 교착 국면에서 남북 장관급대화를 통해 돌파구를 마련한 경우도 있었고, 남북 정상 간의 합의에도 비핵화 노력의 공감대가 적시된 바 있다. 지금은 6자회담도 장기 공전 상태이고, 남북 관계에도 긴장과 대결이 조성되어 있기 때문에 비핵화 과정이 최악의 상태라고 할 수 있을 것이다. 한반도 비핵화를 위해서도 남북 관계의 개선과 고위급대화가 필요하다.

현재는 6자회담이 중국을 통해 중재가 이루어지고 대화의 실마리도 찾아야 되는 결코 바람직스럽지 않은 환경을 맞고 있다. 중국의 협조가 과거에도 중요했지만 지금처럼 6자회담의 많은 몫을 중국에게 떠넘긴 적이 없었다. 중국이 북한의 '안정화'에 전략적 관심을 갖고 있는 한, 한국과 미국이 방점을 두고 있는 제재는 목표를 달성하기에 한계가 있다. 이는 북한을 방문한 미국 측 전문가들의 분석이기도 하다. 북중 관계의 심화는 우리에게 심각한 우려를 자아내기에 족할뿐더러, 미국과 일본에게도 결코 바람직한 일이 아닐 것이다.

일본과 러시아는 그렇다하더라도 미국의 오바마 행정부마저 북핵 문제 해결에 얼마나 관심이 있는지 의문이 들 지경이다. 힐러리 클린턴 국무장관은 한 대학에서의 연설과 방송 인터뷰에서 북한이 "1개에서 6개 정도의 핵무기를 갖고 있다"면서 북한을 이란과 같은 반열에 올려 우려의 대상이라고 말한 바 있다. 그러면서도 국제사회의 계속되는 압박과 6자회담 틀의 중요성을 강조할 뿐, 정작 어떻게 해야 하는지는 오직 북한에만 맡겨두고 기다리자는 태세다. 오바마 대통령도 핵안보정상회의 말미에 북한에 제재와 압박을 가해야 한다는 입장을 밝혔다. 워싱턴의 정치적 분위기를 짐작할 수 있는 발언들이며, 이는 오바마 대통령의 북핵 문제 해결에 대한 정치적 의지를 비관적으로 보게 만든다.

오바마 대통령은 지금 대화와 제재를 복합하여 북핵 문제를 다루고 있다. 그런데 과거 부시 행정부 시기의 교훈을 돌아보면, 대화와 제재의 복합 정책으로 6자회담이 제대로 갈 수 없고, 북미 간의 합의를 만들어내기도 어려웠다는 사실을 확인할 수 있다. 미국이 적극적인 교섭(Engagement) 정책을 택할 때 교착이 풀리고 6자회담의 진전이 있었던 점을 상기해야 할 것이다. 일단 교섭정책을 통해 외교적 노력을 다한 끝에도 북한이 비핵화 의지가 없을 때 제재를 가하는 것이 교섭정책의 원리이다.

오바마 대통령이 이란과 북한을 동일한 범주의 핵안보상 위협으로 볼 수는 있다. 그런데 동북아의 지정학이 중동과 같을 수는 없는 일이며, 동북아에는 중국이 있다는 엄연한 사실을 잊지 말아야 한다. 중국이라는 전략적 파트너의 협조를 얻고, 굳건한 한미 관계를 자산으로 삼아 북한에 대해 과감한 교섭정책을 펼치는 편이 북핵 문제의 평화적 해결에도 더 다가가고 동북아에서 미국의 위상을 유지하는 일이 아닐까. "전략적 인내심"이라는 모호한 전술을 접고 오바마 대통령 자신이 한때 천명한 바 있는 북한과의 "직접적 외교"를 개시할 것을 기대해 본다. 천안함만 인양하고 구조할 것이 아니라 남북 관계도 끌어올려 복원해야 하고 6자회담도 개시하여 시동을 걸어야 할 것이다. 안보가 중요한 만큼이나 다각적인 외교가 힘을 발휘해야 할 국면이다.

『한반도포커스 7호』 2010년 5월 1일

56

넘어야 할 분단체제

　"사건은 먼지다." 프랑스 역사학자 페르낭 브로델이 남긴 말이다. 이 말에는 일상적으로 벌어지는 일들에 너무 요란 떨지 말고 긴 호흡을 갖고 역사를 대하라는 메시지가 들어 있다. 8개월 전 천안함 사건이 난 뒤 정부가 피운 요란이 채 가시기도 전에 연평도 포격 사건이 터졌다. 대통령은 또 담화를 하고, 군대는 유사 도발에 대비한 준비로 부산을 떨고 있다. 믿음이 가지도 않고, 그래서는 안 되지만 한반도에서 유사한 사고나 사건이 재발할 가능성은 객관적으로 상존한다. 따라서 이 문제를 보다 근원적으로 짚어 볼 필요가 생긴다.

　한반도가 남북으로 분단된 이후 참혹한 전쟁이 있었고, 동서냉전기를 거치면서 한반도에는 강고한 '분단체제'가 만들어졌다. 한반도 분단체제는 남북의 적대적 상호 의존, 기득권층의 이익수호, 현상유지와 개혁에 대한 저항 등을 주요 내용으로 하고 있다. 분단체제는 탈냉전의 시대적 흐름과 10년간의 대북 화해 협력 정책 결과 크게 동요했으나, 이명박 정부 출범 뒤에 급속히 재강화되기에 이르렀다. 특히 남과 북이 공히 강경보수 기조로 전환함으로써 정치적 냉기와 군사적 긴장이 고조됐다. 이런 환경 속에서 북한의 강경보수파가 저지른 행동이 연평도 포격이다.

이에 대해 우리도 보수강경 대응을 하고 사회적 분위기도 그렇게 몰아가는데, 정확하게 분단체제가 힘을 발휘하고 있다는 증거다. 북한을 뛰어넘는 논리보다는 맞대응으로, '전쟁을 불사해야 한다', '첨단 전투기 두고 왜 폭격하지 않느냐'는 무책임한 선동적 말을 예사로 해도 문제가 되지 않는 것 또한 분단체제의 특징이다.

여기에 평화의 소중함과 외교적 해법을 얘기하는 사람들이 설 자리가 없다. 합리적 분석과 대안을 말해도 중간지대를 허락하지 않는다. 심지어 그런 사람들을 종북, 친북주의자라는 꼬리를 달아 매도하고 위압적 분위기를 조성한다. 분위기를 타야 하는 정치가들이 이것을 활용한다. 민간인 사찰, 4대강 사업, 예산 문제 같은 국내 정치적 현안들이 안보 논리 앞에서 일시에 가라앉고 언론에서 사라진다. 너무도 진부해서 국민 다수가 짜증을 내는 '김대중·노무현 정부 책임론'도 맥을 같이한다. 청와대 정무수석과 집권당 대표가 앞장서 나서니까 다른 정치인들의 합리적 사고와 판단에 영향을 미치지 않을 수 없다.

우리의 분단체제는 동북아 질서와도 긴밀하게 연관돼 있다. 21세기 들어 동북아 강대국들 간의 대립과 경쟁이 완화돼 공존적이고 통합적인 질서가 가동될 청신호가 보였다. 그런데 천안함 외교를 펼치면서 미국과 중국이 은연중에 대립하는 구도가 만들어지고 있다. 중일 간에도 유사한 구도가 형성돼 왔다. 북한이 점차 고립되자 2009년 후반부터 북중 유착이 심각하게 진전됐다. 한반도 분단선이 한·미·일 대 북·중·러의 대결적 질서로 가고 있다. 한반도 분단체제와 동북아 대립 질서가 만나고 있는 것이다.

분단체제가 엄존하고 위력을 갖는 한 남북 간의 갈등과 대결은 불가피하다. 이 환경은 연평도 포격과 같은 북한의 도발에 취약하기 때문에 안정적이고 평화적 관리에 정부가 최선을 다해야 한다. 분단체제를 넘어서는 일은 너무나 어렵고 장기적인 접근을 요구하는 과제다. 특히 핵문제로 인해 더욱 복잡하게 된 것이 한반도 분단체제의 현실이다. 전쟁없이 비핵화하고 분단체제를 극복하여 비로소 통일에도 다가가기 위해서는 상황에 좌지우지될 것이 아니라 긴 호흡을 갖고 임해야 한다. 모두 눈을 크게 뜨고 안팎의 정세를 살피되 멀리 보아야 한다.

『경향신문』 2010년 11월 30일

57

오직 평화통일이어야 한다

정부의 '기다린다'는 대북 전략 기조에 더해 외교안보 당국자들의 '북한 붕괴' 발언들이 언론에 공개되더니, 급기야 지난 9일 말레이시아에서 이명박 대통령이 "통일이 가까워지고 있다"는 비장한 말을 던졌다.

기왕에 정부 주변에서 줄기차게 나돌던 '급변사태'론, 한미 양국 간 급변사태 대비론 등에 비춰 살펴보면 북한 붕괴에 의한 흡수통일론을 시사한다고 해석할 소지가 크다.

맞장구라도 치듯이 연평도 포격 사건 이후 보수 논객들 사이에서 통일담론이 유행하고 있다. 더 이상 미래가 없는 북한과 대화나 협력이 통할 리 없으니 다 접고 곧바로 통일로 직행하자는 것이다.

지금이 민족통일이라는 소명에 응할 적절한 시점임을 강조하는 사람도 있고, 심지어 전쟁을 불사하고라도 통일의 의지를 가져야 한다며 국민에게 준엄한 압박을 가하는 논객도 있다. 피를 흘리든 천문학적 비용이 들든 통일로 나아가자는 것이다.

북한 붕괴에 의한 흡수통합론은 객관성과 절차적 합리성이라는 두 가지 차원에서 심각한 문제점을 안고 있다.

북한이 조만간 붕괴하고 그런 뒤에 우리가 흡수한다는 것은 객관적으로 현실성이 매우 떨어진다. 북한이 내적으로 당면한 문제들이 산적해 있다는 점은 분명하지만 그것이 곧 붕괴로 환치되지는 않는다.

과거 1990년대 초에 북한붕괴론이 유행한 적이 있었지만 김일성의 사망에도 불구하고 북한 체제는 그럭저럭 유지되었다. 근래에는 인접한 중국이 북한의 급변에 대한 반대 노선을 확실히 해놓았기 때문에 붕괴 확률이 높지 않다.

설혹 붕괴되더라도 우리가 흡수통합할 수 있느냐는 또 다른 문제다. 한미 군사계획으로 밀어붙일 수 있을까. 미국은 이란이나 아프가니스탄 문제로 인해 한반도에서 또 하나의 전쟁을 수행할 의사도 없고 역량도 달린다. 전쟁이 일어나면 조 · 중 우호조약에 의해 중국이 개입하게 된다.

현재 동북아 지정학과 북중 관계로 미루어 보면 중국이 뒤치다꺼리를 할 확률이 높아 보인다. 이런 어마어마한 사태 전개를 우리가 감당하고 받아들일 수 있는가. 이것은 한마디로 대재앙이다.

다음으로 급진통일론은 절차적 합리성에 어긋난다. 일단 우리 헌법 전문에 명시된 "평화적 통일"에 위배된다. 2005년 국회를 통과한 '남북 관계발전법' 제2조에 적시한 "한반도 평화통일 방향"이라는 국민적 합의와도 충돌한다.

법은 이루고자 하는 목적도 중시하지만 방법과 절차를 분명히 하기 위해 더 큰 의미가 있다는 점에서 새겨야 할 부분이다. 게다가 '7 · 4공동성명'에서부터 '2007 정상선언'에 이르기까지 기왕의 모든 남북 합의들에도 평화적 통일이 포함되어 있다.

한반도에서 평화단계를 건너뛰거나 생략하고 통일로 가자는 주장은 어떤 잣대에 비추어 봐도 타당성이 없다. 정당성도 없고 현실적합성도 떨어진다.

북한 붕괴는 막아야 할 사태이지 통일의 지름길이 되지 못한다. 붕괴는 만에 하나 일어날지도 모를 우발적 사건으로 다루어야지 외교안보 정책 영역에 보란듯이 포함시켜 안팎으로 공론화할 사안은 아니다.

붕괴에 의한 흡수통합은 실로 과격하고도 급진적인 통일방법론이 아닐 수 없다. 보수 정부와 보수주의자들이 이런 극단적인 방법론을 주장하는 것을 보면서 자신의 정체성을 일순 망각한 것이 아닌가 하는 의문도 든다.

가능한 한 지키되 안정적이고 점진적인 변화를 특성으로 삼는 '보수'가 가장 반보수적인 언술로써 정작 자신이 펼쳤어야 마땅한 지난 10년의 점진적이고 평화적인 대북정책을 연일 공격하는 모습은 우리 지식인 사회의 대단한 역설이 아닐 수 없다.

『한겨레』 2010년 12월 17일

58

2011년을 평화롭게 관리해야

2010년을 시작하면서 필자는 이 지면에서 섣부른 낙관론을 경계하면서도 한반도의 미래를 올바른 방향으로 진전시키기 위해 유관국 지도자들의 정치적 결단을 촉구한 바 있다. 1년 전 필자는 당시 한반도 정세에 비추어 "한반도의 냉전적 잔영을 제거한 가운데 한반도와 동북아에 항구적인 평화와 안정을 가져올 미래 역사를 열기 위해 일대 결단을 하지 않으면 안 될 절박한 처지"를 강조하면서 다음과 같이 썼다.

> "한반도 비핵화, 평화협정 체결, 북미 관계 정상화, 남북 관계 발전, 동북아 협력안보메커니즘 구축 등 탈냉전프로세스의 핵심 과제들을 달성하기 위해 핵심 당사국들인 북한, 미국, 한국 삼국이 대타협의 정신으로 전략적 결단을 해야 할 절호의 시점이 바로 2010년이다. 핵심 당사국들의 국내 정치적 환경과 다가오는 정치 일정 및 지난해 힘들여 축적해 온 동력을 감안할 때 금년을 놓치면 앞서 열거한 핵심 과제들은 다시 한 번 미궁으로 빠져들 가능성이 높다." [이수훈, 「권두언: 2010년, 결단의 해」, 『한반도 포커스』(경남대학교 극동문제연구소, 2010)]

지난 1년간 필자가 촉구한 결단은 어느 하나 성사된 것이 없다. 모두 공허한 메아리로 끝나 버렸다. 장기간의 개점휴업 상태에 빠진 6자회담은 말할 것 없고, 북한 비핵화는 더욱 악화됐다. 남북 관계는 더 이상 악화될 여지도 없이 최악으로 내달았다. 3월에 '천안함 사태'라는 참혹한 사건에 연이어 11월에는 북한이 연평도에 포격도발을 감행하는 미증유의 사건이 발발했다.

군사국가인 북한의 무력도발과 우리 정부의 미흡한 안보태세가 결부되어 빚어진 사태였다. 일순 평화는 사라지고 전쟁 가능성을 현실로 받아들여야 하는 안보 환경이 조성됐다. 북미 관계도 적대성이 이전보다 더하다. 평화협정이나 북미 관계 정상화 문제도 일보의 진전을 이루지 못했다. 거의 모든 과제들이 뒷걸음질을 쳤다.

한 해를 마감하고 새해를 맞이하면서 국책 연구원들이 발간하는 보고서들은 한반도 정세를 비관적 전망으로 일관하고 있다. '제3차 핵실험 감행'을 예측하는 보고서도 나왔고, 서해5도 직접 침공 가능성을 위시한 여타 다양한 형태의 북한 도발을 가능성으로 제시하는 보고서도 주목을 받았다. 충분히 가능성이 있는 일들이라고 본다. 그리고 2011년의 남북 관계와 한반도 정세가 심각한 위기 상황으로 일관할 것이라고 내다보는 것도 무리가 아니다. 무엇을 해야 할 것인가?

필자는 2011년의 과제들을 다음과 같이 정리하고자 한다. 요약하자면 한반도와 동북아 정세의 안정적인 관리가 2011년의 핵심 과제가 되어야 한다고 본다.

첫째, 한반도에 조성된 군사적 대결상황과 그것이 반영된 대립적 동북아 질서를 완화하는 데 외교적 에너지를 결집해야 한다. 이 상황은 우리에게 일대 재앙을 불러올 수 있을 뿐만 아니라 유관국 모두에게 마이너스가 되는 '패배의 게임'이기 때문에 시급히 종지부를 찍는 돌파구를 마련해야 한다. 남북 간 군사적 대결은 해소되어야 마땅하고 대화와 협상을 통한 해법을 찾아야 한다. 한반도의 위기가 동북아 질서를 후퇴시키고, 그 질서가 투사되어 남북 관계에 악영향을 초래하는 현 국면의 악순환은 반드시 극복되어야 한다.

둘째, 대북 강경책으로 우리가 얻은 것이 무엇인지를 물을 때 별로 긍정적인 답을 찾기 어렵다. 보수 정부가 흔히 내세우는 '튼튼한 안보'도 허점투성이였음이 증명됐다. 비핵화를 최고의 외교안보 과제로 내세웠지만 북핵 문제는 오히려 이전보다 악화되었다. 대북 강경 정책을 구사하는 과정에서 동북아 외교에도 난맥상이 드러났다. 중국과 러시아와의 관계가 그 예가 될 것이다. 한국 정부는 대북 강경 정책을 수정해 대화와 외교를 활성화하는 방향으로 남북 관계를 다룰 필요가 있다.

셋째, 현실적 안목을 갖춘 외교안보전문가들 중에 한미동맹을 경시하는 사람은 없을 것이다. 그러나 우리의 미흡한 자위력에 비추어 한미동맹을 굳건히 발전시켜 나가는 문제와 한미동맹만 강화하면 나머지 남북 관계나 한중 관계 등이 부수적으로 잘 관리될 수 있다는 인식은 차원이 전혀 다르다. 한미동맹강화노선은 균형의 견지에서 적실성이 떨어지고, 동북아 지정학에 비추어 실용 노선이 아니라 이념 노선일 개연성이 높다. 한국을 둘러싼 지정학적 구도와 경제적 실리를 따져볼 때 어느 한 국가에 과잉되게 쏠리는 것이 바람직한 외교노선인지 성찰할 필요가 있다.

넷째, 한미동맹 강화와 연동되어 있는 문제가 바로 한중 관계다. 급기야 한미동맹을 중시하는 경향성을 띤 국제 정치학자들도 중국을 미국과 더불어 포괄해 접근해야 한다는 목소리를 내고 있다. 현 정부는 이전에 어렵사리 쌓아왔던 한중 양국 간의 정치적 신뢰를 상당히 훼손했다. 현 정부는 한중 관계를 이전의 '전면적 협력동반자 관계'로부터 '전략적 협력동반자 관계'로 한 단계 격상시켰다.

그런데 정작 "전략적"이라는 이름에 값하는 대화와 정책 공조가 일어나고 있는가는 의문이다. 천안함 외교를 계기로 한중 관계는 눈에 띄게 악화되었다. 상대방에 대한 인식에도 상당한 혼선이 빚어진 것 같고, 국민들의 인식에도 파장이 있었을 것으로 추측된다. 무엇보다 중국을 중시해 상호 이해, 상호 존중, 상호 신뢰를 증대시키는 방향으로의 노력이 있어야 하고, 그런 토대 위에 실리적 견지에서 협력해 나갈 수 있는 관계를 구축하는 외교를 펼쳐야 한다.

다섯째, 6자회담 재개에 전향적인 태도를 보여야 한다. 현재 북핵 문제를 비롯해 여타 동북아의 안보와 평화 문제를 논의할 수 있는 다자 대화 틀은 6자회담뿐이다. 이 틀을 활용한 외교를 펼쳐야지 개점휴업상태를 너무 오래 지속하면 점차 재개의 동력이 떨어진다. 중국이 중재 역할을 자임하고 나서서 북한을 설득하고 새로운 제안을 만들어 나오면 한국과 미국이 수용하는 방향이 옳다. 6자회담을 이런 저런 상황을 빌미로 미루면 한반도 비핵화는 어떻게 접근하며 북핵 문제를 어떻게 해결할 것인가. 현상을 돌파하고 재개의 동력을 마련하는 데 한국 정부의 전향적 사고와 입장이 필요하다.

2011년의 한반도 정세는 한국을 비롯한 동북아 주요 국가들의 2012년 정치 일정을 앞두고 요동칠 것으로 전망된다. 특히 남북 관계는 2012년 대선과 관련된 정치적 고려와 득실 계산으로부터 자유로울 수 없는 것이 엄연한 현실이다. 더구나 남북 간에는 군사적 긴장이 최고조에 달해 있고 정치적 냉기가 극단적으로 치달아 있는 형편이다. 따라서 남북을 막론하고 무리수를 경계해야 할 한 해가 될 것이며 무엇보다도 한반도 정세의 안정적 관리가 기본적이면서도 최우선 순위로 되어야 할 것이다.

『프레시안』 2011년 1월 5일

59

5·24조치 완화하고 남북 관계 복원해야

　　이명박 대통령이 천안함 사건을 북한 소행이라며 대국민담화를 발표하고, 그에 따른 남북 관계 전면 중단을 주된 내용으로 하는 '5·24조치'가 내려진 지 1년이 지났다. '5·24조치'를 계기로 현 정부의 대북 태세는 대결적이고 적대적이며 동시에 강경한 성격으로 굳어졌다. 이는 이전 10년간의 포용정책을 뒤집는 데 그치지 않고, 보수 정부였던 노태우 정부의 1988년 7월 7일에 발표했던 한반도 냉전 해체 구상을 전면 부정하는 일이기도 했다.

　　'5·24조치'는 남북 간 교류 협력을 전면 중단시킴에 따라 다양한 경협사업들에 치명적 영향을 미쳤다. 개성공단이 명맥을 이어 가고 있지만 그마저 크게 위축되었다. 이는 실리와 실용의 관점에서 매우 아쉬운 파급이라고 하겠다. '5·24조치'는 안보적 차원에서 군 기강 확립과 군 전력 강화를 강조했다. 유별난 대비를 할 것처럼 소란을 피우고 북한에 자극적인 심리전이나 전단 살포 등으로 군사적 긴장을 한껏 고조시켰다. 한미 간의 연합군사훈련은 북한은 말할 것도 없고 중국과 대립각을 세우는 형국으로 귀착됐다. 하지만 '5·24조치'가 강조한 군기강과 전력강화 부분에서도 전혀 개선이 없었다는 사실이 연평도 포격 사건에서 명백하게 입증됐다. 안보를 강조하면서 실패를 거듭하는 무능을 드러냈다.

　'5·24조치'로 남북 관계만 냉전 시기처럼 뒤로 간 것이 아니다. 정부는 유엔 안보리 결의안 채택을 비롯한 국제적 대북 제재 공조를 이끌어 내기 위해 상당한 공을 들였다. 이른바 '천안함 외교'를 공세적으로 펼치게 되는데 그 와중에서 중국과 여러 차례 노골적인 외교적 갈등을 빚은 바 있고, 러시아와도 러시아조사단의 보고서 문제를 두고 불협화음이 있었다. 한미 간에 '찰떡 공조'를 통해서 전개된 천안함 외교는 절반은 성공했을지 몰라도 나머지 절반이 실패함으로써 심각한 불균형이 생겨났다. 중국과는 신뢰에 금이 가고, 러시아와는 이전과 같은 협력정신이 크게 손상됐다. 이명박 정부는 아직도 천안함 사태에서 적절한 출구를 마련하지 못한 채 외교적 미궁에 빠져있다. 제재에 동참할 것으로 생각했던 중국은 북한을 자기의 영향권 내로 급속히 끌어당기고 있다. 천안함 사태 와중에 김정일은 두 차례나 중국을 방문하여 북중 정상회담을 가진 바 있고, 급기야 지난주에 다시 중국을 공식방문하기에 이르렀다. 게다가 요즘 언론 보도로는 김정일의 건강 상태가 이전에 비해 양호하다고 한다. 우리 정부의 구상과는 상당한 거리가 있는 북한인 것이다.

　미국은 어떤가. 비핵화를 향한 움직임을 멈출 수 없는 미국으로서는 협상과 관여로 나갈 수밖에 없다. 미국은 2009년 중단했던 쌀 지원을 재개하기로 결정을 한 가운데 적절한 지원 명분과 방법론 쌓기에 나섰다. 국제사회마저 연일 인도적 지원을 말하고 있다. 어떻게 할 것인가.

　'5·24조치'가 실책이었다는 점을 깨닫고 방향을 바꾸어야 한다. 그것은 남북 관계의 차단에 그치지 않고 경제적 실리, 안보, 주변국들과의 신뢰 등 다각적 차원에서 심각한 정도의 악영향을 초래하는 부적절한 대응이었기 때문에 완화시켜야 한다. 관계를 끊는 일은 쉽지만 관계를 복원하는 일에는 두세 배의 공을 들여야 한다. 지금 미국과 중국은 남과 북이 어떻게든 관계개선을 해 보라고 요구하고 있다. 비핵화라는 공동의 목표를 위해 협력해줄 테니 한국 정부가 북측과 대화를 해 보라고 한다. 그런데 천안함이 있고, '5·24조치'가 버티고 서 있는 것이다. 그 타개책으로 '5·24조치'의 완화를 통해 남북 관계 개선의 실마리를 찾아야 할 때다.

『경향신문』 2011년 5월 24일

60.

6·15 11돌, 시간이 없다

이명박 정부 들어 남북 관계가 악화일로를 걷다가 지난해 '5·24조 치'로 인해 전면차단 상태에 빠졌다. 1년이 지났는데도 정부는 출구를 찾지 못한 채 아직도 천안함 사태와 연평도 포격 사건으로부터 벗어나지 못하고 있다. 그것이 덫이 되어 남북 관계에 일보의 진전이 없다.

실용주의에 입각한 정책을 추진한다는 정부가 이념 노선을 택하고 강경대결정책을 구사한 나머지 북한의 군사적 도발이 뒤따랐다. 한반도에 평화가 사라지고 우리는 갑자기 전쟁을 각오해야 하는 처지로 전락했다. 남북이 윈윈(win-Win) 하고 있던 교류 협력 사업들이 중단되었다. 특히 경협 분야에 치명타를 가해 북방경제를 잃었다. 금강산 관광 중단으로 사업 주체뿐만 아니라 강원도 지역 경제에 적잖은 피해가 일어났다. 개성공단은 명맥을 이어갈 뿐 이전의 활기를 상실했다.

이렇게 발생한 공백을 북중 교류 협력이 메우고 있다. 북중 간에 빈번한 정상회담이 일어난 끝에 신의주와 나진 방향의 경협 사업들이 가속도를 내고 있다.

'비핵'을 내건 정부로서 북핵 문제의 현주소는 어떤가. 기다린다는 전략을 구사하는 동안 북한은 핵프로그램을 한층 진전시켰다. 2009년 5

월 2차 핵실험을 성공리에 마쳤고, 우라늄 농축시설을 공개하였다. 북한이 핵능력을 강화하는 사이에 국제적 제재에 외교력을 쏟아 부었다. 그러나 제재가 효과를 거둔다는 증거를 찾기 어렵다. 중국이 유엔 결의에 따른 제재를 하고 있는지도 의문이다. 제재는커녕 경제적 유착의 진전이 이루어지고 있는 것이 현실이다.

'비핵화'를 다루는 유일한 수단인 6자회담은 한국의 부정적 태도와 미국의 미온적인 태세로 인해 열릴 기미가 없다. 중국이 쫓아다니면서 재개의 모멘텀을 만들면 우리가 전제조건을 내걸어 무산시킨다. 지난해 초만 하더라도 우리 정부가 6자회담을 그렇게 강조하고 북한한테 복귀를 요구하더니 이제 천안함과 연평도 사건을 걸어 재개를 어렵게 만들고 있다. 북한이 여러차례 6자회담 복귀와 '9·19공동성명' 이행 의사를 밝혔음에도 우리는 6자회담을 무용지물인 양 치부하고 있다. 베를린 선언이나 남북 비핵화 회담 따위의 비현실적인 해법으로 시간을 허비하는 동안 북핵 시계는 돌아가고 있다.

최근에 남북 정상회담 개최를 위한 베이징에서의 비밀 접촉을 두고 남북 간에 공방이 벌어지고 있다. 우리 쪽은 접촉의 목적이 정상회담이 아닌 천안함 사태와 연평도 포격 사건에 대한 사과를 받아 내기 위한 것이라 하고, 이에 북쪽은 정상회담의 개최를 남쪽이 구걸한 것이라고 밝혔다. 그리고 북쪽은 녹취록을 공개하겠다고도 했다.

정상회담 개최를 추진하는 것은 너무나 자연스런 일이고, 현재 남북 관계를 고려할 때 상당히 필요한 일이기도 하다. 그런데 그 일을 하지 않았다고 부인하는 것은 자가당착에 해당된다. 천안함 사태와 연평도 포격 사건에 대한 사과를 받는 일은 당당하게 공개적으로 추진할 일이지, 비밀 접촉을 통해서 하는 것은 대단히 부적절하다. 아주 불필요한 진실

공방을 양쪽이 벌이고 있는 것이다.

남북 관계가 왜 이렇게 꼬여버렸는가. 2008년 초 이명박 정부가 전임 정부와 차별화하기 위해 '6·15공동선언'과 '10·4합의'를 부정하면서부터 문제가 시작되었다. 남과 북의 지도자가 서명한 합의를 부정하고 지난 10년을 '잃어버린 10년'으로 규정한 데서 사달이 일어났다.

이제 지난 3년 반의 남북 관계를 갖고 시시비비를 논할 시간이 없다. 지난 시기 놓쳐버린 기회들도 잊자.

이명박 정부에 더 이상 기회는 오지 않는다. 남 탓하고, 이 핑계 저 핑계로 질질 끄는 것은 직무유기나 다름없다. 긴장 완화, 평화 조성, 비핵화, 경협, 인도적 교류 등 절박한 사안들이 정부를 압박하고 있다는 사실을 깨달아야 한다. 그리고 결단해야 한다. 전환의 출발은 대결정책을 접고 상호 존중의 6·15 정신으로 돌아가 대화에 나서는 것이다.

『한겨레』 2011년 6월 14일

61

북한 핵문제 어디에 와 있나?

2007년 대선에서 보수세력과 한나라당은 남북 관계 분야에서 이전 두 정부를 싸잡아 "잃어버린 10년"이라는 선정적 구호를 내세워 선거에 임했다. 이전 두 정부가 펼쳤던 대북 포용 정책을 친북좌파 정책으로 규정하고 여론몰이를 했다. 북한에 '퍼주기'로 일관하면서 변화는 고사하고 북한의 버릇만 잘못 들였다면서 자신들이 집권하면 북한의 버릇을 고쳐놓겠다고 큰소리를 쳤다. 심지어 퍼주기의 결과 핵무기 개발을 도왔다는 주장을 펼치기도 했다. 전적으로 이 논리 탓은 아니겠지만 한나라당은 집권에 성공했고, 이명박 정부를 탄생시켰다.

MB 정부는 외교안보 분야에서 '비핵 · 개방 · 3000'이라는 그럴싸한 대북정책을 제시했다. '비핵'을 앞세운 MB 정부는 "북한이 핵을 포기하면"이라는 전제를 달아 북한을 다루고 외교를 펼쳤다. 그 동안의 정책 성과는 너무나 초라해서 심각한 논의의 대상이 되는지 의문이 갈 정도다. 한반도 평화는 사라지고, 북방경제가 위축되고, 남북 간 군사적 긴장은 한껏 고조되어 있다. 게다가 정부 출범 4년차에 들어선 지금 MB 정부는 그렇게 강조했던 '비핵'이라는 목표에서 한 발짝의 진도를 내지 못했을 뿐만 아니라 '기다린다'는 모호한 기조를 취한 나머지 북핵 시계를 거꾸로 돌아가게 만들었다.

　　대북 강경 정책을 채택하면서 출범부터 남북 관계가 악화되기 시작했다. 북한에 핵을 포기하라는 요구만 있었을 뿐, '비핵' 외교는 일보도 진전되지 못했다. 2008년 부시 행정부 말기에 미국이 '불능화' 단계를 마무리하겠다는 의지가 있었을 때 한국 정부의 강경정책과 소극적 태도로 말미암아 별다른 진전을 보지 못했다. 그즈음 MB 정부는 김정일 위원장의 건강이 심각한 상태이기 때문에 북한에 급변사태가 일어날 가능성이 높다고 진단한 나머지 6자회담에 매우 소극적으로 임했다. 그러다가 2008년 12월 어렵사리 열린 베이징 6자회담에서 한국과 미국이 검증 문제를 강력하게 제기하고 나섬으로써 회담 결렬이라는 최악의 상황이 왔던 것이다. 회담 결렬에는 북한의 강경한 자세도 한 몫을 했다.

　　이후 6자회담은 2년 반이라는 긴 개점휴업 상태에 빠졌고, 여러 차례 재개의 모멘텀이 없지 않았으나 핵심 당사국들인 북한, 미국, 한국의 유연하지 못한 태도 인해 재개되지 못했다. 비핵화의 유일한 대화 틀인 6자회담이 왜 열리지 못하고 장기 개점휴업 상태로 빠졌는가를 따지는 것은 지금 이 시점에서 현실적 의미가 없다. 중요한 것은 북핵 문제의 현주소와 앞으로 어떻게 할 것인가를 따지는 일이다.

　　북한은 2008년 12월 6자회담의 결렬 이후 그들의 핵 시계를 돌리기 시작했다. 2009년 5월에 제2차 핵실험이 있었다. 이 실험은 1차 핵실험과 달리 성공한 것으로 평가되었다. '비핵'을 내세운 정부라면 이때부터 북핵 문제의 심각성과 복잡성을 재평가해 적극적 개입 정책으로 전환했어야 마땅하다. 그런데 정반대로 국제사회를 동원해 북한 제재 정책에 에너지를 쏟았다. 급변사태의 유혹에 빠진 MB 정부는 이후부터 상황이 발생할 때마다 유엔으로 달려가 대북 제재 외교에 진력했다. 그 제재의 효과가 거의 없거나 미미하다는 데 대해서는 많은 전문가들이 이미 지적한 바 있다.

2009년부터 북한 외무성은 여러 차례 우라늄 농축 작업에 대한 성명을 내놓았다. 그런데도 한국과 미국의 태도가 뜨악하자 2010년 11월 우라늄 농축 시설들을 미국 전문가들에게 공개하기에 이르렀다. 우리가 입으로만 '비핵'을 말할 뿐 비핵화를 위한 체계적 외교가 부재한 가운데 시간을 허비하는 동안 북한의 핵능력은 강화되었던 것이다.

흐름이 이 지경임에도 불구하고 '비핵'을 내세운 현 정부는 아무 일도 없다는 듯이 북핵 문제에 임하고 있다는 인상을 준다. 북한의 6자회담 수석대표뿐만 아니라 심지어 김정일 위원장이 수차에 걸쳐 6자회담에 나오겠다는 의사를 공공연하게 밝혔음에도 불구하고 우리 정부는 '진정성'이라는 모호한 표현으로 무시하는 자세를 보였다. 의장국 중국이 북한과의 중재 역할을 자임하고 나서 뛰어 다녔을 뿐 한국을 비롯한 나머지 당사국들은 미온적인 자세로 일관해 왔다.

북핵 문제는 한반도의 평화와 동북아 안정에 결정적 장애물로 작용하고 있는 암과 같은 존재다. 이 문제의 해법은 단순하게 보면 둘이다. 하나는 적극적인 개입 정책이며, 다른 하나는 현상 유지 혹은 방치 정책이다. 한국 정부는 적극적인 개입 정책을 선택해서 대화와 협상을 통해 북핵 문제를 해소해야 한다. 이 과정이 아무리 어렵고 힘들어도 인내하면서 걸어 가야 한다. 이는 남북 간 대화를 통한 관계의 개선이 전제되어야 하고, 6자회담을 재개해 적극적인 비핵 외교를 펼쳐는 노력이 포함된다. 아직도 시간이 있는 만큼 MB 정부는 시급하게 이 프로세스를 재가동해야 한다.

현상 유지나 방치 정책은 정책이랄 것도 없이 북한을 '핵국가'로 나

아가도록 하는 패착이다. 그것은 정부에 관한 한 직무유기에 해당된다고
해도 무방하다. 이 시각에도 북핵 프로그램은 진행 중이며, 비핵화는 엄
청난 외교적 수단과 노력이 없이는 이룰 수 없는 과제다.

『프레시안』 2011년 7월 18일

62

남북 관계 '리셋'할 때

지난 주말 인도네시아 발리에서 열린 아세안지역안보포럼(ARF)에서 최초의 남북 비핵화 회담이 열렸다. 남북 양측 6자회담 수석대표가 2시간에 걸쳐 비핵화 문제에 대해 폭넓은 대화를 가졌다. 비핵화 회담은 상호 이해를 높이고 오해를 줄이는 방향으로 열렸다고 한다. 6자회담으로 나아가는 데 양측이 최선을 다한다는 합의도 있었다고 한다. 게다가 남북 외교장관의 비공식 접촉도 있었다. 정말 환영할 만한 일이다. 6자회담 장기 공백과 남북 관계 전면 차단이라는 어두운 터널을 지나 한 줄기 빛을 찾게 되었다.

북한이 우리와 대화 및 협상을 할 의지가 있음을 분명히 했다. 미국은 남북 비핵화 회담에 대해 '중요한 일보'를 내디뎠다는 반응을 즉각 내놓았다. 중국은 6자회담 의장국으로서 비핵화에 적극적이다. 러시아는 시종일관 6자회담에 긍정적으로 참여해 왔으며, 일본도 주변 정세에 떠밀려 6자회담에 적극 개입하겠다는 의지를 보이고 있다. 남북 관계를 개선하라는 미국과 중국의 압박도 무시하지 못할 요소로 작용하고 있다. 비핵화와 남북 관계 개선을 위한 주변 환경이 우호적인 방향으로 바뀌고 있는 것이다.

이명박 정부는 아직 1년 반이라는 짧지 않은 임기를 남겨두고 있다. 북핵 문제 해결을 위해 외교를 펼치고, 남북 관계를 복원해 진전을 거둘 시간이 충분하다.

그러나 이번에 주어진 이 기회를 제대로 잡지 못한다면 아마도 북핵 문제는 더 한층 심각한 문제로 바뀔 것이다. 남북 관계는 다시 안개 속으로 빠질 것이다. 그리고 이명박 정부는 외교안보통일 분야에서 실패한 정부로 기록될 것이다. 그런 오명을 피하려면 대통령의 결단이 필요하고, 그 구체적 행동은 남북 관계를 '리셋'하는 수준이어야 한다.

첫째, '비핵·개방·3000'을 필두로 한 기존의 대북정책 노선에서 벗어나야 한다. '그랜드 바겐' 방안도 접어야 하지 않을까 판단된다. '9·19공동성명'의 이행을 북한이 강조하고 있는 만큼, 일거에 핵심 이슈들을 이행한다는 것은 현실성이 부족하다.

둘째, 적대적이고 강경한 태세로부터 벗어나야 한다. 제재와 봉쇄가 아니라 대화와 협상 국면으로 넘어간다는 합의가 있는 이상 그런 국면에 맞는 마음 자세가 필요하다. 대화 상대방을 적대시하고 온통 불신하는 자세로는 대화가 잘되기를 바랄 수 없다.

셋째, 정치적으로 유연하게 대화에 임할 필요가 있다. 물론 유연성은 유화책 일변도나 유약한 태도를 뜻하지 않는다. 비핵화는 하나의 프로세스이기 때문에 진전에 대한 평가와 해석을 어떻게 하는가에 따라 아주 다른 결과로 이어질 수 있다. 비핵화는 기술적인 사안도 많이 있지만 대단히 정치적인 과정이다. 정치력과 유연성을 어떻게 발휘하고 행사하느냐에 따라 성과가 판이하게 달라질 수 있다.

넷째, 한국이 주도적이고 창의적인 자세를 보여야 한다. 6자회담에는 일정한 로드맵이 있지만 국면과 상황에 따라 장애물에 부딪히게 마련이다. 과거 6자회담의 장기 교착은 대개 이런 장애물을 극복하지 못해서 시간을 끌고 모멘텀을 잃은 결과 발생했다. 그런 경우 누구 잘못인지를 따지기보다는 적극 나서 창의적인 아이디어를 내고 국면을 돌파하는 외교가 요구된다는 점이 과거로부터의 교훈이다. 실제 한국이 지난 시기 이런 역할을 했다는 증언들이 미국에서 나온 바 있다.

마지막으로, 현재의 대북정책 라인을 바꾸어야 한다. 임기 후반기 대북정책 기조 변화를 안팎으로 보여 주고 실제 대화와 협상이라는 새로운 프로세스를 관리하기 위해서는 새로운 스태프가 대통령 주변에 포진해야 한다. 남북 관계가 전면 파탄 지경이 된 데 책임이 있는 인사들은 물러나야 한다. 6자 외교팀에 힘을 실어주는 한편, 정상회담을 포함한 남북대화를 유연하게 관리할 수 있는 인사를 내세워야 한다.

이런 조치들을 정부가 실행하기 위해서는 대통령의 특단이 요구된다. 비핵화, 한반도의 평화 증진, 동북아 안정을 위해서는 기존의 운영체계를 폐기해야 한다. 그래서 남북 관계의 '리셋'이 필요하다는 것이다.

『경향신문』 2011년 7월 25일

아시아지역안보포럼(ARF: ASEAN Regional Forum)

아시아·태평양 지역의 유일한 정부 간 다자 안전보장협의체로, 역내 정치·안보 문제를 논의할 목적으로 결성된 아세안(ASEAN)의 확대외무장관회의(PMC)를 모태로 1994년 창설되었다. 회원국은 아세안 10개 회원국(인도네시아·말레이시아·싱가포르·필리핀·태국·브루나이·베트남·라오스·미얀마·캄보디아)과 한국·미국·일본·중국·러시아·캐나다·호주·뉴질랜드·인도·유럽연합(EU)·파푸아뉴기니·몽골·북한·파키스탄·동티모르·방글라데시·스리랑카 등 27개국이다.

63

신(新)냉전 구도의 형성과 대응

지난 7월 아세안지역안보포럼(ARF)에서 최초의 남북 비핵화 회담이 열렸다. 6자회담의 3단계 해법에 따라 미국과 중국이 강제하다시피 남북을 압박한 결과였다. 이 형식적인 대화가 열리고 나자 미국은 바로 힐러리 클린턴 미 국무장관의 초청형식으로 북한 김계관 제1외무부상을 뉴욕으로 초청했고, 김계관은 스티븐 보스워스 대북정책 특별대표와 회담을 가졌다. 회담 결과는 "건설적이고 실무적"이었다는 양측의 평가가 나왔다. 그리고 관련국과의 협의 뒤에 후속대화도 열겠다고 했다. 6자회담 프로세스가 속도를 낼 것 같더니 또 멈칫해 있다.

이런 가운데 한반도 정세는 오리무중으로 빠져 있으며, 마치 아무 일도 없는 것처럼 시간이 흘러가고 있다. 한국 정부의 대북 태세에 변화를 기대했던 이명박 대통령의 광복절 경축사에도 기존의 원칙을 확인하는 원론적 언급 외에 아무 변화가 없었다. 연이어 '을지 프리덤 가디언' 한미합동군사훈련이 대규모로 열렸다. 그 사이에 남북 간에 서해 포격 시비 사건이 발생한 바 있다. 남북 간의 군사적 긴장 수위가 얼마나 높은지를 입증하는 해프닝이라고 하겠다.

이 와중에 김정일 북한 국방위원장이 러시아를 방문하고, 메드베데프 러시아 대통령과 정상회담을 가졌다. 북러 정상회담 결과 조건 없는 6자회담 재개를 촉구하였고, 김정일 위원장은 핵물질 생산 중단과 핵실험 유예를 하겠다는 의사도 표명했다고 한다. 물론 가스관 건설과 철도 연결 등 북러 간 경협사업들에 대한 합의도 있었다. 김정일은 귀국 경로를 중국을 거치도록 했고, 중국 헤이룽장 성의 대표적 공업도시인 '치치하얼'과 '다칭'을 방문하여 산업시설들을 둘러보았다고 한다.

특기할 점은 이 여정에 다이빙궈 중국 외교담당 국무위원이 동행했다는 점이다. 김정일의 북방 행보가 상당히 체계적으로 기획되었다는 점을 간파할 수 있는 대목이다. 이번 러시아 방문은 김정일의 북방외교가 이원화되고 다변화되었음을 읽을 수 있다. 중국과의 굳건한 관계 재정립에 이어 러시아와도 전통적 우호협력 관계를 재건하겠다는 북한의 의도를 엿볼 수 있는 것이다. 러시아는 자기의 전략적 이해관계, 즉 동북아 지역에서의 존재감을 각인시키는 수확을 거두었다고 평가할 수 있다.

김정일의 러시아 방문과 북러 정상회담의 결과는 지난해 천안함 사태 이후 급진전되기 시작한 동북아 신(新)냉전 구도 형성에 있어 또 하나의 부가적 요인이 된다. 한미일 3국은 거의 3자 동맹 수준으로 긴밀한 관계를 발전시켜 왔으며, 이에 대한 대응으로 북·중·러 3국도 전통적인 우호협력 관계를 정립하고 있는 것이다. 냉전기의 해양축과 대륙축이 서로 대립하고 갈등하는 그런 구도가 동북아 지역에 만들어지고 있는 것이다.

말할 것도 없이 한반도에도 남북 관계 차단, 일상화된 군사적 긴장, 적대와 불신으로 미루어 볼 때 신(新)냉전 구도가 굳어 가고 있다고 말할 수 있을 것이다. 남북 분단의 단층이 한층 넓어지고 단단해지면 우리는 그만큼 대가를 치러야 한다. 그리고 우리가 궁극적으로 추구하는 통일의 길도 점차 멀어진다. 한편으로는 대화와 통일을 강조하면서 다른 한편으로는 냉전적 적대와 상호 불신을 키워가는 것은 대단한 모순이며, 그 모순은 국가이익이라기보다 정치적 의도에서 비롯되었을 개연성이 높다. 우리 국방장관을 암살하기 위해 공작팀이 한국으로 잠입했다는 뉴스가 있었다. 정보가 없는 일반인으로서야 진위 여부를 확인할 길이 없으나, 이런 뉴스가 나왔다는 그 자체가 바로 우리가 신(新)냉전기를 겪고 있다는 반증일 것이다.

때마침 여권의 차기 대통령 후보로 부동의 지지율을 가진 박근혜 의원마저 현재의 남북 관계를 부정적으로 진단하고 남북 관계 개선책으로 "신뢰 외교"를 내세우고 있다. 여권 내에서도 이명박 정부의 남북 관계를 갈등과 불신으로 성격지우고 있는 것이다. 이명박 정부는 아직 1년 반이라는 짧지 않은 임기를 남겨두고 있는 만큼 이 같은 내부의 의견을 경청하면서 북핵 문제 해결을 위해 외교를 펼치고, 남북 관계를 복원함으로써 동북아와 한반도 신(新)냉전 구도의 형성을 되돌리는 데 진력해야 마땅하다. 이를 위해 필요한 행동은 남북 관계를 '리셋'하는 수준이어야 한다. 무엇을 해야 하나?

첫째, '비핵·개방·3000'을 필두로 한 기존의 대북정책 노선에서 벗어나야 한다. '그랜드 바겐' 방안도 철회해야 할 것이다. '9·19공동성명'의 이행을 북한이 강조하고 있는 만큼, 일거에 핵심 이슈들을 이행한다는 것은 현실성이 부족하다. 지난 번 발리 남북비핵화회담에서도 이 제안에 대해 북한이 냉담한 반응을 보인 데는 이 방안이 현실성이 없기 때문일 것이다.

둘째, 적대적이고 상성한 태세로부터 벗어나야 한다. 제재와 봉쇄가 아니라 대화와 협상 국면으로 넘어간다는 합의가 있는 이상 그런 국면에 맞는 마음 자세가 필요하다. 대화 상대방을 적대시하고 온통 불신하는 자세로는 대화가 잘되기를 바랄 수 없다.

셋째, 정치적으로 유연하게 대화에 임할 필요가 있다. 물론 유연성은 유화책 일변도나 유약한 태도를 뜻하지 않는다. 비핵화는 하나의 프로세스이기 때문에 진전에 대한 평가와 해석을 어떻게 하는가에 따라 아주 다른 결과로 이어질 수 있다. 비핵화는 기술적인 사안도 많이 있지만 대단히 정치적인 과정이다. 정치력과 유연성을 어떻게 발휘하고 행사하느냐에 따라 성과가 판이하게 달라질 수 있다.

넷째, 한국이 주도적이고 창의적인 자세를 보여야 한다. 6자회담에는 일정한 로드맵이 있지만 국면과 상황에 따라 장애물에 부딪히게 마련이다. 과거 6자회담의 장기 교착은 대개 이런 장애물을 극복하지 못해서 시간을 끌고 모멘텀을 잃은 결과 발생했다. 그런 경우 누구 잘못인지를 따지기보다는 적극 나서 창의적인 아이디어를 내고 국면을 돌파하는 외교가 요구된다는 점이 과거로부터의 교훈이다. 실제 한국이 지난 시기 이런 역할을 했다는 증언들이 미국에서 나온 바 있다.

마지막으로, 현재의 대북정책 라인을 바꾸어야 한다. 임기 후반기 대북정책 기조 변화를 안팎으로 보여 주고 실제 대화와 협상이라는 새로운 프로세스를 관리하기 위해서는 새로운 스태프가 대통령 주변에 포진해야 한다. 남북 관계가 전면 파탄 지경이 된 데 책임이 있는 인사들은 물러나야 한다. 6자 외교팀에 힘을 실어주는 한편, 정상회담을 포함한 남북대화를 유연하게 관리할 수 있는 인사를 내세워야 한다.

『한반도포커스 15호』 2011년 9월 1일

64

김정은 시대, 우리가 할 일

김정일이 홀연히 무대를 내려갔다. 그를 대신해 29세 청년인 김정은이 무대에 올랐다. 선뜻 내키지는 않지만 이제부터 김정은을 상대하지 않으면 안 되는 현실이 왔다. 주변의 강대국들이 입을 모아 말하는 '한반도의 평화와 안정, 비핵화'를 이루어 나가는 과제도 김정은이라는 새 지도자와 함께 다루지 않을 수 없게 되었다.

김정일이 사망하기 직전에 대다수 전문가들은 2012년 한국과 한반도 주변국들의 권력 교체와 그것이 초래할 한반도 정세에 대해 촉각을 곤두세웠다. 세간에 풍미했던 '급변사태론' 역시 사태 전개의 방아쇠와도 같은 김정일의 사망에 대해 이렇다 할 예지력을 보여 주지 못했다. 정작 '북한발' 한반도 정세 격랑과 동북아 질서의 불확실성에 대해 예견한 전문가는 없었다.

김정은의 리더십은 '변고'에 대한 단기 대응에 성공했다. 통치체제의 기초를 구축하는 데도 민첩함을 보였다. 2008년 이후 3년간에 걸친 북한의 권력승계 작업이 나름대로 성과를 낼 수준이었음이 증명됐다. '조문외교'에서도 상당한 수완을 보여 주변국들로부터 인정을 이끌어냈다. 어쩌면 마땅한 대안이 없었기 때문에 중국과 미국이 그런 선택을 했다고 말해야 더 정확할지 모르겠다. 하여간 김정은 지도체제가 돛을 올렸다.

　김정은 지도체제가 순항하는 것이 한반도 안정과 평화, 비핵화, 통일이라는 관점에서 여러 이해당사국들의 공유된 입장이라면 우리는 어떻게 해야 할까? 특히 김정은 지도체제가 중장기적으로 구조적인 내적 불안정성을 품고 있고, 동북아 전략 환경 역시 불확실성이 큰 구도하에서 우리는 어떤 선택을 해야 불안정성과 불확실성을 줄여갈 수 있을까?

　이는 달리 말해 우리가 보다 안정된 안보 환경과 지금보다 덜 불편한 한반도 현실을 만들어 가는 선택이자 전략적 사고와 직결돼 있다. 흔히 안보와 평화를 거창한 그 무엇인 듯 취급하지만 정작 중요한 의미는 보통사람들의 일상생활 안정과 평온함을 보장하는 데 있다.

　김정은 지도체제의 순항은 개혁·개방과 비핵화에 크게 좌우될 것이다. 즉 경제문제 해결과 적대적 대외환경 변화가 관건이 될 것이다. 여기에는 북미 적대 관계 해소와 남북 관계 개선이라는 과제들이 복잡하게 얽혀 있다. 북한의 개혁·개방은 모든 국가들이 원칙적으로 지지하는 방향이다. 하지만 실질적으로 북한 개혁·개방을 지원하는 국가는 중국밖에 없다. 보수 정부하의 한국과 미국은 핵문제로 인해 제재 정책을 구사해 왔기 때문에 실제로는 개혁·개방에 걸림돌로 작용했다. 북한 당국이 체제 위협 세력이라고 인식하기 때문에 반작용을 초래하기 일쑤였다.

　비핵화라는 고난도 과제가 문제다. 북핵 문제의 해결법은 대화와 협상뿐이며, 구체적으로 '9·19공동성명' 이행을 위해 6자회담을 진전시켜야 한다. 그렇지 않고는 해법이 없으며, 미국과 한국이 비핵화 외교의 막강한 의지가 없으면 북한은 '핵국가'가 될 것이다. 북한의 '파키스탄화'라고나 불러야 할 이 시나리오는 한반도에 재앙적 현실, 동시에 우리 국민의 일상생활에 대단히 불편한 현실이 될 것이다.

이 불편한 미래를 피하기 위해 우리가 할 수 있는 일은 일단 남북 관계의 끈을 다시 잡는 것이다. 남북 관계가 온통 부담만 되는 것은 아니며, 그것이 때로 주변국과 외교를 펼침에 있어 자산과 지렛대가 될 수 있다. 이번에 나타난 대북 정보력 문제 같은 것도 정부가 남북 관계의 끈을 놓아 버린 데서 연유된 측면이 없지 않다. 북한 관련 정보 수집이나 분석에 관한 한 한국이 세계 최고여야 할 것 아닌가.

또 한중 관계를 긴밀한 소통과 정책 공조가 가능하도록 발전시켜야 한다. 이번에 중국 지도부가 우리 정부에 보여 준 행동은 현재 한중 관계가 얼마나 멍이 들었는지를 생생하게 증언해 준다. 북한의 개혁·개방에 의한 점진적인 통일로 나아가기 위해서는 한중 관계가 진정한 '전략적 협력동반자' 관계로 내실화되어야 한다.

무척 어려운 일이지만 한·미·중 3자 협력 관계를 구축하는 것이 한반도의 바람직한 미래를 만드는 데 가장 중차대한 과제다. 이 과제의 달성은 우리가 직면한 여러 불안정성과 불확실성을 줄이는 첩경이다. 이를 위해서는 기존의 한·미·일 3각관계를 절대시하는 경향에서 벗어나야 할 뿐만 아니라 외교전략적 사고와 행위에 있어 유연성, 균형, 사려 같은 덕목을 회복해야 한다.

『경향신문』 2011년 12월 29일

65.

금강산 관광도 '추천'하시라

　　남북 관계 전문가들과 의견을 나눠보면 이구동성으로 이명박 정부의 대북정책이 실패했다고 한다. 소수 강경보수파나 이른바 '친이' 성향의 전문가들을 제하고는 대체로 부정적 평가에 견해를 같이한다. MB 정부 대북정책 실패 평가의 대열에는 국내 전문가들만 서 있는 게 아니다. 이런저런 맥락으로 교류하는 외국 전문가들도 같은 입장을 내세우는 경우를 흔히 접한다. 이럴 때는 괜히 불쾌하기도 하고, 왜 이 지경으로 가는 것을 막지 못했나 하는 무력감이 들기도 한다.

　　근래 남북 관계 전문가들 사이에 유행하는 또 다른 행태가 있다. 즉, MB 정부 대북정책에 대해 비판하고 평가할 무슨 가치가 있나, 일고의 가치도 없는 일에 왜 기력을 소비하나, 요지부동이니 그냥 접고 내년을 준비하자, 뭐 이런 태세다. 이 태세 역시 은근히 사람을 불쾌하게 만들 뿐더러 미래 준비 차원에서 올바르지 못하다고 본다. 정부 정책에 대해서는 일차적으로 객관적 평가가 있어야 하고, 그 기반 위에 대안적 정책을 말할 수 있기 때문이다.

　　또 하나 아직 금년 하반기가 남아 있다. 노무현 대통령은 그 어려운 정치적 환경 속에서도 제2차 남북 정상회담을 개최한 바가 있다. 아무리

레임덕이고 의지가 없다고 하더라도 무작정 손을 놓으라고 방치해서는 안 되고, 해야 할 일은 하라고 촉구할 필요가 있다. 게다가 새로운 국회도 문을 연 마당에 MB 정부로 하여금 최소한의 청소는 하라고 주문해야 마땅한 일이라는 생각이 든다. 이 일에는 여야를 가리지 않고 2013년 남북 관계를 준비하는 모든 정파와 전문가들이 나서야 한다.

마침 대선 정치가 가동되면서 야권 대선 주자들은 한결같이 '5·24 조치 해제'와 금강산 관광 재개를 대북정책의 우선순위로 삼고 있다. 여권 대선 주자들에게도 만약 집권하면 MB처럼 남북 관계를 대결과 적대 관계로 끌고 갈 수는 없을 것이고 일정한 변화 혹은 수정이 불가피할 것이라고들 기대하는 분위기가 우세하다. 즉, 누가 12월 대선에서 이기더라도 내년에 남북 관계 복원이라는 과제를 떠안게 된다는 얘기다.

그런데 파탄 난 남북 관계 복원은 하늘에서 떨어지는 것이 아니다. 엄청난 비용과 외교적 에너지를 쏟아 부어야 가능한 일이다. 조금씩 점진적으로 준비를 하지 않으면 이룰 수 없는 과제다. 그런 준비 가운데 하나가 바로 금강산 관광 재개다. MB 정부는 결자해지 차원에서 금강산 관광 문제를 풀어야 한다. 2008년 사고 당시 북한 군부의 유감 표시가 있었고, 2009년 현정은 회장 방북 때에 김정일 위원장이 직접 관광객 신변보장 담보 약속이 있었다. 정부가 실무회담에 나서서 진상 조사와 재발 방지 등등의 문제를 풀 수 있는 토대와 여지가 있다는 말이다.

그리고 이 문제는 실리적 차원에서도 풀어야 할 이유가 절박하다. 지난 4년간 관광 중단으로 '현대 아산', 영세한 협력 업체들, 그리고 강원도 고성과 속초 일원의 서비스 분야 등등이 입은 피해는 마른하늘에 날벼락이었다. 경제를 살리겠다는 대통령과 정부가 관광 사업으로 생겨난 일자리를 없애고 남북대결의 덫에 걸려 울부짖는 사람들의 피눈물을 외면한 채 '3대 선결조건' 타령을 늘어놓을 수는 없다. 이러는 사이 북한은 자기식 논리에 따라 여러 조치들을 내려버렸고, 이제 중국인들이 뱃길과 하늘길로 한국 국민이 못 가는 금강산 유람에 나서고 있다.

이 대통령은 지난 9일 매주 하는 라디오·인터넷 방송을 통해 지역 경제 활성화와 일자리 진작을 구체적으로 언급하면서 여름휴가를 국내 관광으로 권유하는 일장 연설을 했다. 너무나 디테일하게 4대강 인근의 구석구석을 추천했다. 이 정도로 관광 활성화를 통한 지역 경제와 일자리에 관심을 갖고 노심초사하는 대통령이라면 금강산 관광을 재개하는 문제에 대해 깊은 정책적 고민을 하는 것이 옳다.

『경향신문』 2012년 7월 16일

66

북, 핵국가로 만들지 않겠다면

5년 전 이맘때도 오스트레일리아(호주) 시드니에서 아시아태평양경제협력체(APEC, 에이펙) 정상회의가 열렸다. 당시 노무현 대통령은 한미 정상회담을 열어 한국전쟁 종식과 6자회담 진전을 위한 부시 대통령의 결단을 받아 내기 위해 강퍅한 외교 담판을 벌였다. 남북 정상회담이라는 막중한 행사 중임에도 '불능화' 단계를 완료하기 위한 '10·4합의'를 만드는 외교를 벌였다.

5년이 흘러 이명박 대통령이 블라디보스토크 에이펙 회의에 갔다가 8일 푸틴 러시아 대통령과 한러 정상회담을 했다. 이 대통령은 남·북·러 가스관 건설을 포함한 여러 협력 사업을 논의하면서 "북핵 해결이 긴요하다", "북한이 결심할 때가 올 것"이라고 말했다고 한다. 이 말은 북한이 핵 포기를 조만간 결정할 것이고, 그래야만 가스관 등의 협력 사업이 가능할 것이라는 뜻을 담고 있다. 달리 말하면 북핵 포기가 없으면 협력 사업이 안 된다는 뜻이기도 하다. 이 대통령이 아직도 '비핵·개방·3000'에 매달려 있음을 입증해 준다. 그러니 비핵화도 가스관도 될 리가 없다.

실제 대통령 당선 가능성이 높은 새누리당 박근혜 후보는 지난주 중국 전인대 천즈리 상무부위원장과 만난 자리에서 북핵 문제에 대한 그의 생각이 무엇인지 그 단면을 드러냈다. "남북 교류 협력은 해야겠는데 북핵이 난제"라며 "핵이 있는 상태에서는 불안해서 교류 협력을 할 수 없다", "북이 핵을 포기하고 방향을 국민과 경제로 치중하는 변화를 모색한다면 남북 관계 발전에 희망이 있다"는 취지의 생각을 밝혔다. 이 생각은 일견 고민을 담고 있는 것 같지만, 이명박 정부의 선비핵화론과 다르지 않아 비핵화 의지를 의심케 한다. 이런 생각으로는 북핵 문제를 해결할 수 없다.

　때마침 미국에서도 대선후보 지명 전당대회에 즈음하여 북핵 문제를 포함한 민주당 정강정책이 나왔다. 북한이 비핵화하지 않으면 압박하고 국제사회로부터 고립시키고 동맹국들과 제재를 강화하겠다는 내용을 담고 있다. '핵 없는 세상'을 주창해 온 오바마 대통령에게 부합하지 않는 정책기조라고 하겠다.

　정작 북한은 어떤가? 6자회담과 그 틀 속의 핵심 합의인 '9·19공동성명' 준수 여부 문제에 대해 심각한 검토 작업이 진행 중이라는 정황이 나타나고 있다. '9·19공동성명'이 규정하고 있는 행동 대 행동 원칙도 미국에 의한 적대시정책 폐기가 우선되어야 한다는 방향으로의 움직임이 있다. 더 시간이 흐른다면 '9·19공동성명'이 백지화될 수 있고, 6자회담 자체가 붕괴될 수도 있는 것이다. 그 결말은 '북한의 핵국가화'일 것이다. 막아야 할 길이 아닌가?

　막는 길이 만약 존재한다면, 그 방법은 협상이고 가장 유력한 협상 기준은 '9·19공동성명'이다. 즉 6자회담의 재개와 적극적 해결의지를 가진 협상이다. 북핵 문제는 한반도 평화와 동북아의 안정을 해치는 핵심 안보현안이다. 더 나아가 통일의 상대방인 북한이 장차 어떤 국가가 되느냐는 문제이기도 하다.

차기 정부에서 북핵 문제를 어떤 형태로든 해소하지 못하면 북한은 핵국가로 간다. 현재 미국 행정부와 한국 보수당의 정책으로는 북핵 문제를 해결할 수 없다. 그래서 민주진보진영은 북핵 문제의 평화적 해결에 대한 강력한 의지를 재확인해야 하며, 그 대선후보는 북핵이 고난도의 과제임을 알고 실행을 위한 포괄적 전략구상을 다듬어 국민에게 제시해야 할 것이다.

『한겨레』 2012년 9월 11일

67.

끝내야 할 한국전쟁

다시 6·25를 맞는다. 6·25전쟁이 발발한 지 64년이 되었다. 너무나 긴 세월이 흘렀음에도 한국전쟁은 아직도 휴전 상태일 뿐 공식적으로 끝나지 않았다. 1953년 여름 체결된 정전협정에 따라 전쟁도 아니고 진정한 평화도 아닌 어정쩡한 상태가 계속되고 있다. 이는 달리 말하자면 우리 민족이 정전협정체제를 종식시키고 평화체제로 대체해야 할 큰 숙제를 풀지 못하고 긴 세월을 살아왔던 셈이 된다. 이 숙제를 해결하지 않으면 현재 한반도를 짓누르고 있는 적대와 대결, 군사적 긴장과 안보 위협은 말할 것도 없고 평화 정착을 통한 통일의 돌파구도 열 수가 없다.

한국 사회에는 근년 들어 6·25전쟁을 잊지 말자는 담론이 위정자들의 사고에 편승하여 위세를 떨치고 있다. 그 분위기가 한때 존재하였던 화해 협력 분위기를 대체해 가고 있다. 혹여 화해와 관용의 정신이 증오와 적대의 마음 자세로 바뀌는 것이 아닌가 하는 우려를 떨치기 어렵다. 이렇게 되면 그 지긋지긋한 전쟁을 어떻게 종결짓고 다시는 그런 전쟁을 예방할 것인가에 대한 고민의 분위기가 위축된다. 정부와 다른 차원의 대안적 사고를 해야 마땅한 한국 시민사회의 숙제라고 하겠다.

지난 정부도 그랬고 현 정부마저 통일을 무척 강조한다. 근래에는 독일 통일을 우리가 모델로 삼아야 한다는 정치사회적 분위기도 드높다. 통일을 강조하는 것이야 탓할 일이 못 되고, 다른 사례를 참고하자는 취지도 시비의 대상이 아니다. 하지만 통일이 평화 정착이라는 어려운 단계를 건너뛰어 이루어지리라는 사고는 잘못된 것이고, 독일 사례만 하더라도 우리 같은 동족상잔의 참극을 겪지 않았다는 점은 반드시 지적되어야 할 일이다. 따라서 정부로서는 통일이 구두선에 그치지 않게 하기 위해서 현재의 정전협정체제를 어떻게 평화체제로 바꿀 것인가에 대한 깊은 전략적 고민이 있어야 한다.

한반도 비핵화의 과제도 마찬가지다. 한반도 평화 정착과 그 토대 위에 통일 기반을 구축하겠다는 박근혜 정부의 한반도 신뢰 프로세스가 가동되지 못하는 배경에 북핵 문제가 자리 잡고 있다. 북핵 문제 해결에 최소한의 진전이라도 있어야 비로소 한반도 신뢰 프로세스가 일어날 수 있다는 것이 박근혜 정부의 생각인 듯하다. 박근혜 대통령이 지난 2년간 한 발언들을 곰곰이 따져볼 때 이런 짐작이 가능하다. 북핵 문제는 남북 간의 대화와 협상은 말할 것도 없고 6자회담에 참여하고 있는 나머지 동북아 국가들 간의 대타협이 있어야 실마리를 찾을 수 있다. 최소한 미중 간의 전략적 타협이 전제되어야 할 일이다. 이 역시 정전협정을 종식시키고 평화체제로 가는 과제와 엮여 있다. 미국과 중국은 정전협정 체결 당사국들이고, 북핵 문제는 북미 적대 관계의 산물인 성격이 강하기 때문이다.

정전협정체제를 종식시키는 것은 실로 엄청난 과제다. 이를 위해서는 지도자의 정치적 의지, 긴밀한 남북 간의 대화, 국제사회와의 공조가 요구된다. 지금 한반도의 남북과 동북아 지역에 이를 위한 분위기가 있느냐는 회의감도 있을 수 있다. 하지만 한국의 대통령이 결단하면 가능하다. 마침 2007년 남북 정상 간의 '10·4선언'에는 바로 이 문제 해결을 위한 합의 조항이 들어 있다. 정전체제를 종식시키고 항구적인 평화체제 구축을 위해 남·북·미·중 4자 정상들이 만나서 종전을 선언하는 것이다. 이 선언이 정전협정체제를 곧장 끝낼 수는 없어도 한반도 평화 정착을 본격 개시하는 정치적·상징적 출발이 될 것이다.

『한겨레』 2014년 6월 24일

68

새해 남북 관계 진전을 소망하며

2015년 새해가 밝았다. 올해는 광복 70년이자 동시에 분단 70년, 역사적 명암이 교차하는 해다. 역사적 상징성이 큰 만큼 소망하는 바도 사소할 수 없다. 국가와 사회 전반에 걸쳐 절실한 과제가 하나 둘이 아니지만 70년에 이른 분단 상황을 획기적으로 돌파해내야 할 숙제가 두드러진다. 굳이 그런 상징성을 들먹이지 않더라도 박근혜 정부로서는 금년에 반드시 남북 관계에 일대 진전을 이루어야 한다. 그렇지 못하면 자신의 임기 내 남북 관계 진전은 물 건너갈 가능성이 높다.

이런 흐름 속에서 지난달 29일 우리 정부는 통일준비위원회 명의로 북측에 1월 중 남북대화를 제의해 놓은 상태다. 게다가 박근혜 대통령은 어제 "분단의 역사를 마감해야 한다"는 신년 메시지를 내놓았다. 마침 북한 김정은 제1위원장도 2015년 신년사를 통해 "남북 관계 대전환을 가져와야 한다"며 남북 관계 개선을 강조하였다. 게다가 "남북 최고위급 회담도 할 수 있다"고 천명함으로써 사실상 우리 정부 측의 29일 대화 제의에 긍정적으로 호응하였다. 남과 북의 두 지도자가 남북 관계를 획기적으로 개선하겠다는 의지를 공유하고 있어서 을미년은 한반도 평화통일의 대장정에 "대박"이 터지는 한 해가 되리라는 기대마저 갖게 된다.

지난 2년을 돌아보자면 숱한 대화 제의가 있었고 실제 고위급대화가 이루어지기도 했다. 그럼에도 불구하고 남북 관계는 제자리걸음을 하고 말았다. 문제는 대화와 교류를 이어갈 수 있는 환경 조성 및 관리에 남과 북이 실패했다는 데 있었다. 금년에도 이 같은 과거 실패를 반복하지 말란 법이 없다. 김정은 제1위원장은 신년사에서 이미 대화와 교류를 위한 환경 조성을 강조하면서 "상호 체제 비방 중지"와 "외세와의 군사연습을 그만둘 것"을 적시해두고 있다. 구체적으로 말하자면 우리 측이 대북전단 살포나 한미연합군사훈련을 중단해야 한다는 것이다. 신년사의 이런 부분은 금년도 남북 관계가 예사롭지 않을 가능성도 열려 있다는 점을 내포하고 있다.

민간단체의 활동을 정부가 노골적으로 막을 수 없고, 한미 간의 군사훈련 역시 중단할 길이 없다. 한국 정부의 딜레마다. 하지만 정부가 대화와 교류 협력에 우호적인 환경을 조성하는 노력을 할 수 있는 여지도 엄연하게 존재한다. 무엇보다도 일방통행식 대화 제의나 정책 발표를 하는 것은 효과가 없다. 대화와 교류 협력을 하기 위해서는 일단 상대방을 대화파트너로 인정해야 하고, 최소한의 역지사지 정신을 구비해야 한다. 대결적 태세와 적대적 마음 자세로 대화할 수 없고 대화를 한들 소득이 생길 리가 없다. 신뢰를 쌓을 수도 없다.

금년에 '대박'을 터트리겠다는 의지가 결연하다면 구체적으로 5 · 24조치를 해제하고 금강산 관광을 재개한다는 통 큰 결단을 내려야 한다. 5 · 24조치는 특정한 상황에서 나온 정책적 대응일 따름이다. 박근혜 정부가 금과옥조처럼 지켜야 할 이유가 없다. 대북 봉쇄 조치로서의 실질적 효과도 없다는 것이 전문가들의 진단이다. 이미 집권 여당의 여러 의원들이 해제를 권고한 바 있다. 이 정도를 갖고 어물거리고 있다면 '통일'

이고 교류 협력이고 간에 별 의지가 없다는 표시다. 금강산 관광 재개 문제도 마찬가지다. 우리 관광객이 지불하는 입산료를 핵·미사일을 개발하는 데 쓴다는 논리는 이미 설득력을 잃었다. 북한 당국은 금강산 관광이 닫혀도 핵실험과 미사일 발사를 여러 차례 했다. 물론 북한에 손실이 없지 않지만 동시에 금강산 관광 중단으로 우리 투자 기업들과 강원도 유관 지역 경제도 막대한 피해를 보았다. 실리적 각도에서 접근해야 한다.

북한 당국은 문제가 많고 상대하기도 여간 까다롭지 않다. 그럼에도 불구하고 진정으로 효과를 낼 수 있는 대북정책의 실행이란 정책 상대인 북한의 여러 부정적인 면모들마저 감안하여 전략을 짜고 전술적 대응을 해내야 하는 고도의 조율 능력과 인내, 탄력성을 요구한다. 그것이 대북 개입 정책의 외면할 수 없는 필수조건이다.

『경향신문』 2015년 1월 2일

아시아태평양경제협력체(APEC: Asia·Pacific Economic Cooperation)

아시아 및 태평양 연안 국가 간의 경제 협력을 목표로 설립된 국제기구로 1989년 11월 6일 호주 캔버라에서 개최된 제1차 각료회의를 통해 공식 출범하였다. 출범 당시 한국·일본·미국·캐나다·호주·뉴질랜드와 아세안 6개국(태국·말레이시아·인도네시아·싱가포르·필리핀·브루나이) 등 12개국이었으나 이후 중국·대만·홍콩·멕시코·파푸아뉴기니·칠레·베트남·러시아·페루가 가입하여 현재 가입국은 총 21개국이다.

69.

대북 평화 메시지 빠진 8 · 15 경축사

그제 박근혜 대통령의 8 · 15 경축사가 있었다. 광복 70주년에 발표한 경축사여서 안팎의 관심이 컸다. 경축사는 관례적으로 남북 관계에 대한 메시지를 담아왔기 때문에 대북 제안 관련 기대도 없지 않았다. 남북 관계가 악화돼 있는 상황에서 돌파구를 열어야 한다는 바람을 가진 사람들은 기대하는 바가 컸다.

박 대통령 경축사가 기대했던 정도의 울림은 주지 못했지만 무시할 수 없는 내용들을 담고 있기에 몇 가지 주문을 덧붙이고자 한다. 경축사는 '새로운 도약을 위한 대장정'에 나설 다짐을 밝히면서 경제 재도약이라는 과제를 제기한다. 이 과제의 적절함과 절박함에 대해서는 누구도 토를 달 수 없다. 다만 지금 안팎의 위기에 당면한 한국 경제의 중 · 장기적 돌파구로서 남북 관계 개선을 통한 뉴 프런티어 마련을 주문하고 싶다. 이는 박 대통령이 제기해 공감을 불러일으킨 '통일대박론'과 동일선상에 있는 발상이며, 새 경제 패러다임으로 경축사에서 강조한 '창조경제론'과도 무관치 않다. 평화통일의 과정으로서 남북경협의 진전일뿐더러 꽉 막힌 한국 경제의 숨통을 터주는 처방으로서의 실리적 의미라는 점에서 일석이조라 하겠다.

박근혜 정부가 임기 반환점을 도는 지금 남북 관계가 이명박 정부 임기 말로부터 한 발짝도 나가지 못하고 있다. 물론 2013년 2월 북한의 3차 핵실험이라는 대형 악재가 있었고, 개성공단 북한 근로자 일방적 철수와 그 후폭풍이 시작부터 꼬이게 만들었다. 그렇다 하더라도 한국 정부는 대화와 협상을 통해 남북 관계 개선의 물꼬를 터야 할 임무를 지니고 있다.

2015년 8월 남북 관계가 예사롭지 않다. 남북이 실랑이하고 티격태격하는 것도 우려할 수준인 데다 군사적 긴장이 너무 높다. 평화통일이란 목표와 현실적 거리감이 너무나 크다. 당장 군사적 긴장을 완화하는 노력이 필요하다. 그런데 북한의 지뢰 도발에 대한 대응으로 우리 군은 대북 확성기 방송을 재개했다. 대북 전단 날리기에 비교할 수 없을 만큼 북한이 알레르기 반응을 보였던 것이 대북 확성기 방송을 통한 심리전이다.

아니나 다를까 북한군은 "중단하지 않으면 무차별 타격하겠다"고 나섰다. 게다가 오늘부터 한미 간의 연례 '을지프리덤가디언' 합동훈련이 실시된다. 그제 북한 국방위원회는 "훈련을 강행하면 군사적 대응은 거세질 것"이라고 공언했다. 이 말들이 설사 공갈·협박에 그친다 하더라도 가볍게 넘길 수 없는 위협임에 틀림없다.

전쟁을 하자면 몰라도 그렇지 않다면 이런 위험한 정세를 타개할 돌파구가 나와야 했는데 경축사에 그런 메시지가 보이지 않는다. 대신 우리는 언제든지 대화할 수 있으니까 당신들이 준비되는 대로 나오라는 것인데, 다시 공을 북한으로 넘겨버린 셈이다.

이 밖에도 경축사에는 다수 대북 협력 프로젝트들이 들어 있다. 비무장지대(DMZ) 생태평화공원 조성, 남북 철도 및 도로 연결, 유라시아 협력, 이산가족 연내 일괄 명단 교환, 금강산 면회소 수시 상봉, 자연재해 및 안전 협력, 민족 동질성 회복을 위한 문화·체육 교류 등. 어느 것 하나 북한의 협력 없이는 이룰 수 없는 일들이다. 북한의 협력은 우리 측의 "유연한 대응"이 발휘될 때 기대할 수 있다. 엄격한 상호주의 자세로는 협력이 안 된다.

　단임제 대통령이 임기 후반기에 할 수 있는 일이란 많지 않다. 경제 살리기 같은 과제는 유·무능을 떠나 정부가 하기 어렵게 돼 있다. 내부 개혁도 저항에 부딪혀 좌절하기 일쑤다. 그러나 대북정책은 지도자의 의지만 있다면 큰 성과를 낼 수 있다. 남북 정상회담도 할 수 있고, 경협에도 진전을 볼 수 있다. 박 대통령은 여러 환경이 대북정책을 추진하기에 유리하다. 평화통일은 그 길이 '대장정'만큼 험난하겠지만, 진정한 광복의 당위로서 아무리 강조해도 지나침이 없을 터이다.

『경향신문』 2015년 8월 17일

70.

개성공단, 시간이 많지 않다

　　개성공단 폐쇄 조처가 내려진 지 이제 넉 달이 넘었다. 황당한 상황 아래 피난 가듯 서둘러 철수해야 했던 입주 기업들은 공장을 제대로 챙길 겨를이 없이 공단을 떠나왔다. 이들은 장마철이 오기 전에 기계 설비 점검과 보존 대책을 마련하기 위해 6월 초 방북을 요청했다. 통일부는 부적절하다며 허가하지 않았다.

　　박근혜 대통령은 지난 13일 20대 국회 개원연설에서 "비핵화 없는 대화 제의는 국면전환을 위한 기만"일 뿐이라며 당분간 남북대화가 없을 것임을 분명하게 밝혔다. 북한이 북핵에 대해 굴복할 때까지 오로지 압박과 제재로 일관하겠다는 것이다. 실제 박 대통령이 아프리카 국가들을 방문하여 대북 압박 외교의 선봉에 섰고, 윤병세 외교장관도 북한과 우호적인 국가들을 모조리 방문하여 전방위 압박 외교를 구사하고 있다. 이런 흐름이라면 개성공단이 영구 폐쇄의 기구한 운명을 맞지 말란 법이 없다.

　　13년 전인 2003년 6월 30일 개성공단 기공식이 있었다. 숱한 우여곡절과 남과 북을 아울러 무수한 인사들의 피땀 어린 노력 끝에 이룬 결실이었기에 감격을 넘어 비장감마저 감돈 행사였다. 남과 북의 지도자들은 말할 것 없고 정주영 현대그룹 전 명예회장 같은 한국 재계의 전설마저 산파 역할을 했다. 이날 개성공단은 "남북경협의 상징"이자 "통일 옥동자"라는 찬사를 들으며 닻을 올렸던 것이다. '페리 프로세스'로 익히 알려진 윌리엄 페리 전 미 국방장관은 2007년 2월 한파에도 불구하고 개성공단을 방문해 "남북 협력의 미래를 보는 듯하다"는 의미심장한 평가를 내린 바 있다.

이후 개성공단이 탄탄대로를 걸은 것은 아니지만 그 성과를 바탕으로 해 2007년 10월 노무현 대통령과 김정일 위원장의 남북 정상회담에서 황해도 해주에 제2의 개성공단을 만들자는 합의도 나올 수 있었다. 해주는 북한 해군의 요충지로 사실상 그들의 안방이나 마찬가지인 지역이다. 시장경제모델에 따른 사실상 남한 주도의 평화통일이 그렇게 앞으로 나아가고 있었다. 그때 이미 북한은 핵실험을 했고 핵폭탄도 보유하고 있었다.

지난 두 달 북핵 문제에 관한 국제학술회의에 발제나 사회를 맡기 위해 미국, 일본, 러시아 등 북핵 문제 유관국을 두루 다녔다. 5월 말에는 모스크바에서 열린 '중·러 대화'에도 참가하였다. 중국 쪽에서 다이빙궈 전 국제담당 국무위원을 위시한 대규모 대표단이 왔고, 러시아 쪽에서는 세르게이 라브로프 외무장관이 대표로 기조연설을 했다. 한반도 문제에 정통한 전문가들과 공식 토론도 했고, 사적 의견도 나누었다. 그 숱한 전문가들 가운데 이번 대북 제재가 성공하리라는 생각을 하는 사람은 단 한 명도 보지 못했다.

박근혜 대통령의 임기가 아직 1년 8개월이나 남았다. 짧지 않은 시간이다. 평소 보여 온 집착과 오기로 미루어 볼 때 현재의 대북 압박과 제재 기조를 임기 말까지 이어갈 것이라는 분석이 많다. 어쩔 수 없으니 다음 정부를 기약해야 한다는 사람들도 주위에서 흔히 본다. 하지만 객관적 견지에서 성공할 가능성이 희박한 정책으로 일관하는 것은 박근혜 정부에도 바람직한 일이 아니고 국민의 처지에서는 비극이랄 수밖에 없다. 특히 애꿎은 개성공단이 맞은 운명을 기구하다고 하면서 그냥 둘 수는 없다. 너무나 많은 사람들의 피땀이 배어 있고 치러야 할 대가가 혹독하다. 더욱 중요하게는 개성공단이 영구 폐쇄되면 교류 협력과 평화통일을 지향하는 정책 노선에 치명타가 된다. 재가동을 위한 지혜를 모아야 한다.

『한겨레』 2016년 6월 28일

페리프로세스

1998년 8월 북한의 대포동 로켓 발사와 금창리 지하 의혹 시설 보도 등으로 북미 간 위기가 고조되자 미국은 페리 전 국방장관을 대북정책 조정관에 임명하고 99년 5월 북한을 방문한 이후 10월 클린턴 정부의 대북정책을 담은 페리 프로세스를 내놓았다. 대북 포용을 기조로 한 페리 보고서는 1단계로 북한의 미사일 발사 중지와 미국의 대북 경제제재 해제, 2단계로 북한의 핵과 미사일 개발 중단, 3단계로 북미, 북일 관계 정상화와 한반도 평화체제 구축 등을 3단계 접근 방식을 제시하고 있다.

71

북한이 무너진다?

　　근래 박근혜 대통령과 정부가 쏟아 내고 있는 말들을 보면 북한이 곧 무너질 것 같은 인상을 준다. 지난주 초 박 대통령은 북한 엘리트층이 무너지고 주요 인사들의 탈북·망명이 이어져 심각한 균열 조짐을 보인다고 했다. 당연히 체제 동요 가능성이 커진 나머지 심각한 상황에 이르렀다는 진단을 내렸다. 북한은 일인 지배 독재 체제이자 소수 엘리트 지배 연합을 통해 움직이는 체제다. 지도자가 주민들에게 폭압 및 공포 통치를 하여 민심 이반이 일어나고 대규모 탈북 사태를 막아야 할 지경이라면 심각하다고 할 만하다. 그리고 지배 연합을 구성하는 소수 엘리트층이 떨어져 나간다면 그 역시 예삿일이 아닐 것이다. 이로 미루어 북한 체제가 더 이상 견디지 못할 것이라는 진단을 내리는 데는 그럴싸한 측면도 있다.

　　하지만 이 같은 신판 북한붕괴론은 새로운 근거를 보여 주지 못한다. 1990년대 초중반에 북한붕괴론이 기승을 부린 때가 있었다. 한국과 미국의 많은 분석가가 북한이 5년 내 혹은 10년 내에 망한다고 목소리를 높였다. 1년을 못 버틴다고 한 사람도 보았다. 당시 북한 경제는 완전히 파탄이 난 나머지 이른바 '고난의 행군'을 해야 했고, 김일성 주석마저 갑자기 사망했다. 하지만 그 이후 북한은 붕괴하지 않았고, 새 지도자가 새 기치를 내걸고 체제를 유지해 나갔다.

약 20여 년이 흘러 제2판 북한붕괴론이 등장했다. 이명박 정부에서다. 이명박 대통령은 2008년 여름 김정일 위원장이 뇌졸중으로 쓰러지자 북한붕괴에 강한 믿음을 갖게 되었던 것 같다. 이후 이명박 정부 임기 말까지 북한급변사태론에 빠져 대북 강경 압박 정책으로 일관했다. 정부 안팎에서 북한 '급변사태' 담론이 넘쳐났다. 2011년 말 김정일 위원장이 사망했다. 권력을 승계할 다음 세대 지도자도 준비되지 않았다. 체제가 붕괴되고도 남을 조건이 갖추어졌다고 봐야 하지 않을까? 하지만 북한은 붕괴하지 않았고, 새 지도자가 큰 혼란 없이 권력을 승계했다.

북한 체제가 문제투성이임은 부인할 수 없는 사실이지만 북한도 하나의 국가 체제다. 국가 체제는 쉽사리 무너지지 않는다. 신격화된 지도자가 갑자기 사망해도, 경제가 파탄 지경이 되어도 무너지지 않았다. 따라서 북한 체제가 무너질 가능성은 객관적으로 희박하다고 봐야 할 것이다. 핵과 미사일로 골치를 썩이니 홧김에 김정은 체제가 망했으면 좋겠다고 생각할 수 있다. 하지만 그런 생각은 너무나 감정적이거나 무모한 태도에서 비롯되었을 가능성이 높다. 시정에 '장삼이사(張三李四)'는 그런 생각을 가질 수 있다. 그러나 지도자와 정책결정자들이 그런 사고에 빠지면 십중팔구 정책 실패와 국익 훼손으로 이어지기 십상이다.

냉정하게 따져 보면 북한 체제 붕괴는 우리 국민의 비교적 안정된 삶에 축복이라기보다 일대 재앙이 될 가능성이 훨씬 높다. 여러 각도에서 볼 때 북한 붕괴를 한국 사회가 주도적으로 감당할 수 없다. 특히 현 정부에 그런 엄청난 위기에 대응할 역량이 있느냐도 의문이다. 세월호와 메르스(MERS, 중동호흡기증후군) 사태 때 정부가 위기관리에 실패한 경험에 비춰 볼 때 그 의문은 더 없이 커진다.

잊을 만하면 한 번씩 고개를 드는 북한붕괴론은 현실성도 없거니와 사실 매우 과격하고도 위험한 발상이다. 북한붕괴에 따른 급변통일 역시 과격한 생각이다. 동북아의 지정학이 얼마나 복잡한 형국인가에 대해 조금만 깊이 있게 들여다보면 이런 생각을 쉽사리 할 수 없다. 중국은 입만 열면 한반도의 안정을 말한다. 그건 이웃인 북한에 급변사태와 같은 골치 아픈 사태가 발생해서는 안 된다는 대외전략의 강고함을 뜻한다. 미국은 한반도에 북한붕괴와 같은 사변이 발생해 군대를 개입시켜야 하는 상황을 원치 않는다. 현재 미중은 동북아에서 영향력을 두고 격렬하게 대립하고 있다. 그런 정세 속에서 사드 배치 문제를 두고 국론 분열과 사회갈등을 우리 모두가 지금 생생하게 경험하고 있지 않나. 북한붕괴를 감당할 역량은 한국 사회 어디에도 없고, 그런 사태가 나면 그것은 즉각 미중 사이의 문제로 변화될 것이다.

헌법과 수많은 남북 관계 관련법들의 정신을 굳이 들먹일 필요도 없다. 통일은 점진적이고 평화적인 방법에 의해 이뤄지는 것이 우리 다수 국민의 안전과 국익에 부합된다. 현실적으로 따져 봐도 급변통일은 고비용 저효율 처방인 것이다. 어떻게 된 셈인지 박근혜 정부는 대북정책과 안보에 있어 매사 고비용 저효율의 원리를 따르고 있다. 현 국면에서 대통령과 정부가 매달려야 할 것은 북한붕괴 가능성이 아니라 남북 관계 개선의 최대 장애물인 북핵 문제에 대한 접근법 찾기가 되어야 마땅하다.

『국제신문』 2016년 8월 29일

72

한반도 평화를 재건해야

촛불 민심을 기폭제로 하여 대한민국에 명예시민혁명이 진행 중이다. 시민혁명인 만큼 박근혜 대통령의 탄핵은 시작일 뿐 대한민국을 발본적으로 개혁해야 한다는 위대하고도 어려운 과제를 안고 있다. 학계와 언론은 말할 것 없고 정계에 몸담은 많은 사람이 국가 대개조라 할 정도의 혁신 필요성을 제기하고 있다.

한국 사회를 근본적으로 개혁하는 일에는 국가와 사회 전반에 걸친 내부적 적폐들을 청산하는 과제에 더해 한반도 분단에서 비롯되는 폐해들을 극복해야 하는 남다른 과제가 부과되어 있다. 그리고 여러 분야에 걸친 내부적 문제들을 개혁하는 일과 분단을 극복해야 하는 과제가 떼려야 뗄 수 없이 긴밀하게 연관되어 있다. 쉬운 예로 선거에 '북풍' 변수가 활용된다든지 정부 정책에 대해 좀 비판을 하면 '종북 좌파'로 낙인찍는다든지 하는 것들은 모두 남북 대립과 대결을 청산하지 못한 분단체제의 폐습이다.

10년간의 대북 포용 정책의 결과 분단의 강고함이 어느 정도 완화되어 남북 간에 교류 협력이 개시되었다. 개성공단 사업이 성과를 거두기 시작했고, 금강산 관광 사업도 자리를 잡아갔다. 군사적 대립과 대결이 일거에 해소되지는 않았지만 평화 확대의 궤적을 잡아가기 시작했다.

비록 북핵 문제로 인해 속도가 지연되었지만 참여정부는 한반도 평화체제 구축을 목표로 삼기에 이르렀다.

　이 같은 한반도 평화 확대와 교류 협력의 흐름은 보수 정부 들어와 급격하게 역전되었다. 비핵을 전면에 내세운 이명박 정부는 출범 첫해에 금강산 관광을 닫아 버렸다. '5·24조치'로 인해 남북 관계가 전면 차단되었다. 다시 단절과 분단의 시간 속으로 역행하고 말았다. 이명박 정부는 비핵에도 실패하고 안보에도 무능하였다. 박근혜 정부 들어와 안보와 비핵화를 무척 강조하였지만 우리는 지금 최악의 안보 위기에 직면해 있다. 대단한 아이러니는 이 두 정부가 통일을 입에 달고 통일준비에 역점을 두는 듯한 태도였다. 통일을 준비한다면서 개성공단을 폐쇄해 버렸다. 비핵화와 통일에는 주변국들의 협조가 필수적인데, 사드 배치를 결정함으로써 중국과 척을 진 나머지 국제적 공조의 기반을 허물었다.

　전 세계적 냉전이 끝나자마자 동서독은 통일에 성공하였다. 서독에서 동방정책을 추진한 지도자들과 전략가들은 통일을 원하거든 통일을 말하지 말라고 조언하고 있다. 우리도 허황한 통일담론에서 벗어나 평화담론으로 인식과 공론 자체를 바꾸어야 한다. 평화가 안보, 평화가 경제, 평화가 미래라는 인식을 가져야 한다. 인식의 전환이 우선이다.

　무엇보다도 안보 과잉이라 할 만큼 보수 정부 아래서 안보가 늘 강조되었지만 안보 불안이 가시지 않는 안보딜레마를 해소해야 한다. 한국의 보수 정부나 보수 정당은 안보를 국내 정치적 용도로 활용하는 악습을 보여 왔다. 선거에서 이 악습이 반복해서 등장하고 있는데, 지난 대선에서서해 NLL(북방한계선) 포기 문제를 두고 선거 막판이 '종북 좌파' 프레임에 포위된 나머지 이념 논란이 다른 모든 정책대결을 덮어버리는 선거로 변질되었다.

한층 높아진 군사적 긴장을 완화해야 평화 재건 논의가 힘을 얻을 돌파구가 열린다. 지금과 같은 탄핵 정국에서 남북 간 대화를 기대하기 어렵겠지만 남과 북을 가리지 않고 도발적 행동이나 언사를 자제하는 것이 필요하다. 이런 분야에도 시민들의 각성과 관심이 큰 압박으로 힘을 발휘한다는 점을 강조하고 싶다.

　　북핵 문제 해결도 평화 재건에 있어 중대 과제다. 현재 대화 재개의 모멘텀은 없다. 특히 미국에서 새 행정부가 들어설 참이라 기다린다는 것이 북한의 공식 입장이기도 하다. 그런 가운데 대북제재에 한국 정부가 매우 적극적이다. 북핵 문제는 제재 일변도로 절대 해결의 실마리를 잡을 수 없다. 올해 상반기 내내 제재 외교를 강력하게 펼쳤지만 아무 효과가 없었다. 일단 북핵 문제를 지금과 같이 방치하는 것이 아니라 국제사회의 외교적 관리 아래 가져오는 것이 목표가 될 수 있다.

　　마지막으로 한반도 평화체제 수립에 대한 로드맵을 만들어야 한다. 북핵 문제 해결과 연관 지어 평화협정 체결 구상이 중국 정부에 의해 공식적으로 제기되었다. 비핵화·평화협정 병행 추진론이다. 남북 관계를 복원하고 한반도에 항구적인 평화를 담보해내기 위해서는 정전체제를 평화체제로 전환하는 구조적 작업이 이루어져야 한다. 진행 중인 명예시민혁명이라는 관점에서 볼 때 한반도 차원에서 이 정도 과업은 달성해야 하지 않겠는가.

『국제신문』 2016년 12월 20일

73.

위험천만한 한반도 최첨단 무장화

한국은 보수 정부 10년 동안 북한의 위협을 내세워 안보를 무척 강조했다. 그런데도 실제 안보에는 무능하였다. 이명박 정부 때는 천안함 폭침을 당했고 연평도 포격을 당해도 변변한 대응이 없었다. 비핵화를 입버릇처럼 외고 다녔지만 북핵 능력은 한층 고도화되었다. 미사일 개발 능력도 10년 전에 비해 비교할 수 없을 정도로 높아졌다. 이에 대해 지난 10년간 외교를 포기하고 대신 제재 일변도 정책을 견지했지만 아무런 효과를 거두지 못한 채 실패하고 말았다.

사정이 이렇게 되자 무기에는 무기로 대응하자는 병법의 하책이 등장하게 되었다. 외교안보 정책결정자들이 군사주의적 세계관으로 무장한 사람들로 채워진 점도 중요한 매개가 되었다고 본다. 하나는 독자적 핵무장론이고, 다른 하나는 사드 배치론이었다. 핵무장은 미국의 반대와 세계적 비확산체제에 대한 도전 등등 현실적 벽이 너무 높아 반향을 일으키지 못했다. 하지만 사드 배치는 미국과의 전략적 이해관계가 일치되어 큰 장애가 없었다.

사드가 우리 안보를 지켜주는 만병통치약 정도로 여기는 사람도 적지 않지만 실상 군사적 효용성 검증도 미흡한 데다가 한반도 같은 지형에 맞느냐, 북한의 도발을 원천봉쇄하는 무기가 되느냐 등등 숱한 논란거리를 품고 있는 것이 사드다. 중국의 결사적인 반발과 실제 다각적인 경제 보복 조치에도 불구하고 한미 양국은 쫓기듯이 사드 배치 완료에 바삐 움직이고 있다. 현직 대통령이 직무정지를 당한 상태에다가 조기 대선 및 정권교체 가능성이 높은 정세 속에서 한국 정부는 말할 것 없고 미국의 트럼프 정부도 대못을 박겠다는 태세로 사드 배치를 가속화하고 있다는 인상을 지울 수 없다.

사드로도 부족했던지 이제 '바다의 사드'라 불리는 최신예 스텔스구축함 '줌월트'를 한국 해군기지에 배치한다는 뉴스가 쏟아지고 있다. 제주 해군기지에 배치되는 것이 아닌가 하는 우려 속에 강정마을에는 이미 반대 집회가 열리고 있다. 이 역시 중국이 펄펄 뛰면서 반발하고 있으며, 러시아도 중국의 대열에 동참해 한반도 해상이 주변 열강들의 각축장으로 변질되고 있는 중이다.

이런 정세 역시 우리 정부가 자초한 것이다. 즉, 우리 국방부가 지난해 10월 한미연례안보협의회 공동성명에 미국의 전략 자산을 한반도에 상시·순환 배치하자는 합의를 공동성명에 넣고자 했다. 그 이후에도 미국에 끊임없이 요청을 했고, 급기야 지난 1일에 우리 합참의장이 미국 측에 전략 무기의 한반도 배치를 공식 요청했던 것이다.

동북아의 미중 대립이 격화되고 있는 가운데 '북한의 위협'이 공통의 빌미가 되어 한반도에 최첨단 무기가 차곡차곡 쌓이는 것은 대단히 위험한 일이다. 무기는 반드시 연습과 훈련을 해야 하고, 그것은 필시 대응을 일으키기 때문이다. 북한이 전쟁을 일으켜 남한을 공격하기로 작심한다면 핵무기와 중장거리 미사일이 아니라 휴전선 일대에 산재해 있는 장사정포 수십 발만 서울 한복판에 쏘면 된다. 사드와 줌월트 같은 최첨단 무기체계가 이런 위협에 무슨 효용이 있겠는가.

　한반도 최첨단 무장화는 동북아 미중 대립에 한국이 개입될 빌미가 된다. 사드 배치로 한국은 이미 중국과 척을 지고 한미일 삼각 군사협력의 편대에 가담해 버렸다. 너무나 중대한 국가전략적 선택을 국민의 의견을 모으지 않고 졸속으로 해 버렸다. 그래서 야당의 유력 대권 후보가 이 문제를 다음 정부로 넘기라고 하는 것이다.

　다가올 미래에 동북아에서 두 군데 발화점을 꼽자면 북한과 서태평양이다. 북한은 핵 문제와 미사일로 인해 두고두고 우리의 고민거리가 될 것이다. 우리는 이 고민거리를 해결하는 데 지혜를 모으기도 벅차다. 그런데 동북아 미중 대립의 한가운데 서서 감당하지 못할 추가적 딜레마를 자초하고 있는 꼴이다. 이 노선은 향후 동중국해에서의 중일 갈등이나 남중국해에서의 미중 갈등에 한국이 개입해야 할 소지를 스스로 만드는 셈이 된다. 예컨대, 제주기지에 배치된 미국 구축함이 동중국해 충돌에 투입되기 위해 발진한다면 한국은 미국과 일본의 편에 서서 자동 개입하는 것이다.

　동맹국도 소중하고 전략적 협력 파트너도 존중해 주어야 하는 것이 우리의 처지다. 사드 배치에 따른 딜레마와 향후 벌어질 추가 전략 무기 배치로 인한 딜레마 모두 우리가 불러들인 내환이라는 점에서 깊은 성찰이 필요하다. 특히 사드 배치 같은 경우는 충분한 공론 과정, 국회 절차, 관련국과의 충분한 소통을 통해 새롭게 합리적 판단을 내려야 할 대상이 되는 것이다.

『국제신문』 2017년 2월 15일

제4부

/

국
가
역
량

2010년 11월 서울을 방문했던 은사 이매뉴얼 월러스틴(Immanuel Wallerstein) 교수
와 신라호텔 객실에서 대화하는 장면

74

'동북아 중심'의 필요조건

　　노무현 정부 국가 발전의 큰 방향은 대내적으로 분권·분산이며, 대외적으로는 동북아 중심국가로의 도약이 될 것이다. 이들은 좁은 의미에서는 국가 발전 방향이지만, 시야를 넓혀 보면 기존의 국가 발전 틀을 넘어서는 거대한 비전이라고 할 수도 있다. 동시에 양자는 유기적으로 얽혀 있어 서로 떼려야 뗄 수 없는 관계를 갖고 맞물려 있다는 점에서 단일한 비전이라고 볼 수 있다.

　　동북아 중심국 비전은 동북아 시대를 전제로 한다. 동북아 시대에 대한 인식이 없이 동북아 중심국 비전을 가꿀 수 없다. 지금 동북아 지역은 전 세계 교역액의 약 3분의 1, 전 세계 국민총생산(GNP)의 약 3분의 1을 차지하고 있다. 한반도를 중심으로 반경 1200㎞ 안에 7억 인구와 6조달러에 이르는 거대한 시장이 존재하고 있다. 그리고 향후 더욱 더 분명해질 동북아 지역의 정치경제적 중요성을 염두에 두고 있다. 용처럼 솟구치는 중국, 수습에 나선 극동러시아, 자본과 기술력을 갖춘 일본, 그리고 그 중심에 지리적으로 위치한 한반도, 이들이 얽혀서 그려낼 역동성에 주목하는 것이다.

　　그 역동성에 기반하여 만들어 나갈 경제공동체와 문화공동체가 동북아 중심국 비전의 지향점이다. 이는 동북아 역내 구성원 모두의 공동 번영의 비전일 뿐만 아니라 긴밀한 소통과 교류를 통해 공유할 문화적 비전이기도 한 것이다. 이는 절대 한반도만의 자기중심적 발상에 기초해 있는 것이 아니라 공동체 의식의 소산이다. 따라서 대통령직 인수위원회에서 발표한 '경제' 중심국은 이 비전의 일부이지 전체상이 아니다. 오히려 그러한 경제적 토대를 기반으로 공유된 인식과 세계관을 구축하고자 하는 문화지향형 비전의 성격이 더 강하다.

한반도는 분단을 청산할 과제를 안고 있다. 이를 청산하지 않고 한반도의 진정한 자주와 민주주의, 그리고 평화를 말할 수 없다. 남북 관계의 진전이 없는 동북아 중심국 비전은 실현되기 어렵다. 남북 관계에 획기적 진전이 있어야 동북아 중심국 비전이 실현될 수 있고, 또한 동북아 중심국 틀 속에서 남북 관계의 진전도 풀어 나갈 수 있다. 그래서 북한을 보는 접근 방식도 달라져야 하고, 북한 문제를 푸는 해법도 기존의 다소 기계적 방식에서 벗어나야 한다. 북한을 한반도의 일부, 한반도를 동북아의 일부로 다루어야 한다. 북한이나 한반도는 동북아라는 보다 큰 질서의 하위 구분으로 접근해야 한다.

동북아시아 중심국에서 한반도가 차지하는 지리적 중심성과 그 위치가 갖는 장점을 배제할 수는 없다. 그래서 물류 · 비즈니스 중심국이라는 전략은 당연하다. 현재 남한에는 그 전략에 부응할 수 있는 고속교통망과 통신망이 거미줄처럼 갖추어져 있다. 국제공항과 항만, 고속철도와 고속도로가 전 세계 그 어디에 내놓아도 손색이 없을 정도로 발달하여 있다.

그리고 경의선과 동해선 철도 및 도로 연결 사업이 완결되고 북한에 사회간접자본이 확충되면 대륙과 해양을 잇는 물류 · 비즈니스 중심국의 기반이 다져진다. 그러나 비전으로서의 동북아 중심국론은 경제적 '허브' 기능에 더해 바로 그것이 부수적으로 가져다 줄 활발한 인적 교류와 소통 위에 구축될 공유 문화의 창출을 중시한다.

동북아시아 중심국론은 개방형·확장형 국가 발전 비전이다. 한반도는 지난날 중화(中華) 질서가 지배하던 시대에는 그 변방으로 존재했다. 19세기말 유럽 열강들이 중국으로 진출할 때 일본에 개방을 허락한 후에는 일제의 식민지가 되었다. 1945년 광복 이후에 한반도는, 제2차 세계대전이 끝난 뒤 세계 질서를 좌지우지한 미국과 소련의 주변이었다. 소련이 무너져 그 영향권에서는 벗어났으나 한반도는 여전히 미국의 주변으로 남아 있다.

우리는 이제 진정한 탈냉전과 개방의 시대에 부응하고자 하며, 당당한 국가로서 그 위상을 바로잡고자 한다. 분단을 해소하고 남북 관계의 획기적 진전에 따라 통합의 기초를 다지고, 그런 기초 위에 동북아 시대에 자신의 장점을 최대한 발휘한 나머지 동북아 경제공동체와 문화 공동체를 만드는 데 이바지하고자 한다.

동북아 중심국론은 경제적 비전임에 분명하지만 그에 그치지 않고 문화와 도덕을 중시하는 비전임을 잊어서는 안 된다. 그래서 종국에는 우리가 중심국이 아니라 동북아 공동체의 정상적인 일원으로서 자리매김해야 한다.

『문화일보』 2003년 1월 21일

75

파병, 공은 국회로 넘어갔다

이라크 추가 파병 문제가 결국 파병으로 결론이 났다. 명분론이 냉혹한 국제 정치 현실론에 자리를 내준 결과라고 볼 수 있다. 정부의 주요 정책결정에서는 명분보다는 현실 논리가 주요 변수가 되는 경향이 있는데, 이번 파병 결정도 결국 그런 범주로 귀결된 셈이다.

우려했던 대로 정부가 파병을 결정하자마자 그 결정을 놓고 국론 분열 양상이 심각하다. 노무현 대통령과 연관이 깊은 통합신당은 대표가 반대하고, 소속 국회의원 한 사람은 의원직을 걸고 파병 철회를 요구하면서 단식 농성에 들어갔다. 다른 정당들도 당론을 정하지 못하고 국민 눈치 살피기에 급급하다.

찬성과 반대 팽팽한 여론

그간 파병 불가를 주장해 왔던 시민단체들은 파병 반대를 위해 비상조직을 만들기에 이르렀다. 이들은 파병 결정이 노무현 대통령의 자기 부정이자 참여정부 외교노선이 대미굴종이라고 목소리를 높이고 있다. 더 나아가 모든 국회의원에게 입장을 물어 총선 때 낙선운동도 불사한다는 강경자세다. 언론도 파병 결정을 한 이상 당당하게 하자는 찬성 입장과 추가 파병을 하되 비전투병으로 성격을 제한해야 한다는 입장까지 스펙트럼이 넓다.

이런 국론 분열 양상은 우리 사회가 대단히 다원화되어 있을 뿐만 아니라, 미국에 대한 인식과 보편적 가치를 놓고 깊은 내홍을 앓아왔음을 방증하고 있다. 따라서 이런 현상은 절대 나쁜 일이 아니며, 어떻게 보면 우리 사회가 성숙해 가고 있다는 증거이기도 하다.

정부가 추가 파병 결정을 내리는 데는 깊은 고민과 큰 어려움이 있었을 것이다. 그러나 파병 문제를 진정으로 공론화시키고 국론을 모으려는 진지한 노력을 했는지에 대해서는 긍정적 답이 나오지 않는다.

파병 반대론자들이 주장하듯이 이미 파병이라는 줄기를 잡아놓고 명분 쌓기를 한 것이 아닌가 하는 비난을 들어도 할 말이 없게 되었다. 현지 조사단 파견 결과 나온 불협화음도 그렇고, 파병 결정 발표를 목전에 두고 허둥대듯 일부 시민단체 대표들을 청와대로 부른 것도 그렇다.

국회는 더욱 한심한 대응으로 거의 직무유기 수준의 행동을 보였다. 특히 한나라당은 압도적 다수당으로서 국회를 장악하다시피 하고 있는데, 특위까지 만들어 이라크 파병 여부에 대해 의욕을 보인 것까진 좋았으나 민의 파악과 대변보다는 정부가 어떻게 결정하는지 지켜보다가 결정이 나오면 그때 정치적 판단에 따라 대응한다는 '정치성'으로 일관했다. 민주당과 자민련은 그렇다 치더라도 통합신당은 무엇을 하고 있는지 도무지 종잡을 수가 없다.

정부가 파병 결정을 철회하기란 불가능하다. 시민단체들은 계속 파병 반대 운동을 할 것이다. 이제 공은 국회로 넘어 가게 되었고, 그 역할이 중요하다. 국회가 깊은 고민을 할 때가 온 것이다. 지금까지 보인 그런 행태로는 국회가 슬기로운 결정을 할 수 없다. 국회는 어떻게 보면 정부보다 훨씬 입지가 크다. 그 입지를 잘 활용하여 폭넓은 의미의 국익을 따져야 할 것이다.

국익 우선 진정성 보여줘야

첫째, 추가 파병, 특히 미국이 요청한 경보병을 수천 명 규모로 보냈을 때 현지에서 생길 수 있는 일들에 대해 숙고해야 한다. 이라크 현지는 치안이 좋지 않아 요즘도 연일 미군 사상자가 발생하고 있다. 우리 군인들의 생명에 대해 생각해야 한다.

둘째, 건설공병을 주력으로 하고 기타 비전투부대를 증파하는 방안이 있다. 이라크 재건에 기여하고 아랍권과 적대의 소지를 없애며, 국제사회에서 한국의 위상을 높이는 일이다.

셋째, 추가 파병 동의안을 아예 부결하는 방안이 있다. 국회가 파병을 반대했을 때 어떤 비용과 대가를 지불해야 하는지 고민해야 한다. 즉 파병을 못하게 될 때 우리에게 무슨 일들이 일어날 수 있는가를 따지는 과제다.

넷째, 어쩌면 진정한 국익은 우리 내부에 있는지 모른다. 국회는 파병 여부로 갈라진 민심을 수습하고, 국론 분열을 막아야 할 책무가 있다. 정치인들은 이런 일을 정치적으로 악용하여 정부의 발목을 잡는 경우가 허다한데 이번 같이 중대한 사안에는 진정성을 보여야 한다. 모든 것을 대통령과 청와대로 미루고 사후에 가타부타하는 것은 국회가 그 권능을 포기하는 것과 같다.

『경향신문』 2003년 10월 21일

76.

명분 약한 '탄핵 발의' 철회를

기필코 대통령을 쫓아내겠다는 말인가? 과연 대통령이 물러나야 할 정도로 큰 잘못을 저질렀는가? 대통령을 쫓아낼 수는 있다고 판단되는가? 민주당과 탄핵 발의안에 동조하는 일부 한나라당 국회의원들에게 묻고 싶은 말들이다.

질문하고 싶은 건 또 있다. 과연 당신들에게 대통령의 그 정도 허물을 들어 탄핵 운운할 자격은 있다고 생각하는가? 언제부터 그토록 엄한 법의 잣대로 처신해 왔는가?

16대 국회는 이미 코마 상태에 빠졌다. 그 국회는 대통령을 탄핵할 자격도 없는 듯하고, 다가오는 총선을 제대로 치를 준비도 안 되어 있는 것 같다. 총선이 눈앞에 다가왔는데 국회의원 정수가 몇이어야 되는지를 자신의 이해관계에 따라 오늘 이렇게 정하고 내일 저렇게 정해 온 것이 이 국회다.

선거가 한 달여밖에 남지 않았는데 아직도 선거구 획정도 마무리하지 못하고 있는 16대 국회다. 대통령 탄핵을 말하기 이전에 자신들을 해산하는 문제를 심각하게 고려해 봐야 순서가 맞지 싶다. 아니, 이미 그런 것에 대한 해체의 과정을 겪고 있는 것이 기성 정치권인 것 같다.

그러니 남 탓하기 전에 자기 앞가림이나 잘 하고 4월 15일 유권자들의 심판에 나설 채비나 성실하게 하도록 간곡하게 당부하고 싶다. 노무현 대통령과 참여정부의 국정 수행에 대한 심판도 총선 결과에 의해 내려질 듯싶으니 총선 준비나 열심히 했으면 한다. 그리고 대통령 탄핵 발의안은 사리에 맞지 않기 때문에 철회돼야 한다. 왜 그런가?

첫째, 논리적 모순이 있다. 민주당은 대통령이 사과하면 탄핵 발의를 거두겠다고 했다. 대통령이 탄핵에 해당되는 중죄를 지었기 때문에 탄핵하겠다는 논리라면 사과고 뭐고 무관하게 탄핵해야지 법 앞에 무슨 사과가 필요 있나. 자가당착이자 정치 공세라는 해석을 가능하게 한다.

둘째, 많은 사람들이 이미 논란을 벌인 바 있긴 하지만 법률적으로 따져볼 수 있다. 대한변협을 포함해 대다수 법률 전문가들은 대통령의 발언이 위법이라고 할 것까지 없다는 견해를 공개적으로 피력해 왔다. 특히, 국민이 열망하는 선진 정치 문화 속에서는 대통령의 그 정도 발언은 아무런 문제될 것이 없다는 견해가 지배적이다. 문제는 민주당이 전가의 보도(寶刀)로 사용하고 있는 선관위의 판단이다.

그러나 선관위 결정도 앞뒤 정황으로 미뤄볼 때 대통령을 탄핵할 정도의 무거운 위법이 아니라는 유추를 가능하게 해 준다. 그리고 대통령도 그 정도의 선관위 결정은 존중한다고 천명한 바 있다. 민주당의 탄핵 발의는, 어떤 운전자가 경미하게 도로교통법을 위반했다고 해서 운전면허를 아예 취소해 버리는 부당한 처벌을 내리는 것과 진배없다.

셋째, 탄핵이 정치적으로 이용되고 있다는 혐의가 간다. 지금 우리는 진정한 정치 개혁을 통해 정치권이 거듭나고, 그런 한 과정으로 17대 총선을 성실하고도 깨끗하게 치러야 하는 중차대한 개혁 과제를 안고 있다. 4월 15일 국민은 준엄한 심판을 통해 정치 개혁을 완수할 태세를 갖춰가고 있다.

여야를 가리지 않고 지금은 변화된 정치 문화 속에서 어떻게 국민의 요구에 부응하는 성숙한 선거를 치르고, 가능한 한 많은 지지를 받을 것인지에 몰입할 때이다. 경미한 사유를 들어 대통령을 탄핵하겠다는 것은 정국을 혼란에 빠뜨려 국정 문란을 초래하고 그 책임을 대통령과 여당에 떠안김으로써 선거에서 반사이익을 챙기겠다는 계산이 숨어 있는 것이 아닌가 하는 의구심을 자아내게 한다.

넷째, 국가와 경제·사회 전반에 걸친 난맥상의 문제가 있다. 우리는 안팎으로 엄청난 도전을 받고 있다. 정쟁을 벌이고 있을 한가한 상황이 아닌 것이다. 위험한 이라크 파병을 목전에 두고 있고, 북핵 문제가 여전히 남아 있으며, 경기 위축이 지속되고 있다. 대통령을 탄핵한다고 난리를 쳐 대면 국제사회는 또 어떻게 한국을 인식하겠는지도 생각해야 한다. 각종 사회 갈등도 잠시 봉합돼 있지 해소되지 않았다.

이런 어렵고도 위기적인 국가적 상황을 조금이라도 고려한다면 당찮은 사유를 든 대통령 탄핵 발의가 나올 수 없다. 정치권은 당리당략과 정치 공세를 벗어나 국리민복의 대의를 우선시하는 처신을 보여 주었으면 한다.

『문화일보』 2004년 3월 9일

77

이라크전 1년의 교훈

　부시 행정부의 일방적 공격으로 시작된 이라크전쟁이 발발한 지 1년이 지났다. 후세인 체제의 억압과 궁핍으로부터 이라크 국민을 해방시키고, 이라크에 자유와 평화, 경제재건을 안겨 준다는 미국의 장밋빛 약속은 연일 이어지는 대규모 폭탄 테러와 극심한 정정 불안으로 휴지가 된 지 오래다. 대선을 앞두고 있는 부시 대통령 역시 국내외에서 거세게 일고 있는 비판 여론에서 자유롭지 못해 이라크로부터 발을 뺄 명분을 찾기에 급급한 실정이다. 명분도 없고 지향도 없는 폭력의 아비규환의 현장이 이라크다.

　지난 1년간의 이라크전은 총체적 실패였고 세계적 재앙이었다. 부시 행정부는 후세인이 대량살상무기를 보유하고 있다는 점을 근거로 전쟁을 시작했고, 테러 근절을 전쟁의 목표로 삼았다. 그러나 이라크에 대량살상무기는 없었고 테러가 근절되기는커녕 확대 심화되는 형편이다. 정당성 확보에도 실패하고 목표 달성에도 실패한 것이다. 이제 미국은 전 세계적 비난의 대상이자 웃음거리가 되었다. 막강한 힘을 가진 미국은 아직도 빈 라덴을 잡지 못하고 있고, '알 카에다'라는 작은 테러집단 하나도 제대로 다스리지 못하고 있는 탓이다.

안정커녕 테러 공포 확산

스페인 마드리드의 대규모 폭탄테러를 기점으로 유럽의 여론이 돌아섰고, 스페인의 6월 철군 결정에 이어 스페인 언어권 파병 국가들의 연쇄 철군 움직임이 강하다. 미국이 철저하게 따돌리는 형국인 것이다. 부시 행정부는 자신이 판 무덤에 묻히고 있다.

부시 행정부의 오만과 오판이 빚은 폐해는 미국과 이라크에만 발생한 것이 아니다. 미국이 조장한 테러편집증은 전 세계를 테러 공포로 몰았다. 공포는 증오를 빚었고, 증오는 복수를 자극해 폭력의 악순환이 초래되었다. 전 세계적으로 표현의 자유와 인권이 크게 훼손되었다. 한반도에 초래된 제2의 핵위기도 미국의 이 같은 일방주의와 결코 무관하지 않다.

남의 일로만 여겼던 테러는 이제 우리에게도 현실이 되었다. 최근 고건 대통령 권한대행은 "우리나라도 강력한 테러 경보 대상 국가"라고 말하기에 이르렀고, 정부 차원의 대테러 종합 대책을 마련하는 등 테러 비상이 걸렸다. 대규모 테러의 주요 대상 국가가 이라크에 파병하는 국가들이며 3,000여 명의 대규모 파병을 앞두고 있다는 데서 비롯된 일이다.

이런 사정은 또한 제2의 파병 논란으로 이어지는 분위기를 만들고 있다. 파병 재검토론이 공론화되는가 하면, 주말에는 반전·파병 반대 대규모 집회가 열렸다. 이라크의 정정이 극도로 불안정하고 폭력 사태가 빈발하여 우리 파견군의 안전을 보장하기 어려운 현실을 감안할 때 시민사회의 요구를 가볍게 넘길 수도 없다. 이 같은 시민사회의 요구는 국회의 동의마저 받은 파병 결정을 돌이키기가 현실적으로 불가능한 정부에 큰 부담을 안겨 주고 있다. 여기에다 현지의 사정이 시시각각 변해 파병군의 임무와 파병 시기도 아직 불투명한 실정이다. 모두 정부의 골칫거리인 셈이다.

이라크전 1년은 우리에게 여러 교훈을 준다. 특히 탄핵 정국의 정치인들에게 가르치는 바가 많다.

첫째, 정당하지 못한 일은 일시 성공할 수 있을지 모르지만 시간이 흐르면 그에 해당되는 대가를 반드시 치른다는 점이다. 사리에 어긋나고 명분과 정당성이 없는 미국의 행동은 결국 대중의 자각에 따른 준엄한 심판을 받게 된 것이다.

관용·대화 중요성 일깨워

둘째, 오만과 정세에 대한 오판은 필시 기대와 상반되는 결과를 초래한다는 점이다. 자신과 세계에 대한 정확한 현실 인식 없는 무모한 행동이 가져온 수모를 이라크전은 생생하게 보여 주고 있다.

셋째, 아무리 거친 현실정치 무대에도 밀어붙이기식 일방주의는 집단적 저항에 직면할 수밖에 없다는 점이다. 부시 행정부는 국제사회의 기준이 아니라 자신의 잣대에 따라 밀어붙여 정치적 욕구는 발산했을지 모르나 진정한 목표 달성에는 실패했다.

넷째, 힘에 대한 과신과 강제력에 의한 문제 해결 방식의 위험성이다. 힘과 힘이 부딪치면 폭발이 일어나고 혼란이 온다. 강제력에 의한 정치는 반동을 일으키고 이 악순환은 카오스를 부르는 것이다.

이라크전 1년은 국제 정치와 국내 정치를 가릴 것 없이 관용과 대화, 외교와 타협만이 궁극적으로 승리한다는 교훈을 일깨운다.

『경향신문』 2004년 3월 22일

78

국민은 어리석지 않다

'죽기 살기로 싸울 이유는 없다' 22일자 동아일보 '월요포럼'의 제목이다. 전적으로 동의한다. 그런데 정작 글 내용을 보면 죽기 살기로 싸우기를 작정한 사람은 그 글의 필자 자신인 것 같다. 글 전체를 꾸미고 있는 과격하고 파괴적이며 폭압적인 언어들이 그렇고, 촛불시위를 비롯한 탄핵 반대 집회에 나선 선량한 시민사회를 '친북 반미 좌파' '폭민'으로 몰아붙이는 대목도 그렇다. 포퓰리즘을 경계하고 통합을 강조한 글의 표면적인 취지와는 괴리가 있다.

노(盧) 정부 포퓰리즘 규정은 무리

탄핵 정국을 맞은 우리 사회에 대해 '파괴적이고 시대 역행적인 광기로 가득 찬 포퓰리즘이 지배'하고 있다고 분석한 것은 온당한 현실 인식에 기초를 두고 있지 않다. 노무현 대통령의 집권 이후 포퓰리즘론은 일부 지식인에 의해 줄기차게 제기돼 왔다.

하지만 포퓰리즘은 정의하기가 쉽지 않다. 노 대통령이 때로 국민에 직접 호소하는 정치를 한다고 해서 이를 포퓰리즘이라고 단언할 수는 없다. 노 대통령 정부를 포퓰리즘으로 규정하는 것 자체가 무리이거니와

스탈린 통치나 파시즘, 페론주의 등과 같은 반열의 포퓰리즘으로 비교하는 것은 터무니없는 일이다.

'월요포럼'의 포퓰리즘론은 야당에서 제기한 '탄핵 정국 음모론'과 '시민사회 선동 동원론'의 연장이자 그 종합판이다. 그리고 그 바탕에는 국민을 얕잡아보는 우민(愚民)론이 자리 잡고 있다. 우민론은 정치 엘리트와 지식인들이 흔히 갖고 있는 인식인데, 야당 정치인들이 방송사 항의 방문에서 한 언행에 그 정수가 나타난다. 즉, 순진하고 가만히 있는 국민을 편파 왜곡 방송이 거리로 내몬다는 것이고, 아무것도 모르는 어리석은 백성을 비정부기구(NGO)로 위장한 좌파들이 조종하고 열린우리당이 선동 동원한 결과 대규모 탄핵 반대 집회가 열린다는 것이다.

이는 현실을 제대로 읽지 못한 것은 물론, 집회에 참가한 시민을 모독하는 중대한 오류다. 한국 정치를 바람직한 방향으로 견인하고 민주화를 추동한 주체는 언제나 시민이었다. 국민은 어리석지 않으며, 얕잡아볼 대상도 아니라는 사실은 4·19부터 87년 민주화운동까지 우리 정치사가 생생하게 입증하고 있다.

오히려 어리석은 집단은 정치인들이다. 부패와 부실의 총체적 집단이 정치인이며, 그런 이유 때문에 우리 국민이 제일 불신하는 집단이 정치인들이다. 이번 탄핵 정국을 몰고 온 야당 국회의원들이 어리석음의 극치를 보여 주었다. 즉, 여론과 현실을 제대로 인식하지 못했고, 탄핵안을 처리하는 절차도 미숙했으며, 탄핵안 처리 이후도 역풍의 원인을 깨닫지 못하고 남의 탓만 하고 있으니 말이다.

70%의 국민이 탄핵에 반대하고 다수의 시민이 그 여론을 집회와 시위 형태로 표출한 것은 제도권 정치의 횡포에 대한 시민사회의 자연스러운 반응이라고 해석해야 할 것이다. 시민을 거리로 내몬 장본인은 노 대

통령도 아니며 시민단체나 열린우리당도 아니다. 그 장본인은 터무니없는 사유로 대통령을 탄핵 소추한 193명의 국회의원이다.

일시적 진통 시민사회 성숙 과정

혼란과 무질서를 좋아하는 사람은 없다. 연일 집회와 시위를 하는 것이 반드시 바람직한 일이라고 할 수 없을지 모른다. 하지만 시위에 참여한 시민을 홍위병이나 전위대로 몰고, 우리 사회를 포퓰리즘이 지배하는 사회로 보는 인식이 더 무섭고 위험하다.

탄핵을 발의할 때 두 야당 지도부가 한 말대로라면 우리사회는 이 정도의 충격을 흡수할 만큼 성숙하다. 과연 맞는 말이다. 시민사회는 기본적으로 성숙한 태도를 보이고 있다. 일시적인 진통이 있을지 모르지만, 이를 통해 결국은 더욱 성숙해 갈 것이다. 이 정도를 포용해 제대로 보지 못하고 파시즘, 포퓰리즘을 떠올리는 획일적이고 굳은 인식 틀이 아쉬울 따름이다.

『동아일보』2004년 3월 24일

포퓰리즘

일반적으로 대중의 견해와 바람을 대변하고자 하는 정치사상 및 활동을 가리키며, 소수의 엘리트가 다수의 대중을 지배하는 엘리트주의에 상대하는 개념이다. 정치, 경제, 사회, 문화면에서 본래의 목적보다 대중의 인기를 얻는 것을 목적으로 하는 정치 행태로 대중영합주의라고도 한다.

79

지역 외교 전문가가 부족하다

　김선일 씨 사건을 계기로 국가에 대한 요구가 다양하다. 진상을 밝혀야 한다, 문책인사를 해야 한다, 재외공관의 기능을 정상화해야 한다, 외교안보 라인을 새롭게 구축해야 한다 등이 주를 이루고 있다. 모두 일리 있는 요구다.

　부시 행정부는 예정보다 앞당겨 이라크에 주권 이양을 단행했다. 앞으로 이라크 정정은 극도로 불안할 것으로 전망된다. 정부의 제2차 파병 입장에 변함이 없는 상황에서 파병 이후에 발생할 수 있는 일들에 대해서도 다각적인 대응책을 마련해야 한다.

　이런 다양한 대응과 더불어 국가가 차제에 근본적이고 구조적인 수준의 국가전략을 세워야 한다. 우리는 세계화된 시대에 살고 있으며, 지식기반형 개방 체제를 지향하고 있다. 이 대세는 바꿀 수가 어렵게 돼 있다. 이런 시대의 국가전략에는 반드시 남에 대한 연구, 즉 '지역연구(Area Studies)'가 체계적으로 이뤄져 광범위한 기반이 돼야 한다.

　김선일 씨 사건을 좀 더 근본적인 각도에서 원인을 분석해 보면, 우리의 지역연구 부족 탓이다. 중동에 대한 전문적이고 체계적인 연구가 없다. 테러 조직에 대한 계보를 아는 전문가도 없다. 이슬람에 대해 식견을 가진 사람도 별로 없다. 손으로 꼽을 정도의 전문가마저 국가가 제대로 활용하지 못한다. 아예 그런 체계가 구축돼 있지 않다. 김선일 씨 사건 같은 일이 터지지 않으면 이상할 정도의 수준인 것이다.

한국은 중동 연구만 부족한 게 아니다. 주변 강대국들에 대한 전문성도 크게 떨어진다. 한미 관계를 다루는 세미나에 가 보면 미국을 모른다고 아우성이다. 동북아 세미나에 가보면 중국이나 러시아를 모른다고 한다. 국가가 지역연구에 투자하지 않고, 지역 전문가를 체계적으로 양성하지 않은 결과다. 있는 인적 자원과 네트워크를 활용하는 메커니즘도 잘 구축돼 있지 않다.

상대방을 잘 알지 못하는데 외교가 잘될 리 없다. 냉정하게 말하자면 이것이 한국의 국가 수준이다. 이런 국가로 세계화 시대, 개방 체제, 지식정보 사회에 성공할 수 없다. 우리 주변의 국가들은 지역연구가 막강하다. 미국은 전 세계 지역에 대한 전문가들이 셀 수 없이 많고, 정부의 요직에 등용된다. 일본도 지역연구의 강한 전통이 있고, 전문가들이 숱하다. 민간 싱크탱크도 헤아릴 수 없을 정도다. 중국만 하더라도 근년에는 아주 체계적인 지역 연구를 국가전략 차원에서 수행하고 있다.

김영삼 정부 때 세계화 전략의 일환으로 지역연구를 활성화한다고 적극적으로 나선 적이 있다. 그러나 해외에 달러만 뿌리고 국제대학원들만 양산한 나머지 이렇다 할 결실을 보지 못했다. 당시에는 경제협력개발기구(OECD) 가입이라는 정치적 계산이 개입돼 일을 그르친 측면도 있었다. 하여간 국가가 제공한 기회를 잘 활용하지 못한 학계에도 책임이 있다.

이번 사건을 통해 지역연구를 강화하고 체계화시키는 제2의 계기로 삼아야 할 것이다. 외교안보의 기초이자 출발이 지역연구다.

일단 지역연구에 조예가 깊고 열의가 있는 전문가들의 자문을 받아 '세계지역연구센터' 같은 제도를 만드는 방안을 마련해야 할 것이다. 세계지역연구센터는 처음부터 거창하게 일을 벌일 필요 없이 일단 시급한 지역부터 국가가 필요로 하는 연구보고서를 만들어 제공하는 데서 출발하면 된다. 일정하게 탄력이 붙으면 세계의 주요 지역으로 대상을 넓히고 연구를 체계화하며, 연구 인력도 늘려 나가면 된다. 수요는 비단 중앙정부에 그치지 않고, 지방정부와 기업계도 포함될 수 있을 것이다. 지자체도 준외교적 활동이 많기 때문에 수요가 있고, 기업도 해외 투자와 관련하여 지역연구 기반을 활용할 수 있다.

이 센터는 지방화 시대에 부응하여 서울이 아니라 지역에 세우는 것이 바람직하다. 국내외적 교통이 편하고, 지자체가 열의를 가지고 있으며, 대학과의 연계가 가능한 곳이 좋다.

『문화일보』 2004년 6월 30일

80

바깥 세상을 보자

요즘 국가와 사회의 관심과 에너지가 온통 내부 이슈들에 치우쳐 있다는 느낌을 지울 수 없다. 행정수도 이전 문제를 시작으로 친일 진상 규명, 과거사 정리, 국가보안법 개폐, 국가 정체성 문제 등을 놓고 논쟁이 치열하고 그에 따른 균열과 갈등이 심각하다. 그보다 더한 문제는 그런 논쟁이 이성적 방식과는 거리가 있으며, 사회 갈등도 파괴적 성격을 갖고 펼쳐지고 있다는 점이다.

이 같은 상황이 초래된 데는 한국 사회 내부의 균열 구조가 복잡다단한 측면에서 비롯됐지만 정치권에 적잖은 책임이 있다. 정치권은 어떤 사안이 불거지면 일단 그것을 정쟁의 소재로 삼는 구태를 벗지 못하고 있다. 영향력이 큰 정치인들이 문제의 본질을 정치적 목적에 따라 변질시키기 때문에 합리적 공론화와 건설적 문제 해소가 불가능해지는 경우가 허다하다.

내부 문제로 국력 소모할 땐가

영향력으로 치면 정치권에 못지않은 언론과 비정부기구(NGO)들도 주어진 역할을 올곧게 하고 있는지 자문해 봐야 한다. 사회정치적 의제를 공정하게 선정하고 공론화하는 기능을 하고 있는지, 문제를 불필요하게 증폭시키고 정치화하는 구실을 하지 않았는지 돌아볼 필요가 있다. 언론과 NGO는 사회적 공기(公器)로서 본연의 자세를 견지할 때 국민의 지지를 받을 수 있다.

찬반 양 진영의 주장대로 한국은 지금 내부 문제로 국력을 소모할 처지에 있지 않다. 사회 통합을 통해 에너지를 모으고 역동성 넘치는 분위기를 만들어야 할 긴박한 과제를 안고 있다. 게다가 한국은 개방국가이며 기본적으로 대외 수출을 통해 경제를 끌고 가는 무역국가다. 그런 잣대로 말하자면 한국은 세계 11위 국가다. 하지만 바깥 세계에 대한 정부나 일반 국민의 수준이 그 정도가 되느냐에 대해서는 의문이다. 국가의 관심과 에너지가 바깥 세계에 좀 더 두어져야 마땅하다는 결론이 나온다.

바깥을 보면 국가전략적으로 산적한 과제들이 있다. 첫째, 대규모 파병을 해 놓은 이라크 문제가 있다. 이라크는 아직 전쟁 중이며 매우 위험한 지역에 우리 군대가 가 있다. 그런데 이라크에서 어떤 일이 벌어지고 있는지에 대해 큰 관심을 갖는 것 같지 않다. 둘째, 미국 대선이 두 달도 남지 않았다. 대선 결과에 따라 북한 핵문제와 한미 관계 등 우리 안보의 핵심 사안들에 파장이 오게 되어 있다. 그러나 이에 대한 체계적 관심도 볼 수 없다. 셋째, 고구려사 문제로 와글와글하더니 중국도 어느새 우리의 지평에서 사라진 느낌이다. 우리의 최대 교역상대국이자 최대 투자국인 중국을 주목하지 않는 것은 위험하다.

이 밖에도 국가의 전략적 이해관계가 걸린 국가와 해외 지역이 한두 군데가 아니다. 개방 체제이자 무역국가인 한국은 외부 세계의 동향을 지속적으로 점검하고, 전략적 이해가 걸린 국가나 지역을 상대하는 것이 국가 운영의 골격이 되어야 한다.

수출을 해서 먹고사는 국가에서 해외에 대한 지식기반이 미흡하다는 것은 국가 운영의 기초가 부실하다는 말과 같다. 현재 국책 연구 기관이나 민간 연구소, 대학 부설 연구소들이 다수 있지만 이 기능을 담당하지 못하고 있는 실정이다. 국가의 전략 목표, 이에 걸맞은 정책과 외교를 펼치기 위해 필요한 강대국이나 지역에 대한 학술적이고 지정학적인 연구를 수행하는 제도가 시급하다. 정부가 고민해야 할 과제다.

대통령은 대외 분야 치중해야

마침 노무현 대통령이 카자흐스탄, 러시아를 순방하는 외교 행보에 나선다. '동북아 시대' 구현을 국정 목표로 내건 대통령으로서 이번 러시아 방문은 중대한 의의를 갖는다. 이후 연말까지 30여 일 동안 10여 개국을 방문하는 활발한 정상외교를 펼칠 계획이라고 한다. 정상외교의 초점도 자원 산업 통상 분야에 두어져 있고, 신흥국가들이 주된 방문국이다. 현재 한국이 당면한 경제 현실을 고려할 때 시의적절하고 바람직한 행보라고 본다. 안살림을 총리에게 맡긴 이상 대통령은 핵심 국정 과제를 챙기는 일을 제외하고는 대외 분야에 치중하는 국정 운영의 틀을 국민에게 보여 주는 계기로 삼았으면 좋겠다.

『동아일보』 2004년 9월 17일

81

문화국가의 비전

"지금 인류에게 부족한 것은 무력도 아니요, 경제력도 아니다. 자연과학의 힘은 아무리 많아도 좋으나 인류 전체로 보면 현재의 자연과학만 가지고도 편안히 살아가기에 넉넉하다. 인류가 불행한 근본 이유는 인의(仁義)가 부족하고 자비가 부족하고 사랑이 부족한 때문이다. 이 마음만 발달이 되면 현재의 물질력으로 20억이 다 편안히 살아갈 수 있을 것이다. 인류의 이 정신을 배양하는 것은 오직 문화다."

백범 김구(白凡 金九) 선생이 1947년 말에 발표한 소논문 '나의 소원'에 나오는 글이다. 일제에 맞서 테러를 마다하지 않았고 자주독립국가 건설을 위해 평생을 바친 민족주의자가 피력한 생각이라고 믿기지 않을 정도로 보편적 세계관과 진보적 시대정신을 담고 있다. 57년 전이 아니라 오늘 얘기해도 백번 지당하고 현실성 있는 말이다. 또한 백범은 자신이 원하는 국가상으로 문화의 힘을 갖춘 국가, 그래서 자신도 행복하고 남에게도 행복을 주는 그런 비전을 제시한 바 있다.

중견 국가에서 민주 강국으로

2004년을 마감하면서 백범의 문화국가론을 새삼스럽게 되새기는 데는 2005년과 그 이후 중장기적인 국가전략에 대한 고민과 관련되기 때문이다. 국가의 장래에 대해 고민할 때 가장 중요한 전제가 현주소를 정확하게 파악하는 일이다. 그 전제가 틀리면 아무리 빛나는 아이디어도 사상누각(沙上樓閣)이 되기 때문이다. 한국은 경제 규모, 군사력, 민주화의 정도, 기술, 교육 수준 등에 비춰 볼 때 이미 중견 국가에 해당된다. 절대 약소국이 아니다. 중견국을 선진 민주 강국으로 만드는 것이 우리의 목표다.

한국은 세계 12위의 교역 규모를 자랑하는 개방형 통상국가다. 자유무역협정(FTA) 추진을 통해 역내 시장통합을 앞당기고 경쟁력을 갖춘 글로벌 통상국가로 발전해 나가야 함은 당연한 일이다. 그러나 한국은 북한 핵문제를 위시해 분단 문제로 아직도 안보 위협이 있고 평화라는 차원에서 크게 미흡하다. 평화국가가 되기 위해 국론을 모으고 국제사회 환경을 유리하게 만드는 일이 중요한 과제다. 현 정부가 평화와 번영의 동북아 시대를 열자고 주장하는 배경의 한 축도 바로 이런 평화국가에 대한 열망일 것이다.

한국이 선진 민주강국으로 발돋움하는 길은 각종 내부 혁신 노력과 더불어 글로벌 통상국가로서 수출 5,000억 달러 시대 개막을 위해 박차를 가하면서 평화국가의 기초를 닦는 데 있다. 금년에 수출 2,000억 달러를 돌파했으니 5,000억 달러 시대를 열자는 주문은 헛되지 않다. 더불어 6자회담을 성공시키고 제2차 남북 정상회담을 통해 남북 관계를 획기적으로 개선해 평화국가의 기반을 확고히 해야 한다. 2005년이 갖는 풍부한 역사적 상징성과 아시아태평양경제협력체(APEC) 정상회의를 활용해야 한다.

필자는 통상국가, 평화국가에다 문화국가 비전을 첨가해야 한다고 생각한다. 통상국가는 물건 팔아 돈 벌면 최고라는 자국 이기주의, 평화국가는 안보지상주의 등의 인식을 줄 수 있다. 이 모두를 문화로 결부시키는 포괄적 인식이 필요하다. 백범 같은 선각자가 국가 철학으로 제시했을 뿐더러 우리 헌법에도 문화국가의 이념이 흐르고 있다. 문화(관광)부를 두고 있는 정부는 그리 많지 않다. 우리는 이미 문화의 힘에 관심을 쏟아 온 것이다.

'한류(韓流) 현상'의 힘

그런 결과의 하나로 '한류 현상'을 꼽을 수 있다. 한류의 경제적 이득을 따지는 사람들이 많다. 하지만 문화 교류와 소통을 통해 상호 인식의 격차 해소와 상대에 대한 불신의 극복 위에 정체감을 높일 수 있다는 측면에서 문화 현상에 접근할 필요도 있다. 백범이 소박하게 정의 내린 '나도 행복하고 남도 행복하게 해 주는' 문화의 힘을 우리가 키워 나갈 때 통상과 외교도 잘된다.

21세기 진정한 강국은 소프트웨어 강국이다. 프랑스를 부러워하고 선진 민주국가 모델로 삼는 것은 프랑스가 지닌 문화적 힘 때문일 것이다. 한국도 프랑스같이 문화 강국이 돼야 한다. 한국 사회 전반의 창발력을 높이는 분위기 조성이 곧 문화력을 높이는 길이다. 통상, 평화, 문화가 어우러질 때 선진 민주 강국의 꿈을 실현할 수 있다.

『동아일보』 2004년 12월 31일

82.

근본 비껴간 보도로 남남갈등 조장

2007년 8월은 우리 민족과 한반도가 불신과 긴장의 굴레를 진정으로 벗어던지고 신뢰와 평화공존의 미래를 향한 큰 발걸음을 내디딜 수 있는 결정적 호기다. 반세기전 한국전쟁 끝에 한반도에 뿌리를 내린 정전체제 혹은 분단체제를 극복할 수 있는 절호의 기회가 온 것이다.

이 호기를 놓치지 않고 남과 북이 주도적으로 협력하고 국제사회의 협조를 얻어 새로운 한반도 시대를 열 수 있는 토대를 닦아야 한다.

게다가 동북아 역내 질서도 1940년대 말에 구축된 해양 대 대륙이라는 대립적 성격의 틀을 해체하고 공존적이고도 통합적인 질서로 전환시킬 수 있는 징후들을 나타내고 있다. 동(북)아시아 지역에서도 통합 운동이 힘을 얻고 있고 공동체 구축에 대한 논의가 매우 무성해졌다.

특히 동북아에서 다자안보협력메커니즘 구축 과제가 담론의 수준을 훌쩍 넘어 유관국들의 아주 구체적 정책선택 국면으로 접어든 것은 괄목할 만한 정세의 전개라고 해야 할 것이다.

정부, '평화와 번영의 동북아 시대 구현' 3대 국정 목표 설정

이런 문제의식과 정세 판단에 따라 참여정부는 한반도와 동북아를 분리시켜 다루는 전통적 인식론을 벗어나 양자를 동시에 묶어 인식의 지평에 넣는 새로운 인식 체계를 갖고 접근해 왔다.

이를 '동북아 시대 구상'이라 하는데 3대 국정 목표 가운데 하나인 '평화와 번영의 동북아 시대'를 구현하는 인식 체계이자 정책패키지라고 이해하면 될 것이다. 이것은 우리 국가와 민족의 운명을 바꾸는 과업이자 미래를 준비하는 창발적 국가전략이요, 동북아 역내 비전이기도 하다.

북핵 문제가 걸림돌로 작용해 실행이 더뎠던 '동북아 시대 구상'은 이제 여러 분야에서 자신을 실현하고자 하는 에너지로 충만해 있다. 이런 역사적 시점에 8월 28일 2차 남북 정상회담이 열리는 것인 만큼 그 의의가 심대하다. 따라서 모든 사회구성원들이 어떻게 하면 건설적 일익을 담당할 것인가를 놓고 창의적 고민을 할 때이지 작은 정치적 득실 계산을 하고 있을 때가 아니다.

대통령 임기와 무관하게 정상회담 개최 가능 일관된 입장

지금 한국 지식인 사회, 언론, 정치권, 시민 사회를 가리지 않고 제2차 남북 정상회담 개최에 대해 우려도 많고 동시에 기대도 높다.

정상회담을 잘 준비해서 한반도 평화 증진과 공동 번영의 긴 경로에 일대 전환점을 마련해야 한다는 점에서 이 같은 우려와 기대를 탓할 수 없다. 또한 정부는 다양한 여론을 수렴하여 회담 준비에 만전을 기하는 것이 마땅하며, 실제 그런 노력을 하고 있다.

사실 대선 바람이 본격적으로 불기 시작한 올해 초부터 남북 정상회담에 대해 다양한 주문이 있어 왔다. 여권이나 진보적 시민사회로부터는 왜 정상회담을 하지 않느냐라는 강한 비판과 요구가 있었다. 다른 한편 야당과 일부 언론은 정상회담 추진이 필시 대선용일 것이니 하면 안

된다는 압박을 가해 왔다.

　노무현 대통령은 취임 초부터 '언제 어디서건' 남북 정상회담을 개최할 수 있다는 입장을 일관되게 견지해 왔다. 통일외교안보팀도 여건이 충족되고 분위기가 성숙되며 상대방이 호응해 온다면 대통령의 임기와 무관하게 정상회담이 열릴 수 있다고 말해 왔다.

　그럼에도 불구하고 막상 8월 8일 정상회담 개최 발표가 나자, 임기 말에 남북 정상회담하면 안 된다던 야당과 일부 언론은 '대선용 이벤트', '대선판을 흔들자는 선거 공작'이라며 예견된 반응을 보였다.

　그러다가 국민 절대다수가 동의한다고 하고 대선에 별로 영향을 미치지 않을 것이라는 여론조사 결과가 나온 탓인지 곧바로 입장을 선회했다. 절대불가론을 접고 기왕 열기로 합의한 회담이니 열어야 하지 않겠느냐는 조건부 수용론으로 후퇴한 것이다.

일부 언론·야당의 성과론 압박, 남남갈등 초래

　대신 일부 언론과 야당은 새로운 압박 카드를 들고 나왔는데 바로 성과론이다. 성과를 내지 않으면 안 하느니 못 하다는 억지 논리로 정부를 흔들기 시작한 것이다. 특히 이들은 북핵 폐기를 유난히 강조하면서 회담성과를 그 방향으로 몰아가고 있다.

　'성과 = 북핵 폐기 합의'라는 일차방정식의 답만 구하고 오라는 주문이다. 한반도 평화 증진과 공동 번영 정도의 주문까지도 나가지 못하고 핵문제에 집착해 있는 셈이다. 이들의 주문은 어린애도 제시할 만한 수준에도 이르지 못하고 있다. 이들에게는 한반도에 무르익어 가는 새로운 기운과 변화하는 동북아정세는 보이지 않고 오직 북핵 문제만 보이는 모양이다.

북핵 문제의 해결이 중요하다는 것은 노무현 대통령이 어느 누구보다 더 잘 알고 있다. 청와대 안보실에서 낸 브리핑 자료를 보더라도 정상회담에서 북핵 문제 해결에 대한 합의를 이루는 데 노력한다는 점을 분명히 하고 있다.

하지만 보다 더 분명한 점은, 제2차 남북 정상회담이 북핵 문제에 관한 회담이 아니라는 사실이다. 북핵 문제는 6자회담이라는 별도의 틀을 통해 매우 구체적으로 다루어지고 있다는 점은 삼척동자도 알고 있는 일이다.

어렵사리 열리는 남북 정상회담을 '핵 회담'으로 몰고 가는 것은 정상회담의 성격과 방향을 근본부터 흔드는 파괴적인 일이다. 이런 식으로 정상회담을 몰아가면 성과를 어떻게 내건 상관없이 제2의 남남갈등은 예고되고 있다고 봐도 틀리지 않을 것이다.

정상회담은 핵문제를 포함해 남북 관계의 실질적 진전이라는 보다 큰 목표와 포괄적인 전망을 가질 때 비로소 정상회담으로서의 의의를 찾을 수 있다.

『국정브리핑』 2007년 8월 13일

83

한국이 어린애처럼 의존하면 한미 동반자 협력은 공염불

1953년 한미 상호방위조약이 체결된 이후 한미동맹은 안팎의 환경 변화에 따라 끊임없이 조정되어 왔다. 전작권 전환 문제도 그런 맥락에서 접근해야 한다. 게다가 관련된 다른 이슈들, 곧 미국의 세계군사운용 전략, 동북아 지역 전략, 한국군의 역량, 중국에 대한 구상, 한반도 미래 평화 정착 등의 요소들이 종합적으로 고려되어야 한다. 2007년 초 양국 국방장관이 최종 시기를 합의할 때 바로 이런 종합적 틀이 자리 잡고 있었다. 그런데 새로운 안보 상황이 생겼다며 그런 합의의 이행을 미루고 재검토하자는 것은 미국을 매우 당혹스럽게 만드는 일이다. 미국 세계군사 전략의 틀을 뒤엉키게 하는 요구이기 때문이다. 따라서 만약 미국이 이를 수용한다면 우리가 반드시 상응하는 대가를 치르게 되어 있다.

중요한 것은 신뢰의 문제다. 동맹국 사이의 중대한 합의를 상황 논리로 무력화하는 것은 동맹국 미국에 신뢰 문제를 초래할 수 있다. 현 정부는 한미동맹을 '전략 동맹'으로 격상시켰다며 신뢰 동맹과 국제무대의 긴밀한 협력을 통해 동반자 관계를 만들어 가겠다고 밝히고 있다. 그런 우리가 전작권을 행사할 태세가 안 되었으니 시간을 더 달라고 한다면 대단한 자가당착에 빠지는 꼴이다. 그런 군대와 국가가 어떻게 미국과 손을 잡고 전 세계적 이슈들에 더불어 협력할 수 있겠는가?

한미연합사 해체 문제만 해도 그렇다. 연합사는 신성불가침의 제도가 아니며 만고불변의 원칙도 아니다. 군사동맹 내부에 조정 요인이 발생하면 변화시킬 수 있는 여러 임무, 조직 및 제도가 있는데 연합사도 그 가운데 하나다. 그것을 절대시하는 것은 나무만 보고 숲을 보지 못하는 우를 범하는 일이다. 전작권 전환에 따라 해체되는 연합사는 '신연합체계'를 만들어 대체하면 된다. 한미 양국군이 긴밀하게 협력하도록 하는 새 편제를 만들어 우리의 부족한 전력을 보완하는 것이다. 현재 그런 작업이 한창 진행 중이다. 연기론은 이런 노력과 과정을 무력화시켜 우리 군 내부에 큰 혼란을 초래할 것이 명약관화하다.

미국은 지금 한국에 더 많은 군사적 자율성을 부여하고자 한다. 한국에 그런 능력과 자격이 충분하다고 평가했기 때문이다. 그런데 우리는 한사코 그것을 거부한다. 1971년에 주한 미국대사관이 본국에 보낸 한 전문은 한국을 "유모가 평생 같이 있어주기를 바라는 어린애"로 비유하며 우리의 의존적 태도를 꼬집고 있다. 우리가 이렇게 어린애처럼 행동하는 한 '미래지향적 한미 관계'니 '국제무대에서의 동반자적 협력'은 모두 듣기 좋은 공염불에 그칠 것이다.

『한겨레』 2010년 6월 26일

84.

51시간의 공백이 던지는 교훈

대한민국 국가안보가 심히 걱정된다. 국민의 안위가 백척간두에 서 있다는 느낌이 든다. 국격을 높인다, 선진국이 된다, 이런 소리가 무척 공허하다. '튼튼한 안보'도 공염불처럼 들린다. 천안함 사태와 연평도 포격이 부른 해군 장병과 민간인의 희생이 아무 의미가 없다.

북한 최고지도자가 죽었다는 사실을 정보 당국이 까맣게 모른다. 대통령도 모른 채 일본 가서 한일 정상회담을 열어 위안부 문제를 두고 바짝 대립각을 세운다. 그 시간에 북한에서는 열차 여행 중에 죽은 사람을 평양으로 이송해, 부검을 하여 사인을 규명하고, 상황을 수습하는 믿기 어려운 일들이 벌어진다. 이 일들이 우리 정보 당국은 말할 것 없고 천하제일이라는 미국 정보망에도 걸리지 않았다니 북한의 정보통제가 혀를 내두르게 한다. 하여간 우리 대통령과 일본 총리는 국제적 망신을 톡톡히 당한 셈이다.

국회에 나온 국정원장은 이렇게 위중한 안보 상황을 여느 시민과 꼭 같이 텔레비전 방송을 보고 알았다고 한다. 북한의 '폐쇄성'을 들먹이면서 정보수집의 고충을 털어놓는다. 여당 의원들이 조롱조의 질타를 하고, 책임을 물어 사퇴해야 한다는 요구에 대해서도 성실한 답이 없다.

우리는 분단된 현실 속에서 남북이 군사적 긴장 상태를 유지하고 있기 때문에 국가안보와 국민 안위가 남북 관계에 의해 좌우된다고 해도 과언이 아니다. 현 정부가 내세우는 '튼튼한 안보'는 북한에 대한 정보력에 의해 뒷받침되어야 한다. 게다가 북한은 일인 독재 체제이기 때문에 지도자의 일거수일투족에 대한 정보야말로 우리 안보의 사활을 가르는 핵심 중의 핵심에 속한다. 바로 그 일에 실패했다는 점에서 차분히 따져볼 중차대한 사안인 것이다. 정보는 상황에 올바르게 대처하고 선제적 역할을 할 수 있는 기초다.

이 정부 들어 국정원의 인적 정보망이 북쪽에도 궤멸 상태에 빠졌고, 남쪽에도 대북 라인이 상당히 훼손되었다고 한다. 현대사회에서 중요하게 다루어야 할 정보의 종류가 많겠지만, 우리의 경우 국정원이 최우선으로 치중해야 할 대상이 바로 대북 정보다. 여기에 구멍이 뚫린 형국인데 지금이라도 복원하는 대책이 필요하다는 것은 너무나 상식적인 요구다.

정보가 단절된 또 하나의 중요한 원인은 대북 강경 정책이 빚은 남북 관계 그 자체의 단절이다. 다양한 교류가 있고 빈번한 왕래가 있다면 지금과 같은 정보 단절이 아예 발생하지 않았을지도 모른다. 이번에도 민간 기업에서 정부보다 한발 앞서 인지했다는 세간의 뒷말이 있다는 사실은 시사하는 바가 크다. 그런 의미에서 이번 계기에 남북 간 다양한 채널을 구축하는 것이 시급하다. 대북정책의 수정이 더불어 가해져야 가능한 일이기도 하다.

그간 한국 정보 당국은 정보 수집을 미국에 의존해 왔고, 특히 한미 공유와 공조를 강조해 왔다. 필자는 수년 전에 미국 정보 당국 책임자에게서 북한에 대한 정보와 분석에 관한 한 미국이 한국을 따라잡을 수 없다는 취지의 말을 듣고 큰 충격을 받은 바가 있다. 세계적인 정보수집 역량이야 미국 근처에도 가지 못하겠지만, 북한처럼 특수한 경우 한국 정보 당국이 더 실력을 발휘할 수 있다는 것이다. 정말 제대로 되기 위해서는 이번 같은 일도 우리 정보 당국이 먼저 알고 미국에 알려줄 수 있어야 한다는 말이다.

한중 간 긴밀한 대화 채널을 구축하여 정보 공유와 대북정책 공조가 일어나야 한다. 이는 시간이 흐를수록 더더욱 우리가 취하지 않으면 안 될 방향성이 될 것으로 예견된다. 이번에 중국도 알지 못했다고 하는데, 그것은 사실이 아닐 것이다. 후견국 노릇을 할 중국에는 마땅히 알려줬다고 봐야 할 것이다. 만약 알려 주지 않았다면 김정은 체제의 미래는 없다고 단언할 수 있다.

이제 현 정부 레임덕이 본격화되고 있다는 징후가 뚜렷하다. 거버넌스가 급속히 이완되는 시기다. 남은 임기 동안 무슨 일이 터질지 심리적 불편을 감수해야 할 당사자는 바로 평범한 국민들이다. 제발 국민을 위해 유사한 '정보실패'를 범하지 말고, 안팎의 위기관리에 소홀함이 없기를 바란다.

『한겨레』 2011년 12월 22일

85

MB 외교 노선이 부른 불편한 현실

　김정일 북한 국방위원장 사망 상황과 관련한 정부의 대응을 지켜보면서 느끼는 불편함이 하나 둘이 아니다. 국가안보와 국민 안위라는 기본 책무에 매우 부실하다는 정황들이 속속 드러난다. 모든 면에서 선제적 대응은 찾아볼 수 없고, 남 따라 장에 가는 시늉에 그치거나 소 잃고 외양간 고치기식 대응이 주를 이루고 있다.

　MB 정부 들어 새롭게 형성된 남북 대치 상태에서 우리 안보 상황 대비에 기초가 되어야 할 대북 정보력의 부재가 뼈아프다. 대통령이 북한 지도자가 사망했는데 그것도 모른 채 일본에 나가 있었다. 국민의 한 사람으로서 맞보는 불편함이 여간 아니다.

　이번 사태와 같이 북한에 중요한 일이 일어나도 정부가 그것을 알지 못한다는 것은 우리 국민에게 대단히 불편한 현실이다. 지난해 천안함 사태를 거치고 연평도 포격이라는 도발을 경험했음에도 불구하고 '튼튼한 안보'만 외쳤지 실제 이후에 발생할 지도 모르는 사태나 돌발 상황에 대한 대비 태세가 전혀 갖추어지지 않았다는 점도 불편한 현실이다.

　국정원이나 군 정보기관이 이렇게 취약한 대북 정보력을 갖고 있다는 사실은 대한민국이 하나의 국가로서 국민의 생명과 재산을 지켜야 할 제일의 책무를 담당할 수 있는 기능을 갖고 있는가를 묻게 만든다. 아주 불편한 질문이 아닐 수 없다.

일본과 중국, 러시아가 발 빠르게 조의를 표시하고 미국이 '새로운 리더십'을 인정하는 공식 발언을 했다. 미국은 이 상황에서 북미 간 뉴욕 채널을 가동해 식량 지원에 관한 실무 접촉을 벌였다. 중국은 후진타오 국가주석이 베이징에 차려진 분향소에 가서 직접 조문을 했다. 위기를 기회로 삼고자 하고, 급변하는 한반도와 동북아 정세 변화에 자국의 이해관계 실현을 위해 선제적으로 행동한 것이다.

한국만 홀로 대단히 피동적이고 상황 추수적인 행동을 보였다. 한반도 새 판 짜기와 동북아 환경 변화에 대한 전략도 없고, 차제에 남북 관계 개선을 위한 계기를 찾아보자 이런 생각도 보이지 않는다. 매우 불편한 현실이다.

MB 대통령이 한일 정상회담에서 일본과 대립각을 세우는 바로 그 순간에도 일본은 중국과의 협력적 관계를 모색하기 위해 치밀한 전략 아래 구체적 행동을 취했다는 정황이 포착되고 있다. 한중 정상 간의 통화를 위해 여러 차례 시도했는데 중국 지도부가 퇴짜를 놓는다. 무턱대고 통화를 시도한 것도 무(無) 전략의 산물이거니와, 중국이 이런 외교적 무례를 할 수 있다는 것은 한중 관계에 깊은 멍이 들어있다는 현실의 반영이라는 데에 더 큰 문제가 있다. 부랴부랴 6자회담 수석대표가 베이징으로 달려간다.

'조의' 정국에서 북미 간 대화, 북중 간 긴밀한 소통, 중일 간 협력의 모색 등 한반도 주변국들 간의 활발한 양자 외교가 일어나고 있는데 우리는 선제적 대응을 할 수 있는 아무 근거가 없다. 중국으로 달려가 '구걸외교'라도 하지 않을 수 없는 지경에 놓였다고 봐야 하지 않을까? 무척 속상하고 불편한 현실이다.

왜 이런 불편한 현실이 초래되었을까? MB 정부가 펼친 한미동맹 강화 정책과 대북 강경 정책, 그리고 중국을 위시한 북방 국가 경시 정책이 원인이다. 이 외교안보 노선이 문제였던 것이다.

　　남북 관계는 예견한 대로 파탄이 나 버렸다. 한중 관계는 신뢰에 금이 가고 "전략적"으로 "협력"이 잘 안 되는 파트너가 되어 버렸다. 그렇게 공을 들였던 미국과 일본은 하염없이 우리 편을 들어줄까? 그렇게 생각했다면 그것은 국제관계의 ABC도 모른다는 핀잔을 들어도 할 말이 없을 것이다. 미국과 일본은 철저히 자신의 전략적 이해관계를 관철하기 위해 한국과 관계 맺기를 해 왔고, 미래에도 그럴 것이다. 그런데 우리만 일방적으로 "영원한 우방" 같은 다분히 정서적 비논리로 미국과 일본을 상대한 것 아닌가하는 의구심이 든다. 한미 FTA 반대 운동에서 등장한 '저자세' '굴욕' 같은 어휘를 새겨볼 필요가 있다. 당당하지 못하고 자긍심을 구긴다는 것이다. 이 역시 불편한 현실을 구성하는 한 요소다.

　　'김정일은 곧 죽는다. 후계구도가 잘 준비되어 있지 않다. 이런 저런 유형의 감당하기 힘든 분란이 발생한다. 북한이 망한다. 그러면 우리가 미국과 합심해서 접수한다.' MB 정부는 아직도 이 생각에서 벗어나지 못하고 있는 듯하다. 어쩌면 김정일 사망이라는 예측이 맞았기 때문에 우리 생각대로 '붕괴' 시나리오가 한층 빨리 현실화되고 있다고 판단하는지도 모르겠다. 그런데 북한의 정황과 주변국들의 행동으로 미루어 볼 때 전혀 반대의 시나리오가 읽힌다. 미국도 중국도 원치 않는 것을 한국 정부는 내심 원하고 있다. 그래서 보조가 맞지 않고, 외톨이 신세가 되어 있다. 더더욱 불편한 현실이다.

『프레시안』 2011년 12월 23일

86

외교와 국정의 기본을 허문 대통령 전직 비서들

국가 운영의 책임을 맡은 세력의 국가 운영에 대한 기본적 이해와 국정에 임하는 태도는 국익과 직결된다. 최근 이명박 대통령의 비서를 지낸 인사들이 보이는 행동을 보면 국가 운영에 대한 기본적 이해가 있나 하는 의구심이 든다. 특히 국가안보를 다루고 상대방이 있게 마련인 외교안보 분야의 비서들이 보이는 행동은 국정 운영의 기본이 결여된 정도를 넘어 국기 문란 수준에 이르렀다.

정상회담은 최고 통치자들 간의 대화이므로 상징적 의미가 엄청나고 실제 효과도 막대하다. 정상회담은 비밀주의 원칙이 준수되어야 하고, 대화록은 국가기록물에 관한 법에 따라 관리되어야 한다. 분단과 동맹을 동시에 안고 있는 한국 대통령이 행한 남북 정상회담이나 한미 정상회담 기록물은 더욱더 각별하게 관리되어야 마땅하다.

지난 8일 통일부 국감장에서 새누리당 정문헌 의원이 뜬금없이 2007년 남북 정상회담 대화록에 노무현 대통령의 북방한계선(NLL) 발언이 있다는 의혹을 제기한 것은 실로 어처구니없는 행동이다. 그는 청와대에서 2009년 초부터 2년간 이명박 대통령의 통일비서관을 지낸 사람이다. 여러 정황으로 미루어 청와대 근무 기간에 회담 대화록을 보았을 가능성을 배제할 수 없는데, 만약 그렇다면 자신이 보좌한 대통령이 아직 임기 중인데 전직 비서로서 있을 수 없는 처신이다. 정상회담 대화록은 1급 비밀이고, 허가를 받아 보았다고 하더라도 그 사실을 공개하는 것 자체가 위법이다. 따라서 외교의 기초도 없고 국정의 기본을 허무는 언동을 했다고 할 수 있다.

문제는 이렇게 되면 한미 정상회담에서 오간 우리 대통령의 발언을 마구 공개해도 된다는 주장이 성립한다. 그리고 앞으로 누가 대통령이 되건 남북 정상회담을 하기가 거의 불가능해진다. 북쪽이 무슨 신뢰감을 갖고 정상회담에 응할 것이며, 어떤 대통령이 소신을 갖고 남북 정상회담을 추진할 수 있겠는가.

더더욱 어처구니가 없는 경우는 이명박 대통령의 외교 '책사'로 불리며 주요 외교정책을 좌지우지했다는 대외전략비서의 최근 행동이다. 그는 지난주 한 일간지 인터뷰에서 한미 미사일협정에 관한 협상 내용을 낱낱이 밝혔다. 우방국인 미국의 대사, 군사령관, 백악관 고위인사의 이름을 마구잡이로 거명하였다. 누가 반대하고 누가 협조적이었나를 밝히고 있다. '위키리크스'에서나 접할 기밀들을 불과 몇 달 전 청와대 비서를 지낸 사람이 공개해 일간지에 버젓이 실려 있다. 게다가 대통령의 통치행위에 해당되는 내용들을 상세하게 공개하였다. 국기 문란에 해당된다. 미국 정부와 북한, 중국이 이를 보고 어떤 생각을 할 것인가. 기막힌 일이 아닐 수 없다.

국회는 정부를 감시하고 권력을 견제하는 기관이다. 국정조사도 그런 역할의 일부다. 새누리당은 정 의원의 발언을 근거로 '대북게이트' 운운하며 진상조사위원회를 만들고 막무가내식 국정조사를 요구하고 있다.

새누리당이 집권당으로서 정녕 정권 재창출을 원한다면 우선 대통령 비서들의 국기 문란 행위에 대한 국정조사부터 먼저 해야 순서에 맞다. 아니라면 남북 정상회담 추진위원장을 지낸 야당 후보에 대한 정치적 공세라고 규정할 수밖에 없다. 이런 소모성 구태 정치를 끝내기 위해 정 의원은 대화록을 열람한 경위를 밝혀야 할 것이다. 그렇지 않다면 정 의원과 문제의 대외전략비서를 우선 국정조사해야 앞뒤가 맞지 않을까?

『한겨레』 2012년 10월 16일

위키리크스

정부와 기업, 단체의 불법·비리 등 비윤리적 행위를 알린다는 목적으로 2006년 12월 아이슬란드의 수도 레이캬비크에서 호주 출신 줄리언 어산지(Assange)에 의해 만들어진 내부 고발 전문 인터넷 언론 매체이다.

87.

'빙하'의 제물이 된 회고록

지난주 내내 정치권과 언론은 한 권의 회고록을 두고 광풍에나 비유할 만한 파동을 보였다. 송민순 전 외교통상부 장관의 회고록 『빙하는 움직인다』가 그 책이다. 이 책은 총 559쪽에 달하는 방대한 분량뿐 아니라 북핵 문제 해법과 한반도 분단 극복을 통한 평화 정착이라는 과제로 다가가기 위한 고민과 지혜가 담겨 있다. 특히 보수 정부 집권 9년 만에 조성된 한반도의 신(新)냉전 상태를 '빙하'에 비유하면서 교류와 접촉으로 빙하를 녹이고 움직여 평화를 정착시켜 나가야 한다는 정책 조언이 담겨 있기도 하다. 과거를 돌아보면서 한반도의 미래를 준비하자는 것이 집필자의 의도였다.

그런데 유감스럽게도 현재 한국 사회는 이런 회고록을 의도대로 받아들일 준비가 전혀 돼 있지 않았다. 회고록의 중요한 부분은 쳐다보지도 않고 아주 작은 국부적 내용만을 달랑 덜어내 문제로 삼았다. 회고록의 특정 부분만이 편파적으로 다뤄진 결과 소모적인 정쟁의 한가운데 서고 말았다. 매카시즘의 광풍이 연상될 지경이었다.

회고록에서 문제가 된 부분은 2007년 11월 중순에 있었던 청와대 회의들과 관련돼 있다. 당시 우리 정부는 유엔 대북인권결의안 표결을 앞두고 찬성하느냐 기권하느냐의 두 가지 입장을 갖고 논의를 했다. 외교부는 찬성해야 한다는 의견을 강하게 제시하였고, 통일부는 기권해야 한다는 입장을 견지하였다. 당연히 두 입장을 두고 여러 차례 회의가 열리고 토론이 있었다. 토론 끝에 대통령이 최종 기권 결정을 내렸다.

2007년 11월은 약 한 달 전인 10월에 제2차 남북 정상회담이 개최된 뒤였다. 남북 정상회담에서 합의한 여러 사안을 이행하는 와중이었다. 심지어 청와대에서 문제가 된 회의들이 열린 기간에 남북총리급 회담이 서울에서 개최돼 김영일 북한 총리가 서울에 와 있었다. 남북 간에 여러 경협프로젝트, 예컨대 제2 제3의 개성공단 조성을 어떻게 추진할 것인가를 협의하고 있었다. 한마디로 남북 간에 교류와 소통이 아주 활발하게 일어나고 있었던 시기였다. 그런 맥락 속에서 북측에 우리 정부의 유엔 대북인권결의안 기권 결정을 통보했던 것이다.

회고록이 시중에 판매되자마자 새누리당은 기다렸다는 듯이 북한과 소통한 이 부분을 물고 늘어졌다. 유엔 대북인권결의안에 대한 우리 정부의 결정을 북한에 물어보고 내렸다면서 총공세에 나섰다. 공격대상은 문재인 전 대표였다. 문 전 대표가 비서실장으로서 회의에 참석했고 북한에 확인해 보자는 제안에 동조했다는 것이다. 이정현 새누리당 대표가 북한과의 '내통'이라는 말을 동원하면서 공격을 시작했다. 연이어 다른 의원들이 북한의 '결재'를 받아 그런 중요한 사안을 결정했느냐, 북한을 '상국'으로 모셨다 따위의 극단적 표현을 사용하면서 정치 공세를 벌였다. 이에 뒤질세라 보수언론도 공세에 가담했다. 정치적 감각이 부족한 사람이 보더라도 야권의 차기 유력 대권 주자를 종북으로 몰아 정치적 흠집을 내겠다는 정치 공세임이 분명했다. 이제 '최순실 사태'로 회고록 광풍은 잦아들었다. 하지만 이 파동이 종결됐다고 볼 수 없다.

재등장할 정치적 환경이 변함없기 때문이다.

회고록은 진실에 관한 것이 아니다. 학자들이 쓰는 논문이나 학술 저서도 진실에 다가가고자 할 뿐 진실과는 거리가 먼데 하물며 개인의 회고록을 갖고 진실을 말해서는 곤란하다. 회고록은 사실을 무척 강조하지만 사실에 관한 것도 아니다. 역사적 사실이란 것도 재구성을 어떻게 하느냐에 따라 달라질 소지가 크다. 그보다 회고록은 기억에 관한 것이다. 20세기 최고의 외교가였던 헨리 키신저는 그의 방대한 회고록 '격동의 시절' 서문에서 이렇게 말하고 있다. 기억도 집필자의 관점에서 반추된 것이고, 그것은 집필자의 인식과 신념의 영향을 받는다고 했다. 게다가 그 인식과 신념은 관련 기억에 등장하는 다른 인물들의 생각과 감정과 연관 지어 평가돼야 한다고도 했다. 따라서 기억은 하나가 아니고 여럿일 수 있는 것이다. 우리가 일상적으로 어떤 과거사에 대해 '기억이 잘 안 난다'고 흔히 말하는 데, 그 역시 얼마든지 있을 수 있는 일이다.

이번 회고록 파동을 겪으면서 한반도를 뒤덮고 있는 '빙하'가 얼마나 견고한지 새삼 깨닫게 됐다. 빙하가 얼어붙은 남북 관계에 국한된 비유법을 넘어선다는 생각도 갖게 됐다. 즉 회고록을 정쟁의 제물로 삼는 데 한 치의 주저함이 없고, 여차하면 특정 정치인을 종북으로 몰고, 세 불리하면 색깔론을 동원하여 돌파하고자 하고, 21세기에 걸맞은 정책 대결이 아닌 이념 논쟁으로 선거 프레임을 짜는 일그러진 한국 보수에 어울리는 비유가 아닐까 하는 생각 말이다.

『국제신문』 2016년 10월 27일

이수훈

1954년 12월 13일 경남 창원에서 출생하였다. 마산고등학교를 졸업했으며, 부산대학교에서 영문학 학사와 석사를 마쳤다. 이후 미국으로 건너가 전공을 사회학으로 바꾸고 앨라배마대학과 존스홉킨즈대학에서 각각 사회학 석사학위와 사회학 박사학위(Ph.D)를 취득하였다.

학위 취득 이후 경남대학교 극동문제연구소 연구위원으로 근무하기 시작하여 1987년 3월부터 경남대 사회학과 조교수로 임용되었으며, 현재에 이르기까지 부교수, 정교수를 역임하였다. 또한 일본 게이오대학의 초빙교수를 지냈으며, 경남대 극동문제연구소 기획실장, 연구실장, 국제실장, 부소장을 거쳐 2009년부터 5년간 소장을 역임하였다.

학계의 활동으로는 한국사회학회 부회장, 한국비교사회학회 회장, 세계사회학회(ISA) 집행이사, 한국국제정치학회 명예이사, 동북아지식인연대 공동대표, 한국북한사회문화학회 회장, 한국정치사회학회 회장을 각각 역임하였다.

공직에 봉사할 기회도 있었는데 참여정부 시기인 2005년 7월부터 2008년 2월까지 장관급인 대통령자문 동북아시대위원회 위원장을 지냈다. 공로를 인정받아 황조근정훈장을 받았다. 그리고 문재인 정부 들어 2017년 10월부터 2019년 5월까지 주일본 대한민국대사를 역임하였다.

저서로『세계체제론』,『자본주의 세계경제론』,『세계체제 · 동북아 · 한반도』, *State-Building in the Contemporary Third World* 외 국영문 36권이 있고, 연구논문으로「헤게모니 퇴조와 동북아 지역정치」,「한미동맹복원론에 대한 비판적 고찰」, "The DPRK Nuclear Issue After the Fourth Test" 외 국영문 수십 편이 있다.